《艺术之约》（美术卷）

主　编／音　渭　林　锜

艺术之约

Gauguin 高更

刘星辰 音渭 编著

山西出版传媒集团
山西教育出版社

图书在版编目（CIP）数据

高更 / 音渭，林锜主编；刘星辰，音渭编著. -- 太原：山西教育出版社，2015.9

（艺术之约）

ISBN 978-7-5440-6147-6

Ⅰ. ①高… Ⅱ. ①音… ②刘… Ⅲ. ①高更，P.（1848-1903）-传记 Ⅳ. ①K835.655.72

中国版本图书馆CIP数据核字(2015)第054130号

艺术之约·高更

（YISHU ZHI YUE GAOGENG）

音渭、林锜 主编 刘星辰、音渭 编著

出 品 人 雷俊林

策 划 人 孙 轶 魏雪萍

责任编辑 李梦燕

装帧设计 王春声

出版发行 山西出版传媒集团·山西教育出版社

（地址：太原市水西门街馒头巷7号 电话：0351-4729801 邮编：030002）

印 装 山西臣功印刷包装有限公司

开 本 889×1194 1/32

印 张 7.625

字 数 118千字

版 次 2015年9月第1版 2015年9月山西第1次印刷

书 号 ISBN 978-7-5440-6147-6

定 价 31.90元

来赴一场艺术之约

（代序）

绘画是人类天生的艺术。人们从孩提时代，便懂得用简单的线条勾勒眼中的世界。

好花不长开，好景不长在，有人却能用画笔将一刹那定格成永恒；平凡的事，平凡的物，有人却能赋予其新的生命，带人们发现它的美好；有形的景，无形的情，有人却能将情感挥洒成动人心魄的色彩，唤起人们深深的共鸣。

这样的作品，这样的人，都是我们耳熟能详的。它们永恒地铭刻在人类文明史上，深植入我们的头脑，构成我们基本的常识。这套书，便是一封跨越世纪的邀请函，翻开它，来赴一场艺术之约。

它讲的是美术家的人生，同时用人生的河流串起每一处绝妙的风景，也就是他们的作品。他们的生命从哪里开始，他们有怎样的家庭、怎样的童年、怎样的爱情、怎样的病痛，又怎样成长、怎样探索、怎样谋生，那些伟大的作品又是在什么情况下诞生……你会在这里一一找到答案。

他们其实不是艺术圣坛上那一张张用来膜拜的画像，而是跟我们每个人一样，有血有肉，有哀有乐。米勒有一个温暖快乐的童年；雷诺阿生了一个成为20世纪著名导演的儿子；高更最先是一位从事金融业、收入丰厚的绘画“票友”；梵高直到生命的最后一年才卖出一幅画；毕加索情人无数，80岁时还迎娶了35岁的妻子；蒙克一生在亲人去世、病痛、烟酒、精神癫狂中度过，却活到81岁高龄……每一幅经典画作，不再是展览墙上的木框，而与鲜活的生命相联系。你能够如此真切地感受到那些线条与色彩是由怎样的双手来勾勒的。

当这许多位美术家汇集到一起，又串起了一部美术史，他们是美术史的链条上最璀璨的珍珠。每一本书都不是孤立的，而是互相呼应，他们是自己的传主，同时又是其他传主的背景。有时，几位名家同时出现或前后承接，你会发现他们在时间和空间上竟如此相近。你仿佛徜徉在巴黎的卢浮宫，漫步在枫丹白露森林，沉浸在浓厚的艺术氛围中。你看到他们在塞纳河畔背着画夹写生，在学院的画室研究着比例与笔法，在街角烟雾缭绕的酒馆进行着思想的争鸣，在为参加各种沙龙而忙着选画、贴标签、装箱、布展……

你的美术素养不再停留在知道几幅画作、几个名字上，你与艺术的联系更加紧密。你会在一场美术展览中关注画作的派别和技巧，你会在子女接受美术教育时找出最经典的画作，你会在某个地方旅行时说出哪位美术家曾与你走过同一段路。

更重要的——你会更加深刻地感受到艺术的美好。面对安格尔的《泉》，你是否为少女洁白自然的胴体而赞叹？面对米勒的《晚钟》，你是否为农民的虔诚、宁静、纯洁而感动？面对雷诺阿的《煎饼磨坊的舞会》，你是否听到阳光在树叶的空隙中欢跃喧闹？面对梵高的《向日葵》，你的双眼是否被那火焰般的明亮点燃？

林　锜

2015 年 6 月于北京

目　　录

第1章：在流离中成长

第一节　高贵身世

1848年的法国，在革命和动荡中风雨飘摇。经济危机和连年灾荒在法国大地上肆虐，将工人和农民们卷入赤贫的深渊。社会底层的人们食物匮乏，几块又冷又硬的干面包根本填不饱全家辘辘的饥肠，冬天又缺少御寒衣物，人们在萧萧冷风中瑟缩打战。与此同时，镶金嵌银的四轮马车里暖意如春，幽香浓郁；里面载着身着皮裘、戴着闪亮珠宝的贵妇们，言笑晏晏，挽着正装笔挺的绅士们，出入于各种奢华铺张、名流云集的派对沙龙。这种尖锐的阶级矛盾一点点挖凿着国王路易·菲利普的统治地基。终于，饥寒交迫的巴黎工人不愿再这样挣扎存活，咆哮着掀起了

“二月革命”的飓风，将这个腐朽衰败的“七月王朝”推翻击碎，建立起第二共和国。然而，革命的胜利果实却被资产阶级所窃取，工人境遇依然，命运仍旧悲惨。

6 月份，巴黎工人不甘于继续生活在水深火热之中，再次发动了起义。就在枪炮隆隆和人心惶惶中，6 月 7 日的洛特莱圣母院街却迎来一个呱呱坠地的小生命。他的名字叫作保罗·高更。

作为一位艺术史上的大师，高更不仅在艺术上有着过人的天赋和执着的信念，而且在生活中个性十分鲜明。他的这种风流桀骜其实是深深融于血脉之中的，可以说，从他的外祖母开始就有了这样的征兆。

高更的外祖母弗洛娜·特里斯坦是一位旅法的西班牙裔侨民，出身于显赫的西班牙阿拉贡王国波吉亚家族。她的父亲莫斯塔索是一位西班牙军团驻秘鲁的上校军官，在与一位青春美丽的法国姑娘相遇后深深相爱，浪漫成婚，却因此而饱受家族非议。他们在西班牙生下了可爱的女儿弗洛娜，一家三口度过了一段其乐融融的美好时光。然而好景不长，当弗洛娜长到十几岁时，父亲去世了，母亲只好将她带回了法国。

法国国王路易·菲利普

攻占巴士底狱

这时的弗洛娜已经成长为一位高挑曼妙的姑娘，高贵的西班牙血统赋予了她热情奔放、敢爱敢恨的性格。在这里，她与一位来自奥尔良的大理石雕刻艺术家萨扎尔坠入爱河，结婚生子。弗洛娜是一个独立自由、不受约束的姑娘，然而丈夫萨扎尔却是一个控制欲和占有欲十分强烈的人，他们两人这种针锋相对的个性在恋爱期间是增进甜蜜的催化剂，但到了婚姻生活中却变成了摩擦和冲突的导火索。严重的时候，萨扎尔甚至对弗洛娜施加暴力，拳脚相向。面对不幸的婚姻，骄傲自强的弗洛娜为了自己的自由和尊严，毅然选择了出走。当时她身边已经有了年幼的孩子，自己还身怀六甲，但是这些也未能动摇弗洛娜离开的决心，她坚持带着一双儿女流浪于亚欧各国，靠给别人做苦工艰难度日。

萨扎尔是一个性格十分极端的人，他虽然对妻子暴力相向，但这其实是他内心对弗洛娜爱情的扭曲表达。弗洛娜离开后，萨扎尔仍不死心，一直希望能与她破镜重圆。但是，弗洛娜是一个一旦作出决定就不会走回头路的人，她断然拒绝了丈夫让她回去的请求。她的决绝使两人的关系不仅没有得到缓和，反而在女儿的监护权上产生了激烈争执。萨扎尔一怒之下开枪射伤了弗洛娜，自己也因此锒

高更外祖母弗洛娜·特里斯坦

铛入狱，成为当时轰动一时的新闻。

弗洛娜饱尝生活的苦难艰辛，这让她对于挣扎在社会底层人民的生活更能感同身受，进而萌生出对整个社会制度的不满。此时，圣西门等思想家和改革家正积极宣扬社会改革理论，这些仿佛一场旱地春雨，使她看到了改良社会、拯救民众的希望曙光。弗洛娜渐渐投身于工人运动之中，为欧洲的民主改革奔走呼号。

弗洛娜勤于写作，以笔杆当枪杆，记录自身经历，传播社会理念。不仅如此，她还常常亲自站在街头演讲，用饱含激情的语调、鼓舞人心的言辞涤荡人们的心灵。她的事迹在法国广为传播，产生了很大反响，大众和媒体都十分关注这名传奇女性的活动。在弗洛娜最后一次的全国巡回演讲中，《国家日报》派出了一位名叫克劳维斯·高更的年轻记者，对她进行采访。

克劳维斯·高更的家族在奥尔良世代以园艺和酿酒为生。他在大学就读于新闻系，毕业后顺理成章地进入报社，成为一名思想尖锐、文风犀利的记者。克劳维斯的文章充溢着自由民主的思想，往往切中时弊，因此受到人们的广泛好评。他不仅腹中才华横溢，而且外貌上身姿挺拔，高大威武，是一位真正的青年才俊。

弗洛娜的这场演讲在露天街角举行。没有华丽的场地、森严的戒备，她就站在平民中间，被赶来聆听的人们层层围住，态度慷慨而又亲切动人。克劳维斯远远看到聚集的人群，就大步向前走去，以便能在演讲结束后及时对弗洛娜进行采访。然而，在他向演说中的弗洛娜走近时，却一时忘记了自己此行的采访任务。他的目光完全被一位站在弗洛娜身侧，认真倾听演讲的人所吸引了：这个优雅纯洁的姑娘是谁？这位弗洛娜的小女儿阿丽娜·玛丽确实有着动人的光彩，她继承了母亲家族的高贵血统，亭亭玉立于喧嚷的街市之中，却自有一种不凡气度。她既有着少女的青春纯净，又有着在以前的艰苦生活中磨砺出的成熟丰韵。在和风丽日下，玛丽仿佛一朵即将盛放的郁金香，在克劳维斯的心上摇曳。

恰好，阿丽娜·玛丽也对眼前这位英俊潇洒的小伙子早有耳闻。她曾拜读过他的文章，对其中显示出的智慧和才华十分欣赏。就这样，二人一见倾心，很快喜结良缘，定居巴黎。1846 年，长女玛丽出生；1848 年，生下保罗·高更。

高更母亲阿丽娜·玛丽

第二节　生活在阳光下

高更出生之后，这个四口之家夫妻恩爱，膝下一双儿女可爱活泼，任谁看来都是个和谐美满，应当共享天伦之乐的家庭。然而，就在高更出生的这一年，法国的政治局势突然急转直下，新出现的共和国让法国民众猝不及防，一系列民主试验遭到了滑稽的失败，反而让人们对这个政治怪物感到厌恶。波云诡谲的政局使得“怪人”路易·拿破仑·波拿巴得以乘虚而入，依靠人民的选票轻而易举地当选为共和国总统。在随后的几年中，波拿巴始终以恢复叔叔拿破仑的光辉帝国为己任，展开了大规模扫除障碍的“清君侧”行动。整个巴黎风声鹤唳，浪漫之都披上了一层血腥的囚衣，一切不利于帝国建立的因素都被推上了新政权的审判台。

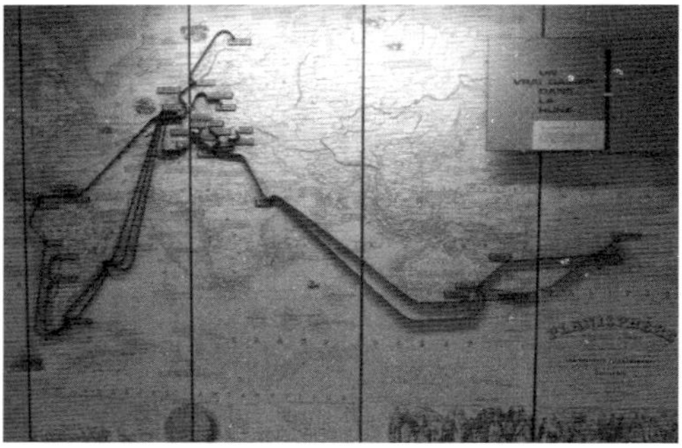

高更后来创作的迁徙图

共和派岌岌可危。克劳维斯曾经是为共和派摇旗呐喊的一分子，又是长期以来撰写针砭时弊的文章的评论记者，在眼下的社会现状中自然处于危险的边缘。当《国民日报》被查封，报社中的主要人物相继遭到逮捕后，他终于意识到，现在已经到了千钧一发的时刻。克劳维斯既想在政治斗争中保存性命，但又不愿放弃职业责任，想要继续传播民主自由的思想。因此，左思右想之下，从法国逃亡可以说是一个两全的选择。妻子玛丽的家族所在地秘鲁远离法国，又有权势煊赫、可以依赖的亲人，自然而然成为他们投奔的第一选择。于是，克劳维斯夫妇在收拾了简单的行李之后，带着一双年幼的儿女，登上了前往秘鲁的航船。

克劳维斯一直以来就有心脏疾病，而逃亡之前一段时间里持续的担惊受怕，让他的病情雪上加霜。而且，长期的海上航行难以提供多样的食物和丰富的营养，不仅幼子幼女时常啼哭，连克劳维斯自己都常常感到不适。1851 年 10 月 30 日，他们的航船行驶到了麦哲伦海峡的法莱明港。一时间，风浪如受到蛊惑般拍打着船体，乘客们随着颠簸无状的船身摇晃不定，不多久便纷纷感到晕眩恶心。好在法莱明港近在眼前，行驶到近岸水浅地带，风浪才渐渐变小。船务人员开始组织大家分拨登上小艇上岸，克劳维斯一家也被分到了一艘小船上。心脏痼疾加上多日行程劳顿，已使克劳维斯十分虚弱，刚刚消停的猛烈颠簸又大大加重了他心脏的负担。负责指挥靠岸行动的船长态度十分恶劣，他见克劳维斯动作缓慢，便骂骂咧咧，说了许多难听的话，还推推搡搡让他快点上船坐好。突然间，克劳维斯脸色惨白，抽搐了一下便从座椅上滑下，倒在了地板上。等到小艇靠岸，玛丽叫来医生，克劳维斯已经因为动脉瘤破裂而永远地抛下了爱妻子女。

年幼的高更姐弟还不知道眼前的状况意味着什么，她们的母亲早已悲痛欲绝。家中的顶梁柱忽然倒塌，这对逃亡途中的孀妻弱子来说，不啻一道霹雳，将她们本就不明朗的未来击得粉碎。但是，玛丽像她的母亲弗洛娜一样，在柔弱的外表下有一颗坚强的心灵。丈夫去世已成事实，她便收拾好心情，义不容辞地挑起养育儿女的重担，踏上了秘鲁的土地，来到首府利马城。

高更一家刚刚经历了巨大的打击，权势与财富兼具的莫斯塔索家族对他们而言可谓是天堂了。玛丽的曾舅公唐·皮奥·莫斯塔索经商致富，是利马首屈一指的富豪。而他在 80 岁高龄时的婚姻为他带来了许多儿女，其中埃特切

高更博物馆展示的高更家系图

尼克甚至担任了很长时间的秘鲁总统。他们的府邸坐落在依山傍海的坡地上，门前如茵的草地如柔毯般铺开，洒满南半球特有的热烈阳光。多年以后，当高更回忆起曾经在秘鲁的生活的，填充在他记忆中的也是这种具有浓郁异域风情的阳光：“印加人是直接从太阳上下来的。”

那时的利马作为秘鲁首府，是一座规模很大的城市。这里气候干燥，雨水很少，终日的艳阳更为市井增添了些许熙攘喧闹。小高更特别喜欢这种充满了平民生活气息的氛围，一点儿也不认为自己是拥有什么高贵身份的人物。仆人和小跟班们对他而言并不是服务于他的人，而更像是亲密的玩伴。

有一天，利马的天气非常炎热，即便开着窗户坐在窗边，也感受不到丝毫的凉爽，只有暑气在身边蒸腾，将人们晒得头晕脑涨。正当玛丽在休息室内昏昏欲睡时，一位安排照顾小高更的仆人急匆匆跑进来喊道：“不好啦不好啦！高更少爷不见啦！”这一声叫喊让玛丽立刻清醒过来，她对子女的管教向来严格，虽然身在秘鲁，却还是希望照着法国上流社会老一套的价值观念、礼节做派来教育子女。但是小高更却仿佛生来就更适应秘鲁的社会似的，丝毫不理会母亲在这方面的管教，我行我素，十分调皮，因此往往干出很多在别人看来是出格的事情。玛丽听了仆人的报告，虽然有些心急，却并不感到十分惊讶。她知道儿子一定是又发现了什么新鲜东西或者冒出了什么新鲜想法，应该不会发生什么意外，但是母亲的天性又让她禁不住为儿子的安全感到担忧。“让大家都好好找找去吧！”她赶紧吩咐下去，自己坐回窗边，心中烦乱不堪。

然而没想到，大家久经搜寻，却仍未发现小高更的身影。玛丽已经和仆人将所有的房间都翻了个遍。她看着午后的日影渐渐倾斜，房屋周围的林木洒下愈来愈重的阴翳，心上的弦不禁越绷越紧。“保罗——保罗——”大家低一声高一声地呼唤着，有些小童仆早已跑到外面街市上去寻找了。忧心如焚的玛丽开始胡思乱想：他现在在哪里？会不会已经发生什么意外了？难道遇上了劫匪强盗？或是被街上的马车撞了？他现在还安全吗？都怪我管教不力……不，也许是我管教太严，没有给他更多自由的空间……不管怎样，上帝啊，把我亲爱的孩子还给我吧！请让他安全健康地回到我身边！

热泪充盈着玛丽覆着浓密睫毛的眼眶，几颗滚动的泪珠坠落，一滴一滴敲打着她的心门。就在这时，平时跟小高更玩得很好的那名中国童仆脚步匆匆地走进来，怯生生

秘鲁印加文明遗址

地开口道："夫人，少爷他……他回来了。"玛丽一听，猛地起身，也不管脸上还挂着泪痕，冲出门去。

小高更站在门口，站得直直的，身体因为害怕母亲的责骂而略微有些僵硬紧张，但是小脸上却仍旧挂着一副"我没有错"的倔强神色。"保罗！"玛丽冲上去，一把将小高更揽在怀里，紧紧抱着他，仿佛像害怕再次丢失他一样。"天哪，你到哪里去了！你知不知道妈妈有多担心你！"小高更浅棕色的小脑袋紧紧地贴着妈妈的后脖颈，嗅到母亲独特的香甜气息。从妈妈的拥抱中，他也能感到母亲又急又喜的心情。他的嘴唇轻轻触了触母亲裸露的脖子，未擦干净的嘴边脸颊上还是黏黏的。

玛丽松开臂膀，仔细打量着眼前的儿子：汗津津的额头上覆着浅棕色的卷发，亮晶晶的双眸中闪烁着"初生牛犊不怕虎"的勇气和新鲜感，嘴唇又红又亮，脸颊上有汗水变干后的一层透明薄膜。他早上刚换的新衣服已经皱巴巴的了，上面还有不知道从哪里蹭来的灰尘和污渍，手里握着一小截还没来得及扔掉的甘蔗茎干。

"你是在哪里找到他的?"玛丽抬起头，问那个中国小孩。"离街角不远的杂货店，夫人。"当时，仆人们四散开来，去寻找小高更。这个中国童仆与小高更十分亲近，他想起自己曾经带着小主人来过这个街道附近，那时小高更左逛逛右瞧瞧，对这里流露出浓厚的兴趣。想到这里，他便放慢脚步，一家店铺一家店铺地打听，一个角落一个角落地寻找。终于，在离街角不远的杂货店堆放废糖蜜木桶的地方发现了小高更。他正舒舒服服地坐在两个木桶形成的夹角之间，举着半根鲜美多汁的甘蔗吮着。

“以后可不能再这么淘气了！”玛丽听完事情的经过，想要惩罚一下这个总是惹人生气的孩子，却又因为心疼而狠不下心来，只得佯装发怒，警告一下他。

在小高更的眼里，母亲无疑是最为亲近和可爱的人了。她本来是一名温婉可人的少妇，丈夫的去世为她平添了一分坚韧。生活在利马的母亲入乡随俗，穿戴也同秘鲁妇女一样，身上穿着利马服装，头上蒙着丝绸头纱，柔软的头纱轻轻遮住她的大半面容，只露出一双眼睛。尽管如此，在小高更看来，这双眼睛蕴含了母亲全部的柔和威严、纯净温柔，人们能够通过这双深沉的眼眸想象出她的容颜是多么端庄美丽。

母亲的另一面也可以是非常可爱和孩子气的。她远道而来，在曾舅公的宠爱和庇护下，仿佛也只是一个尚未长大的孩童。她时常去总统府打发时间，与那里的人们聊天，尤其喜欢讲她可爱的孩子们，讲他们的顽皮趣事。因此，总有惊人之举的小高更也就成了总统府里人们热衷于讨论的人物。在这些人中，一位有着印度血统的校级军官经常向大家吹嘘自己有多么喜欢吃辣椒，这激起了玛丽天性中不安分的因素，想要来一次恶作剧。在一次晚餐宴会上，玛丽让厨房将一道普通的家常菜特制了一盘，加了许多很辣的辣椒。晚餐时，玛丽故意坐在这位军官身边，假装谈笑自若。等到那道家常菜上桌时，玛丽就把特制的那盘放到军官面前，盘中一片火红。这位军官因为自己曾经夸下的海口，不得不努力压制住身体内涌上头部的火苗，硬着头皮往下吃。玛丽并未就此罢休，反而佯装关心，火上浇油："您怎么了？是不是菜的调味不好，让您觉得不够辣呢?"军官满脸通红，却不得不违心一笑，大大称赞道："哪儿能呢，夫人！这道菜的味道实在太好了！"然后，他鼓足勇气，将盘里剩下的菜都吃了个干干净净。高更成年后拥有非常吸引人的个人魅力，可以说与他的母亲一脉相承。

经常陪伴在高更身边的仆人伙伴，大多数都是有色人种。比如那个曾经找到他的中国童仆，他非常勤劳，工作起来也很细致，熨烫内衣物尤其出色，总能将小主人照顾

现代秘鲁首都利马

得无微不至。还有一个小黑女奴，很多杂活都是由她负责，例如要在人们礼拜时将祈祷用的小毛毯搬到教堂中。但是她与高更却十分亲近，常常与他们姐弟同榻而卧，服侍他们的起居。这些人在高更内心中深深植入了平等自由的思想，还有对有色人种，尤其是对黑人的难以消磨的亲切感和依恋。

几年的秘鲁生活在高更的一生中起到了至关重要的奠基作用。在孩童认识世界的关键阶段，高更是在充满了明媚阳光和异域风情的南半球亚热带度过的。这里的人们原始淳朴，自由奔放，不像欧洲一样有那么多的繁文缛节、条条框框。在这样的环境中成长，高更即使身处都市，心灵也难以臣服于庸庸碌碌的生活，总是倾心自然，回归原始。相比于欧洲的阴雨凉爽，高更骨子里更向往终日普照的骄阳。

第三节　重返法国

高更在秘鲁度过的四年童年岁月给他留下了深刻的记忆，也是他一生当中最愉快的一段时光。1855 年，高更的祖父过世了。这位辛劳一生，与园艺打了一辈子交道的老人临终之前，仍挂念着他远隔重洋的儿媳和孙子。他时常念叨着去世的儿子克劳维斯，念叨着一共也没见过几次面的玛丽和孩子们。由于他辞世突然，没有来得及立下遗嘱，于是高更的祖母便想到丈夫平时闲聊时谈起过死后遗愿，据此对他的遗产进行分割，给高更母子留下了一部分财产。由于事出紧急，玛丽在接到奥尔良传来的信件之后，便立刻带上两个孩子，收拾东西启程回国。

然而出人意料的是，就在他们返回法国的第二年，平时看上去十分健朗的曾舅公也突然撒手人寰，享年 113 岁。玛丽深深痛悔从秘鲁临行前没有再多看这位可亲可爱的老

保罗·高更

人一眼，在他离开人世时没能陪伴在他的身边。这成为她平生最为遗憾的事。高更当时虽然年幼，还并不十分懂事，但他早已将秘鲁当作自己的家乡，将母亲的曾舅公视作慈祥的老爷爷。当高更知道自己永远也见不到他了时，心中十分难过，陪着母亲伤心了许久。

莫斯塔索老先生在临终前也同样深深牵记着玛丽，并留给她们一笔可观的财富。不料，趁着高更母子不在眼前，亲戚们很快将本属于她们的钱财瓜分了。高更母子因此陷入了困境：祖父留下来的遗产十分有限，在找到落脚点，购置了基本的生活用品后，剩下的钱财仅够勉强支撑过惯了娇生惯养生活的母子三人。只有高更的叔叔时不时地帮助她们，在生活中施以援手。她们在秘鲁的财富又被吞没，曾经奢华梦幻的生活戛然而止，迎接她们的是需要精打细算的生计。然而，尽管不再富有，玛丽却像自己的母亲一样骄傲，拒绝向侵吞了她的财产的亲戚们低头。莫斯塔索离世的第二年，埃特切尼克曾前来建议玛丽签署一份协议，将一部分财产转移到他们名下，这样他们就可以完全合法地占有侵吞的财产。作为回报，也会还给玛丽一些财物。但是，这一提议遭到了玛丽的断然拒绝："这些财富本来就是属于我的，我绝对不会在这份协议书上签字。这些财产要么全部给我，要么我一分都不要。”碰了一鼻子灰的埃特切尼克愤然离去——不用说，高更母子什么都没有得到。

高更一家在巴黎的生活虽然算不上困苦，但绝对是十分简朴的。这与他们在秘鲁衣着高贵、用度高档、仆从成群的奢华铺张形成了鲜明的对比。这次搬迁不仅让小高更离开了原来的玩伴、热烈的阳光，甚至不得不改变了他的语言和生活习惯。在利马，小高更能说一口流利的西班牙语，出入行动都有仆人们服侍，热爱永恒不变的南半球骄阳，喜欢在熙熙攘攘的闹市中穿行，观察拥挤的人群和摊贩，与小伙伴们追逐玩乐。然而，这些童年的无忧无虑在法国都化为了乌有。

在周围人的眼中，小高更是一个具有艺术天赋、孤高倔强的少年。学校的生活让他感到拘束和限制，失去了曾经的自由自在，他的内心深处感到一种隔绝了自然和美的深刻孤独。秘鲁所带给他的影响在这一时期内体现得尤为明显：一方面，高贵的血统和优裕的生活赋予他一种与生俱来的高傲和尊贵，他虽然并不认为其他人低自己一等，但这种清高独立的气质仍是难以抹杀的；另一方面，南美的热烈奔放让他胸中的野性之火熊熊燃烧，脾气暴烈，稍

高更纪念铜章（正面）图案为画家自画像，背景饰以其作品元素的艺术组合

有争执便常与同学大打出手。

与此同时，他的心思又是非常细腻和神经质的。童年生活的印记赋予了他独特的艺术感悟，以及有别于欧洲风格的异域色彩。他沉默寡言，离群独处，一双灵巧而敏感的手不是在地上或纸上画画涂鸦，就是用泥土木头捏揉雕刻。他喜欢描绘秘鲁的一切：羽毛蛇神，太阳神庙，土著人民，穿着利马传统服饰的妈妈…… 雕刻的东西也往往是一些记忆中的小神像，以前的小伙伴和仆人的胸像……愈是远离了的事物，愈显得格外珍贵。小高更的绘画和雕刻的作品与实物相较，虽然在外形上不是完全相同，但却十分传神。人物的眉目间神韵丰盈，栩栩如生，还带有少年儿童特有的质朴童趣，常常让周围的朋友同学赞叹不已。

老师们虽然时常为小高更的暴躁执拗感到头痛，却又对他的才华和不同于其他孩子的气质心存偏爱。一次，小高更在学校里受到一个比他大的孩子的嘲笑，那个男孩给他起了个外号叫“小野人”，这在当时是对非常粗鲁、不文明的人的形容词。当时，小高更正伏在桌子上，专心致志地拿着一截木桩刻着以前在利马太阳神庙里见过的木柱浮雕。那个孩子被同学们围在中间，起劲儿地朝小高更叫着这个新外号，引起大家的阵阵哄笑。爱面子的小高更实在忍无可忍，“啪”的一声扔下手中的木桩，猛然起身向那个孩子扑过去。同学们一阵惊呼，看着两个人在地上激烈地扭打起来，一时间都忘记上去拉架了。最后，小高更凭着一身的力气和胸中的愤怒，将对方打得头破血流。

小高更常常因为各种各样的原因陷入到这种麻烦之中。面对这种情景，老师感到十分为难。这次，老师把高更的母亲叫到了学校，让她回家好好管教这个野性十足的男孩。在谈话的最后，老师对她说：“其实，别看高更这孩子外表强壮，但我能感觉到他的内心十分敏感细致，有着艺术家一般的丰富情感和才华。他气质异禀，未来很容易走上极端。我的意思是，今后他要么会成为一名出类拔萃的天才，要么就是个一败涂地的蠢人，反正必定不会是中庸的等闲之辈。”

高更 11 岁了，家里继承的遗产也渐渐坐吃山空。为了维持生计，母亲变卖了一些财物，开了一家缝纫店，靠帮人们缝缝补补支撑家用。由于玛丽热情经营，因此缝纫店虽小，生意倒也红红火火。在为生活操劳的同时，她还记得老师曾经评价高更的话，于是决心将儿子送到神学中学读书，希望神学学校的严格管理能够让高更好好收敛一下自己的脾气。

很多年后，高更在回忆起这段神学中学的岁月时，感叹它在自己塑造世界观方面起到了巨大作用。尽管从那时起，已有许多人对神学学校的教育方式大加鞭挞，认为它禁锢了孩子们的思想，扼杀了儿童的天性，但是高更始终认为他在这里获得了很大进步。是学校的教育教会他要疾恶如仇，憎恨伪善、说谎和搬弄是非的不道德行为；教会他要追随自己的内心并且坚持下去，凡是违反自己的本能、感情和理智的事情都不可去做。在这里，高更锻炼得更为坚忍、内敛。

然而在当时，这种严格刻板的模式让正年轻气盛、血气方刚的高更感到抵触和反感，渐渐变得叛逆和自我封闭。于是，安静时，高更就会自己默默地坐在一旁，冷眼观察着老师和同学们的一举一动，将他们的动作、神情当作艺术品一样欣赏；不安分时，他又热衷于制造种种恶作剧，享受幸灾乐祸的欢乐。而且他的手段往往十分高明，让老师难以找到始作俑者。即便偶尔被发现而因此受罚，他也甘于承担惩罚的后果，以此来排遣心中的寂寞和苦闷。每次回家，当母亲和叔叔问起他在学校的生活时，高更不是默不作声，就是言辞敷衍。他们也能看出孩子脸上的不悦和心中的不情愿，因此，高更后来从神学寄宿学校转学到巴黎的一所普通中学读书，一段时间后又来到了奥尔良的中学。

高更在中学生涯中显露出了他成为一名商人和领导者的潜质。有一次，高更带了几颗当时男孩子间流行的彩色弹珠回家。母亲见状，马上板起面孔，厉声责问这是从哪里来的。高更低下头，说："是我用自己的塑料球跟别人换来的。""什么?"母亲听说，一脸吃惊："保罗，这是你跟别人换来的？你居然跟别人做交易!"在玛丽看来，"交易"是一个粗俗的词汇，是一种应当受到鄙视的行为。一说到交易，就让人想到商贩的奸诈狡猾，大概只有不务正业、总是动歪脑筋的人才会去进行这种工作。"以后不许你再与同学做交易了!"

然而，玛丽也只能在发现时对高更加以训斥，却无法真正阻止孩子的这种行为。简朴的家庭生活让他没有多少零花钱，孩子爱玩的天性又促使他想尽各种办法搜集玩具。因此，高更总是用自己已有的物品与其他人交换，而他往往能够用很普通的小东西换得更为值钱、更为新奇的物件。

尽管在很多人看来，高更的性格是孤僻和奇怪的，但他在学校仍然拥有相当一些支持者和追随者。这个年龄段的孩子们一般都活泼好动,而高更的沉郁果决让他显得十分

高更纪念铜章背面，图案为其作品《我们从哪里来？我们是谁？我们往哪里去？》的局部

成熟，具有很大的权威性和威慑力。事实证明，高更确实是一个非常有主见的人，决定了的事情就会义无反顾地去做，甚至到了顽固执拗的程度。

在奥尔良读了两年的预科学校后，高更逐渐对这种平庸的生活方式感到万分腻烦。他常常受不了母亲和姐姐，觉得她们目光短浅，只是汲汲于眼前的生存状况而缺乏对美的追求和热情。尽管他仍爱着她们，却不想继续这种无聊的生活，希望外出闯荡一番。高更对画面拥有极度的敏感，很多场景作为图画永久地储存在他的脑中，成为一根不时撩拨着他心灵之弦的手指。他曾在奥尔良见过一个肩上扛着包裹和棍子的风尘仆仆的旅行者，这个形象深深镌刻在他的脑海中，对他充满了吸引力和诱惑力。9 岁那年，他就找了一根木棍扛在肩上，一头挑着用手绢包着沙子的包裹，想要跑到邦迪树林中去。“我总是有一种想要逃跑的奇怪欲望。”这种欲望可以说在高更的全部生命中如影随形，那个旅行者的影子从未随着岁月而褪色消逝。法国对他而言仿佛是一座失乐园，终其一生他都在试图逃离世俗和文明人的平凡生活，逃向一个原始野性、充满了艺术和美的自然天堂。

因此，在 17 岁这年，高更向家人宣布了一个大胆的决定——随船航海，去做一名水手。

母亲玛丽听闻这个消息，仿佛被一道霹雳当头击中。她惊慌失措，焦虑不安，想尽一切办法苦口婆心劝说儿子，希望他放弃这个荒唐的念头。然而，高更顽固任性起来是没有人可以阻拦的，就像他的外婆弗洛娜一样执拗。即使母亲一再妥协，同意让他先进入海军学校学习一段时间，获得必要的训练后再谈上船的事，高更也绝不退让，坚持自己的想法。高更在学校中有一位要好的伙伴，他的父亲就在船上工作。通过这一层关系，高更在“卢奇塔诺号”上谋得了一个职位。玛丽拦阻无果，知道儿子的意愿九头牛都拉不回，而且他又已经找到了合适的容身之处，就只得放手让儿子自己去海上闯荡。

1865 年 12 月，高更登上了向往已久的三桅船，成为一名轮机见习生，在勒阿弗尔港和里约热内卢之间往返穿梭。尽管一只轮船就像一座水上监狱，活动的范围非常有限，但是浩瀚苍茫的大海却由此打开了他的视野和胸怀，让他像一只展翅的海鸥，接受风雨的历练。

高更在船上生活得尽管艰苦，却十分开心。他当时虽然已经是一个 17 岁的青年，看起来却仍然像一个 15 岁的孩子一样。有着四分之一黑人血统的通巴海尔船长是一位

国外发行的高更绘画邮票

待人非常亲切的老伯，他对高更十分照顾，经常操着有些粗哑的嗓音分派任务，看到高更工作完成后，就用一双饱经风霜的粗糙大手拍拍高更的脑袋，表示肯定和赞许。船上的二副则是一个肚子里装满故事的人。每当晚上歇工后，夜深人静时，高更总是愿意跑来与二副呆上一刻钟，听他讲自己听说和经历过的旧闻趣事。

有一次，二副在清洗甲板时不小心跌入海中，货船上却没人发现，径自驶远了。幸亏那两天天气不错，没有狂风大浪，他又抱紧拖把没有撒手，因此在挣扎漂浮了两天两夜后，被一艘经过的轮船发现并救起。这艘船在行经一座太平洋中的小岛时泊岸，船上所有的人都到岛上停留休息。二副被岛上的热带美景和热情的岛民所深深吸引，因此当船只起航时，他并没有随船前行，而是恋恋不舍地在岛上逗留了很长一段时间。二副在这段日子里的生活犹如天堂一般，不仅能够终日享受原始自然的奇异风景，还作为远道而来的客人而受到岛民的热情款待。直到下一艘航船停泊在此时，他才随船离开岛屿，告别了神仙般的生活。当回忆起这段经历时，二副的目光中充满憧憬和惋惜："唉，都怪我实在太愚蠢了！那实在是我生命中最幸福、最愉快的日子了。那个岛上的人们虽然并不十分开化，但

湖畔农场今日景观。至今所知，高更的第一幅绘画作品描绘的就是此处的风景，该作品现保存于哥本哈根的艾纳德绍

都非常热情善良，富有爱心。法国虽然号称是文明世界，但是人与人之间充满了虚伪欺诈，又有什么可骄傲的呢？我现在每天在海上过着漂泊无定的生活，无时无刻不在怀念岛上的日日夜夜。你说我为什么这么愚蠢，不在那里继续生活下去呢？我多么想再次回到那里啊！”

高更背靠着二副，举目望着夜色中低啸的大海和明朗的星空，静静聆听着这个充满传奇色彩的故事。他仿佛已经置身于那个美妙的小岛之上，被欢笑热忱的人们包围着，大家一起围坐在篝火旁边，吃着水果和野味，这幅画面多么动人！他的思绪漂浮起来，随着绵绵海浪起伏着。也许，高更的未来之路在这一夜已经启程。

高更在海上度过了六年的时间。他从轮机见习生升为船舵副手，后来又换了另一艘轮船工作。在商船上历练了三年之后，高更于 1868 年开始在海军中服役，效力于巡逻战舰“吉隆姆·拿破仑”号。他跟随不同的船舰行驶于各个大洋的波涛中，几乎周游了世界。海上生活暂时满足了他的逃亡梦想，使他迅速成长为一个阅历丰富、体格强健的男子汉。

1871 年，高更 23 岁。他从海军退役，重新踏上了法国坚实的陆地。

第2章：初入印象派之城

第一节　“偷窃到一颗璀璨的丹麦明珠”

在多年的海风吹拂和海浪拍打中，高更渐渐成长为一名成熟的青年。他的身材已经发育开来，像父亲一样高大魁梧，行动迅捷；皮肤经过常年的风吹日晒变成健康、富有光泽的小麦色；腰直肩宽，双手粗大有力，双腿走起路来非常沉稳；面部棱角鲜明，鼻峰高耸，眼窝深凹，颧骨突出，一双眼眸如大海一般深邃，唇上胡须让他显得比实际年龄要更成熟一些。

在高更漂泊的海上生活期间，通信十分不便。他虽然有时会给家中写信报告自己的近况，也能偶尔收到来自家中和朋友的信件，但是这些交流不仅次数非常少，间隔的

25 岁的高更（1873 年）

时间也很漫长。可以说，在绝大多数时间里，高更与母亲和姐姐是隔绝的。因此，当他带着简单的行李风尘仆仆地踏上巴黎的土地时，拥挤的人群中没有来迎接他的人。

事实上，在高更离家的这段日子里，家中发生了许多变故。他们原先位于奥尔良的旧居在普法战争中灰飞烟灭。姐姐嫁给了一位智利商人，远走他乡。女儿离开身边，母亲靠缝纫店的工作勤勉度日，心中却从未断绝对儿子的牵挂和担忧，终日郁郁寡欢。后来，她从奥尔良移居巴黎，投靠了她的母亲弗洛娜的生前好友古斯塔夫·阿罗沙。虽然生活上有了保障，但玛丽的抑郁心情却并未得到缓解，最终于 1871 年抱憾而逝。

一些消息高更已通过好友寄来的信件略有耳闻，但他没想到，自己甫一回乡，摆在面前的就是这样一种残破流离的现状。现在，他站在繁华扰攘的巴黎街头，却成为了一个无家可归的孤独旅人。

但是，多年的历练不仅在外貌上将高更变得强壮，也使他的心智更为成熟坚韧。他在心中很快调整好情绪，作了初步的打算和规划。他先找了一家小旅馆住下，洗去一身尘垢，换上干净衣物。接着，他重新整理了一下箱子中的各种信件材料。所幸母亲临终前已为自己这个任性执着

阿罗沙一家合影

的儿子进行了安排，将他托付给了好友阿罗沙。于是，一番休息整顿后，高更启程去拜见这位阿罗沙叔叔。

阿罗沙家族与高更一家关系甚笃，从高更的外祖母弗洛娜开始往来就十分密切，高更的父亲克劳维斯也与阿罗沙是至交。阿罗沙在巴黎银行业有着相当重要的地位，为人忠厚诚恳，也十分爱惜人才，因此不仅在金融圈中人脉很广，生活中也有着不少好朋友。他在高更幼年时候，就对这个个性十足的顽皮男孩印象深刻，认为他头脑聪明，气质不凡；加上他与克劳维斯夫妇的深厚交情，当玛丽请求他扶助高更时，他便一口答应下来。这回高更前来拜访，阿罗沙瞧着自己面前这个年轻人，觉得他比小时候更加成熟，富有个人魅力。阿罗沙信守承诺，很快凭借自己的人脉为高更在拉菲尔特街的布尔丹证券交易所谋得了一个股票经纪人的职位。这在当时是一个赚钱容易、社会地位又高的令人艳羡的职业，高更也由此步入了上流社会的生活，在巴黎扎下根来。

高更在海上的生活让他像水手一样放荡，用他自己的话说，甚至有点“道德沦丧”的意味。他曾帮助别人传递信件，从而与收信的美丽女子共度良宵；也曾与船上的女乘客在一个摆帆的船舱里情意绵绵。但是，这些都只是一

23 岁的梅特

时欢愉，是常年在海上的年轻人们排遣寂寞无聊、满足自然欲求的一种生活方式，无法从根本上满足高更那颗渴望停泊、渴望家庭宁静温馨的漂泊心灵。尤其是当家已不再是家，一个人独自在巴黎打拼的时刻，他是多么希望在满街灯火中能有那么一盏属于自己，多么希望能有娇妻爱子陪伴在侧，给予他抚慰！

就在这个时候，他认识了来自丹麦哥本哈根的梅特·苏菲·加德。

梅特是陪伴一位哥本哈根工业家的女儿玛丽·赫加亚尔一同来巴黎游玩的。两个女孩子同行，为了安全起见，选择了住在奥贝夫人的公寓式旅馆里。奥贝夫人在当地的艺术圈中颇有一点名气，她自己本身就是一名雕刻家，虽然才华并不卓著，但是始终对艺术充满了兴趣和热情。她对人热忱慷慨，尤其是对于活跃在巴黎的落魄艺术家们格外尊重和照顾，乐于为他们提供一些便宜酒水和歇脚之地，也常常加入他们关于绘画和雕刻的激烈争论。友善的服务、热闹的气氛和干净的环境，让这家酒馆兼住宿的小旅店生意十分兴隆。玛丽和梅特两人觉得这里是一个既干净安全，又能很好地了解这座艺术气息浓厚的浪漫都市的绝妙之地。

一直以来对艺术十分倾心的高更自然也是这里的常客。

高更为妻子梅特所绘水彩画

这天，他又像往常一样来到奥贝夫人的店里，点了一杯酒，听旁边烟笼雾罩的人们谈论着刚刚举办的印象派展览。“要我说啊，莫奈绝对是印象派中的领袖，不仅笔法是他们之中最为成熟的，而且对光影的把握实在太出色了。”“那是因为你没有仔细研究塞尚的静物画啊！莫奈是不错，但是我倒是更欣赏马奈……”“什么印象派，我看啊，他们都是一群不会画画的人！根本不懂得真正的艺术！”一群人你一言我一语地高声争论着，高更虽然背对着他们，却一直在侧耳细听。

然而这时，他的注意力突然从那堆吵嚷的人声中脱离出来，转移到刚刚走入视线的姑娘身上。虽然靠近门边的那位看上去气质更为高贵，但是走在里侧的姑娘却更为吸引人。她一头蓬松的金色卷发在脑后高高挽起，挽成一个活泼的发髻，前额的发际线以下是一排短而卷的刘海，颈边垂落着几绺碎发，被衣领挡住，轻轻地翘起；她的体格比较高大，肩膀圆润，身骨颀长，曲线优美，给人一种真挚坦诚的印象；皮肤是北欧人典型的白皙肤色，脸颊却略带红润，让人觉得健康开朗；脸部轮廓十分立体，一双眼睛在笑起来时轻松地微弯着，闪动着迷人的神采。她的穿着也十分得体，展现出一位年轻女性特有的青春朝气和芬

高更为妻子梅特所绘油画

芳体态。

这位姑娘在一眨眼的瞬间也看见了高更，并快速地打量了他，在心中留下了一个第一印象。她眼中的高更虽不是十分英俊，却自有一种倜傥态度；他坐在那里，虽然看不出具体身高，但是身量不小，身材匀称结实，一看就是经过了长期的磨炼；他胡须刮得非常整洁，穿着干净整洁的西装，不像是常在这家酒馆里逗留的流浪艺人们一样邋遢；与旁边争执的人们相比，独自饮酒的他多了一些沉静稳重；尤其值得注意的是他的眼神，当目光掠过的时候，她能够感受到对方也颇有欣赏之意。

两位姑娘坐到吧台旁，一人点了一杯咖啡。高更没有错过这个机会，非常自然地走了过去，与二人攀谈起来。就这样，他们结识了彼此。高更渐渐了解到，眼前这位美丽的女子叫梅特，比他小两岁，今年芳龄 23。她的父亲泰奥多尔·加德是丹麦的一位法官。父亲去世之后梅特家举家迁到哥本哈根，投奔了外婆。从 17 岁开始，梅特就在政治家埃斯楚普家担任家庭教师。她的生活经历虽然平凡琐碎，但也使她成长为了一名非常有修养的女性。

此时的梅特对高更而言，正如降入凡尘的阿佛洛狄忒，为他带来美与爱的双重享受。高更坠入了爱河，他曾在给赫加亚尔夫人的信件中将梅特形容为“一颗丹麦的稀世明珠”。两个人时常约会，无论是巴黎的车马辚辚、树木繁荫的街道，洒满落日余晖的河边，还是人声喧嚣的咖啡酒馆，高雅风流的剧院展会，都曾有过两人的身影，他们之间的感情也愈加深厚。很快，1873 年 11 月 22 日，他们到巴黎德鲁奥街九区市政厅办理了结婚手续，并在肖沙街路德派教堂步入了婚姻的殿堂。

第二节　初入艺术殿堂

高更当年在海军服役时，除了每日必须完成的工作，就靠一支画笔来打发时光。像在学校中一样，一支笔一张纸，或是一把刻刀，就可以为他带来最愉悦的享受。高更现在虽然身为股票经纪人，每天向人们解说各只股票走向、分析股票动态，但实际上他的心思和兴趣并不在于此。这个工作对他而言只是挣钱养家的手段，就像一具起着支撑作用的躯壳。真正使其变得鲜活的内在灵魂是他所热爱的艺术。

在巴黎安顿下来之后，高更便在布吕埃尔大街上租下了一间屋子当作画室。每天下班后，他都习惯到巴黎艺术家们常聚集的酒馆和咖啡馆中坐坐，听听关于艺术界的新闻和评论；然后再回到家中，在画板上涂抹描绘，或是雕刻一些小样。这是他一天之中最放松、最沉迷的时刻了。

要说高更在布尔丹证券交易所中也不是一无所获，正是在这里，他结识了埃米尔·索非奈克。索非奈克也是布尔丹证券交易所的职员，同时也是一位画家。他来自于阿尔萨斯省，个子并不很高，蓄着络腮胡，眉眼有些下垂，让他的外表看起来温和有礼，有谦谦君子之风。

但是索非奈克内心中却燃烧着对艺术的灼灼热情，鉴赏眼光也十分前卫，非常欣赏刚刚兴起却饱受正统学院派抨击的印象派绘画。当谈起这些时，索非奈克的谦和拘谨都消失殆尽，变得神采飞扬，兴致勃勃：“莫奈现在风头正劲，尤其是之前展出的那幅《日出·印象》，你们看看当时的轰动劲儿！但是我觉得这个作品绝对不会是他止步的巅峰。你们有没有人见过他最近的作品？我看莫奈更加注重对光与影的把握了，在色彩技巧上也多下了很多功夫。

这种风格倒是名副其实，越来越像是一种瞬间的印象了。”

有了这样一位志同道合的朋友，高更的生活变得丰富了许多。索非奈克在鉴赏方面独具慧眼，常常有相当精妙的见解，品评起当下的艺术来头头是道。他本人也曾进行过创作活动，还在巴黎美术学院的比赛中获得过奖项，但这些都是很早以前的事了。在高更看来，索非奈克也许更适合去进行艺术评论、投资或收藏，他本身并非一名独具天赋的艺术家。高更见过他的绘画作品，虽然不是毫无价值，但是无论是在立意、笔法还是技巧上，都显得新意不足、功力不够。但是，索非奈克的功劳在于鼓励高更不要止步于欣赏，而要大胆进行创作。他看出这位朋友身上蕴含的才华和潜力，不仅时常邀约高更去参观美术展览，将自己收藏的作品拿出来共同鉴赏，更劝说他要自己动笔才能有更深刻的领悟。高更也经常邀请索非奈克来到自己的画室，请他欣赏自己创作的绘画和雕塑作品，提出中肯的意见和建议。可以说，是索非奈克引领高更踏上了追求艺术的道路。

结婚后，高更有了一个可以依靠的安宁港湾，不必再为了消解孤寂而四处寻欢作乐。他将原来的画室也搬回到家中。丈夫在家中举着画笔，于画板前尽情涂抹挥洒，常

婚后的高更与梅特

常过于专心而忘记了时间；妻子在一旁安静观赏，偶尔出声问询夸赞，适时提醒丈夫该去吃晚饭了——这种琴瑟和鸣的场景是高更一生的婚姻生活中最温情的画面。这时的梅特为自己的丈夫有如此的才华而感到高兴和自豪。他既能在外面赚钱养家，那么回到家中发展一下自己的爱好又有何不可呢？既能让家中充满艺术氛围，又能从中获得身心的放松和愉悦，可谓是两全其美了。在这样和谐美满、其乐融融的家庭生活中，高更夫妇于 1874 年 8 月迎来了第一个幸福婚姻的结晶——儿子埃米尔。

没错，高更最初的艺术行为确实只是一种消遣和娱乐，无论是亲人朋友还是他本人，都没有认真思考过将之变成自己毕生的工作和事业。但是，高更确实在这条道路上越走越远了。

高更的妹夫梭罗是一位职业画家，当他来到高更家中做客时，发现高更也是一个痴迷于艺术的人，就顺便观摩了一下画室中的绘画和雕塑作品。仔细看下来，梭罗对高更的一些草稿小样感到十分惊异，认为他确实具有独到的领悟力和感受力，于是对他进行了认真的评点和指导。这样一来，高更也认识到了自己潜力，因此深受鼓舞，将越来越多的业余时间投入到艺术实践中。在索非奈克的建议下，他来到克拉罗西学院听课，在这里接受系统的基础绘画训练，由此打下坚实的专业基础。

不应忘记的还有高更的监护人古斯塔夫·阿罗沙先生。阿罗沙不仅在巴黎的金融界颇具声名，在收藏界的地位也不可小觑。而他的伟大之处在于，他并非一味关注已经成名之人的名作，而是还收藏了许多当时还不甚出名或者饱受争议的画家的作品，比如德拉克洛瓦、库尔贝、毕沙罗、杜米埃等等。接触并浸润于这些处于古典主义向印象派过渡时期的浪漫主义大师们的作品，无疑会让人深深震撼于他们所传达出来的创造力，高更大开眼界，深受启发。闲暇之余，阿罗沙还会主动提笔临摹，水平达到了相当逼真的程度。自己临摹的多了，对画作的理解力和领悟力也就自然而然地提高了。

拿破仑时代的民心崇尚古典，因此古典主义成为艺术的主流，以路易·大卫为代表。此后，古典主义分化为两派，一是重视线条与形态的安格尔（1780—1867）等人，一是重视色彩的运用的德拉克罗瓦等人。最终，色彩一派获得了胜利，形成了后来的浪漫主义。浪漫主义在形式上强调别开生面的色调，活跃奔放，摆脱拘束；在内容上注重表现热情的题材，亲切平易，反映现实。相比于古典主义的权威势力和贵族气息，浪漫主义可以说是真正具有了“现代性”意义。

德拉克罗瓦（1798—1863）是法国艺术家，继承了文艺复兴以来的各个流派，是浪漫主义的先驱，对后来的印象主义影响极为深远。他的作品《自由引导人民》是浪漫主义的代表之作，描绘了1830年“七月革命”的恢宏画卷。整个画面展现了惊天动地的战斗场面，人物刻画逼真。浪漫主义色彩集中体现在画面正中的女性身上，这一象征形象寓意在自由女神和三色旗的带领和感召下，法国人民为了自由浴血奋战的崇高精神。

德拉克罗瓦

德拉克罗瓦《自由引导人民》

(1830 年)

“临摹其实是一种让自己与作者直接沟通的捷径。临摹之前，首先要仔细研究原作：为什么要运用这样的色彩搭配，为什么进行这种构图，为什么将人物这样布局，通过怎样的笔法才能达到这种效果……这些都是我们要随时考量的因素。不过，要想临摹得更像，就必须抓住原作画家的心理，了解他们对艺术和美的理解，他们追求怎样的艺术效果。”接着，阿罗沙又具有针对性地对高更的临摹作品一一进行品评指点，指出它们与自己所收藏作品所体现出来的风格有何差异，为什么会造成这些差异。阿罗沙指着这些新人画作，对高更说：“我与这些画家们大多有些交情，他们都才气十足，只不过个性脾气也都像他们的才华一样不受约束。在这些人里面，毕沙罗是一个诚恳友善的人，画家们也大都与他交好。好在我同他比较熟悉，可以引荐你们认识一下，对你的艺术学习想必会有很大帮助的。”

就这样，在阿罗沙的推动下，高更认识了画家毕沙罗，开始渐渐步入艺术的辉煌殿堂。

第三节　印象派的魔力

到了 19 世纪 70 年代，工业和科学真正的蓬勃发展已经前行了近半个世纪。人们在物质分析上取得了卓著的成果，世界正如一块烧红锻造的烙铁，每一朵火花都是一个新奇迹的诞生。习惯于偏离实用思想的艺术被猛然拉回到现实轨道之中，与科学一样，它们都已不再是一种单纯的表达方式。艺术家们的丰富想象受到了前所未有的冲击，新鲜的科学在原本的两个平行世界之间打开了一扇转换门，将艺术家们引入一个新的探索征程。

1874 年三、四月间，一群不愿循规蹈矩、不受传统画派约束的艺术家们，在巴黎卡普辛大街 35 号的摄影师纳达尔工作室中，别出心裁地将自己命名为“画家、雕塑家、雕刻家和其他艺术家的无名协会联合会”，举办了一场集体展览。这次展览有毕沙罗、莫奈、雷诺阿、西斯莱、马工业革命肇始于18世纪后期，不仅促进了经济的蓬勃发展，还在艺术领域催生了新的变革。化学、电力、机械等方面的发现使艺术家们开始在科学中探索：表现题材从神坛和宫廷中走出来，更加注重世俗风俗，展现生活热情；表现手法上的构图、色彩等融入了透视、光线等因素。居斯塔夫·库尔贝（1819—1877）是这个过渡时期的代表之一，作品注重展现真实，如《画室》《采石工人》等都是他的代表作。

奈、塞尚等29人参加，共展出了165幅作品。这群展出作品的人既没有发表宣言，也没有统一的组织，正如他们的名称一样，是一次自发的联合行动。但是，“无名”并不意味着默默无闻。来参观的人不少，然而其中很多人并非是抱着欣赏的态度前来的，他们嘴角上挂着讥讽的微笑。

正是这次展览，冠以他们一个共同的名号——“印象主义者”，他们的作品风格也被称为“印象派”。不过，这既非什么溢美之词，也不是鼓励之语。事实上，他们的作

库尔贝

库尔贝《画室》(1855 年)

品在社会上引起的，与其说是一场轰动，不如说是一片哄笑：乱七八糟的构图，模糊不清的形体，像是打翻了调色盘的着色，不知所云的中心主题……“简直比毛坯的糊墙纸还要粗劣！”

《日出·印象》是法国画家莫奈在1874年展出的作品，描绘的是勒阿弗尔港口清晨的景象。这次展览因这幅画而得名，这群艺术家因此被称为“印象派”画家。印象派于19世纪70年代兴起于法国，强调在自然的光线下捕捉瞬息万变的色彩，对于绘画最大的贡献在于对色彩语言的发掘。印象主义不仅存在于绘画领域，也是一个著名的音乐流派，代表人是法国作曲家德彪西，其经典作品有《牧神午后》《春天》《大海》等。

其中最具代表性的非莫奈的《日出·印象》莫属。这是法国勒阿弗尔港口的一个清早，晨雾弥散，水面上也渐渐蒸腾起一层湿润的水汽；朦胧中，太阳的轮廓格外鲜明，孤独的红色在海面上划下长长的一抹；延展出来的霞光还

莫奈

莫奈《日出·印象》(1874 年)

并不十分明朗，将海水染成淡淡的紫色；港口中的小船也刚刚醒来，缓缓漂浮着，逆光看去，只留下轮廓模糊的暗影；远处的码头和工厂在雾气中影影绰绰，依稀难辨。“哈哈，这是什么印象？如果猴子有一盒调色盘，也能画成这个样子！”“这些莫名其妙的作品摆在一起，简直就是一次‘印象主义者’们的展览！”“印象派”由此得名，并为艺术家们自己所认可，从此成为西方美术史上具有独特地位、影响深远的一章。这样的结果，恐怕是当时的评论者和艺术家们自己都未曾料到的吧。

卡米耶·毕沙罗是这一时期印象派的代表人物之一，对于这一画派本身来说，他所起到的作用甚至超过莫奈。在传统画派的打压下，印象派可以说是在绝壁的缝隙中顽强生存、茁壮成长起来的，单独靠哪一个人的意志和能力都很难独撑下来。因此，这些在冷嘲热讽之中坚持自己绘画风格的印象派艺术家们，依靠相互的欣赏和扶持，围拢成了一个松散的大家庭，在这中间的“家长”就是毕沙罗。

高更认识他的时候，毕沙罗时年 44 岁。他有一蓬长而浓密的胡须，遮住了整个嘴部和下颌，显得有些严肃；面颊比较清瘦，但因为这蓬胡须而感觉比实际丰满生动很多；身材不高，穿着常常比较宽松随意。毕沙罗虽然看起来沉默威严，但是实际上却是一个十分随和友善、热烈忠厚的人。他出生于西印度群岛中的圣托马斯岛，父亲是一位西班牙—葡萄牙裔犹太人，母亲兼具欧洲和土著的血统。毕沙罗的父亲在岛上经营一家商铺，生意红火，家境殷实，本希望儿子继承家业，没想到毕沙罗却倾心于绘画。他曾流浪到委内瑞拉作画，后来去往法国学习绘画。粗野的乡间一般为学院派所不齿，在他们眼中，只有精心营造布局的画室才是正经的绘画场所。但是毕沙罗却热爱这些户外的图景，田野在一天中的变化、参差的光线阴影，都比画室中的模特和静物要丰富生动得多。

毕沙罗的室外尝试吸引了越来越多不愿落入窠臼的人加入进来，追随其后的有莫奈、雷诺阿、西斯莱、巴齐耶、塞尚、马奈……他们常常在一家名叫盖布瓦的咖啡馆里聚会，探讨绘画发展的走向。毕沙罗还有一间私人画室，正是在这里，他结识了这些扛起印象派大旗的艺术家们，与他们建立起深厚的友谊，共同探索着一条别具一格的道路。也正是在这里，他会见了高更，让这位新人嗅到了新生画派萌芽壮大的新鲜气息。

高更一直以来就没有放弃自己的艺术实践，长期临摹、创作绘画和雕刻作品。他早已注意到从德拉克罗瓦、柯罗、

卡米耶·毕沙罗

库尔贝等人开始发生的艺术转型，无论是作画的主题还是方法，都在悄无声息地发生着改变。但是，直到高更被阿罗沙引荐给毕沙罗，他才逐渐发觉自己所面对的是一个多么宝贵的宝库和一片多么广阔的天地。

在高更初次拜会毕沙罗时，毕沙罗就热情地邀请他留下来，在自己的画室中共进午餐。起初，高更的工作让毕沙罗认为眼前这个年轻人不过是一位向往艺术、想要获得艺术熏陶的门外汉；然而经过一阵交谈，又看了高更带来的自己的手稿作品后，毕沙罗才感觉到他是一位心底深处充满热忱和信念的可造之材。

“我在阿罗沙先生那里看过您的作品，就是那一幅《鲁弗申的风景》，还曾借回去临摹过。不过，我怎么都不能找到那种光线变幻的感觉，从一个角度看上去是明亮的，但是换个方位，似乎能看到光芒渐逝的阴影似的。我试图从细处入手进行还原，但结果还是很不理想。”高更谦逊地吐露着自己的疑惑。

“你这个问题也是我在最初尝试时遇到的困难。其实，光线赋予这个世界以不同的明暗变化和色彩，就像同一张面孔上会流露出喜悦、惊讶、痛苦、平和、恐惧等千变万化的表情来一样，不同光线下的景色也是千差万别的。如果将每一个细节都描绘得纤毫毕现，反而会失去整体的韵味，局部的精确也可能造成总体色彩的失真。因为每一个明暗色调的搭配不是稍纵即逝就是深藏不露，让人们的眼睛无法准确捕捉到一个完全精确的画面。所以，你可以试着反其道而行之，用团块状的色彩来表现，将调色板上的工作直接搬到画布上去。”毕沙罗吸一口烟，语调平和有力。午后的光线透过画室的玻璃投洒在他的身上，袅袅的轻烟弥合于阳光之中，如同一幅诗意朦胧的斑驳画作。

这种尝试对于具有旺盛热情和蓬勃创造力的高更来说，无疑产生了巨大的吸引力。通过毕沙罗，高更渐渐了解到，还有很多画家也在从事着这种试验。他也去看了卡普辛大街那次轰动一时的展览，不过他的态度不同于事后那些报纸文章中戏谑轻薄的态度，他反而更加认同这些“印象派”们的创作理念。

就拿莫奈的《日出》来说，他所进行的户外创作不仅仅取消了模型，也消除了物体本身的形态轮廓；用外在光芒投射反映出来的色泽取代事物本身的颜色；不断变幻移动产生的模糊感使画面变得混乱。正是基于这样的理解，印象派画家们才会在笔端流泻出对现实在另一层面上的描绘。为了抓住这种稍纵即逝的形象，他们快速运笔，颜色

毕沙罗《鲁弗申的栗子树》

未加调和，就被铺到画布之上；近看无非是一些扁平凌乱的笔道，但是隔一段距离再望去，就会在整体上显现出迷人的视感。

毕沙罗与高更的往来日渐频繁。高更渐渐了解到，在毕沙罗生活最为窘迫的时候，阿罗沙先生购置了一批他的作品，从而为他解了燃眉之急，二人也因此建立起了深厚友谊。毕沙罗常常向高更讲起印象派画家们的凄苦生活：他自己刚出生不久的儿子患病，因为家中过于贫困，没钱医治而夭折了；莫奈的妻子在另一个城市生产时，他自己却因为连一张火车票都买不起而不能陪伴在妻子身边……毕沙罗提起这些，其实还有一层更深的含义：他是想用事实警戒高更，作为被主流市场所排挤的艺术，要想存在下去是一件极其困难的事情，如果不是因为心中的信念和追求，很难在这条坎坷之途上坚持下来。

高更心中虽然感慨唏嘘，但是却没有为之所惧，就此止步。他依靠股票经纪人的工作谋生，但是艺术才是他灵魂的最终归宿。毕沙罗见他仍然信念坚定，便转而劝说他凭借自己宽裕的经济实力多购置和收藏一些印象派画家的作品，这种做法一则可以帮助他们度过清苦的生活，二则可以方便自己在家中研习揣摩，三则可以多多发现有才华的新人。因此，在19世纪70年代末80年代初的几年中，高更几乎将所有的闲钱都用来购置绘画和雕刻用品，以及他的朋友们的画作。毕沙罗、马奈、雷诺阿、莫奈、西斯莱、德加、塞尚等人的作品，都大量出现在高更这一时期的收藏之中。

第四节　在困境中下定决心

高更为了能够更好地投身艺术，保留了婚前所租的居所作为专门的画室。每天下班以后，高更都会一头扎进画室之中，时而拿起收藏的画作欣赏研究，时而自己铺展开画布涂抹施展。随着他的收藏和自己的创作越来越多，画室渐渐被塞得十分拥挤。这里面每一幅作品，都像是一块又一块的砖，在他脚下延展成坚实的道路。他在这间朝阳的房间中，每日伴着落日熔金到暮色四合，在跳脱的色彩和层次的笔道中避世，心中便升起一片安宁满足。这成为生活中最大的慰藉。

画室不仅是高更琐碎生活的休憩站、艺术探索的起程点，他在那里还结识了另一位志同道合的朋友——房东的儿子布洛。布洛比高更大八岁，但是一旦谈到艺术时，两个人之间就毫无代沟了，彼此的心灵深深贴近，能体察到对方心中如火的激情，理念也非常契合。布洛对垄断话语权的官方沙龙深恶痛绝，它以一种居高临下的姿态制定着社会的审美标准和规范，内里却由于渐渐脱离真正的现实而变得空洞衰朽，活力不再。他像高更一样，对顽强发展的印象主义赞誉有加："画家们本来就不应该囿于一隅，而是应当将大自然奉为信仰，作为灵感源源不断的来源。人类是大自然的一分子，蕴含于自然之中，延展开来的感官知觉也应融于其间。因此，艺术家们理应尽最大所能去发掘埋藏在内部的哲理和美感。"

布洛涉足艺术领域已久，因此在思想上要比高更成熟许多。同样是欣赏印象主义的绘画方式，高更的态度是无比热爱，将自己沉浸其中，并以之为标杆不断修正自己的作品；而布洛却比较冷静，他认为印象派仍然太过年轻，需要时间的打磨洗礼方能历久弥坚。在畅谈之中，布洛向高更表达了自己对于印象派的担忧和希冀，这让高更对他

罗丹

罗丹《思想者》（1888 年）

颇为钦佩。因此，当布洛提议他涉足雕塑时，高更便欣然答应下来。

以前，高更在绘画之外也对雕刻有一些尝试，但那只是停留在兴趣层面的一些简单粗糙的实践，他并没有真正尝试过雕塑艺术。然而，他又是非常幸运的，初入此门便有布洛这样的良师益友指引点拨。布洛与伟大的雕塑家罗丹有着很好的私人关系，他自己的水平也相当高。布洛带领高更参观了自己位于巴黎郊外的工作室，还为他提供了基本的雕塑用具。布洛告诉高更："雕塑是在立体之中表现美。在绘画中，人们用色彩的色调和明暗来表现光线，但是雕塑没有色彩，它本身就体现着光线的变幻。"

初尝过后，高更对雕塑的兴趣有增无减，开始加入自己的思考，不断尝试使用不同的材质和手法来展现主题的

奥古斯特·罗丹（1840—1917）是19世纪法国雕塑家，可以说是西方雕塑史上一位划时代的人物。他集欧洲两千多年来传统雕塑艺术之大成，尤其是对优美的古希腊雕塑理解深刻；又不落窠臼，创造了20世纪现实主义新雕塑艺术。他的作品通过线条和造型来表现丰富内涵，呈现出博大内敛的气质。代表作有《思想者》《青铜时代》等。

气质。现在，他又开始为妻子梅特雕塑胸像。在高更面前，梅特不像专业的模特那样有一定的成规和套路，而是与日常生活中的大部分时刻一样，随意地坐着，脸上的表情平和安宁。她的面部虽然比较立体，但是线条却很柔和，并不给人以咄咄逼人的架势，而是显现出一种温柔的坚毅。在给丈夫充当模特时，梅特的心情是愉悦的：平时丈夫总是沉醉于自己的艺术天地中而忽略了自己，她虽然心有不快，却又不好横加干涉。现在，丈夫终于把他那艺术家的目光落在了自己身上，这无疑为他们夫妻间架起了一座沟通的桥梁。再说，又有哪个女人不希望拥有一座属于自己的美丽雕像呢？

作品完成了。梅特左右端详，觉得这尊雕像虽然与自己酷似，但更为端庄圣洁，而且好像还更抽象一些。梅特十分喜爱这件作品，她紧紧抱住丈夫，回报给他一枚喜悦而满足的吻。的确，高更在这尊胸像中将梅特的轮廓弱化了，形成一种流畅的动感。他尤其注重移入印象主义绘画中的光影对比，使光线仿佛水流一般流淌。营造出来的朦胧感和柔和感，使人物内在的精神气质浮于外形之上，更为深邃包容。找到了这种感觉，高更一以贯之，继续制作了一系列塑像，其中包括为爱子埃米尔做的胸像。他越做越顺手，慢慢将印象派的精神融入作品之中，在立体的雕塑中发酵着对现实主义和理想主义的理解。

高更在沉浸于雕塑的同时，每个周末还会与索非奈克一起到艺术家们常常聚集的新雅典咖啡厅中呆上一阵。毕沙罗向他们介绍道，其他的地方正在变得鱼龙混杂、过于浮躁喧闹，这些印象派的股肱们便渐渐聚集到这个环境优雅、友好周到、物美价廉的地方。不仅毕沙罗自己常常光顾，莫奈、雷诺阿、德加、马奈、塞尚这些活跃和出名的印象派艺术家们也是这里的常客。在这里参加他们的聚会，可以旁听到他们相互之间对彼此作品的点评指正，而且还能参与到他们的讨论之中。在这里，毕沙罗热心地将高更介绍给莫奈、塞尚等人，使他有了能与这些领军人物交流的机会。

高更结识莫奈以后，临摹了多幅莫奈的作品并拿给他指正。他本以为会受到批评、遭到嘲讽，莫奈甚至会不屑一顾，但是莫奈却给了高更以肯定："画得不错，在色彩和技巧上可以说已经很成熟了。"大师的肯定让高更深受鼓舞。莫奈与高更的关系并不密切，但是他的言辞却始终鞭策着高更向真正的画家靠拢："真正的画家是忘我的，他们对外在的风俗观念视而不见，只是被绘画自身所打动。

高更为梅特所做的雕塑（1）

高更为梅特所做的雕塑（2）

高更为儿子埃米尔所做的雕塑

因此，他们所需要的不只是绘画技巧，更是永不熄灭的满腔热忱。”

塞尚虽然加入印象派稍晚，但是他的画风却让高更最为欣赏。无论是他笔下的静物还是风景，都有一种浑厚沉静的内敛气质，而且并不滞涩，隐隐然有一种想让人一探究竟的神秘色彩。塞尚的画作大气朴拙，意涵深远。高更对塞尚的艺术进行过认真的研究，当他后来成为专业的画家后，还曾与塞尚一起到自然中写生。在高更收藏的作品中，塞尚的作品在数量上非常之多，也是他最为珍视的。他后来在物质上十分紧张，需要靠出售以前收藏的画作赚钱时，也不舍得将塞尚的作品卖掉。

塞尚的性格比较古怪孤僻。他不太合群，是一位厌恶应酬、独来独往的人，除了与画家们进行艺术创作上的交流外，鲜与人来往，从来不在意任何人的夸赞或阿谀，也没有什么朋友。在他的理念中，绘画的技巧和感觉只能通过画家自己长期的领悟和实践获得，因此他从不向别人传授任何作画方法。高更与塞尚接触过后，也知道了他的这种脾气，于是在一次写给毕沙罗的信中开玩笑说：“如果有朝一日，塞尚把心中强烈而独特的感受凝成了一块，那就请你赶快把催眠药给他灌下去，好让他在昏睡的梦呓中简洁地表达出来，然后立即赶来巴黎告诉我。”毕沙罗将这个玩笑讲给塞尚听，没想到塞尚却十分不快，对高更产生了戒心，从此断绝了与高更的来往。

> 保罗·塞尚（1839—1906）是法国著名画家，可谓印象派画家中走得最远的一个。他的灵感虽然源自眼睛所见的自然，但并非对现实亦步亦趋。塞尚的作品虽然较难理解，但他追求形式美感的艺术方法，为后来的现代油画流派提供了引导，为立体主义开拓了思路，他被后世追求现代艺术的人们尊为“现代艺术之父”。

在不断地磨砺与成长中，高更的水平渐渐达到了专业程度，开始有作品参加各种展览。1876 年，他的《维洛弗雷森林中的草丛》入选了沙龙，第一次在官方展厅里与专业画家的作品放在一起。但是这并非高更的真正追求。1879 年，高更终于如愿以偿，跻身于印象派艺术家之中，参加了他们在歌剧院大道上举行的第四次画展。此次展览中展出了他的一座小雕像。自此之后，高更在每届印象派展览中都有作品展出。1880 年，在印象派第五次画展中，尽管雷诺阿对让“外行人”的作品入选感到十分不满，组委会还是在毕沙罗的疏通下选中了高更的三幅作品:《蓬

塞尚

塞尚《圣维克多山》（1885 年）

杜瓦兹农场》、《隐士之家的苹果树》和《杜邦神父的小径》。尽管这些作品中残留着较为浓重的毕沙罗的影子，被人批评为“掺了水的毕沙罗”，但油画作品入展本身已经是一种对高更的认可和褒奖。

虽然印象派在1879年的展览中终于获得了成功，引起了许多人的重视和好评，但是他们的日子却愈加艰难。官方沙龙是指法国政府面向所有艺术家开放的一项展览，每年在卢浮宫举行，声势浩大，声名远播，是艺术界的盛典。如果谁的作品能够入选并在沙龙中展出，那么他就会立即成为明日之星，受到媒体的赞誉和社会的追捧，身价也会立刻水涨船高。这种金钱和名声的诱惑对于生活没有保障的艺术家们而言，无疑具有强大的吸引力。然而，沙龙评委们的标准刻板教条，这些学院派的规范恰恰是印象主义者们最为鄙夷的和力图超越的。面对理想的艺术追求和现实的生计胁迫，尴尬处境将印象派的画家们推入一个两难的选择之中。

在这些人里面，高更有着高收入的工作，生活优渥；塞尚的境遇尚可自给自足。但是其他的画家就没有那么好过了。他们在这种冲突中饱受折磨：自己的造诣远比那些高声叫嚣着的画家们高明，却因为艺术理念和创作风格与正统不合而受到唾弃，不得不连累家人过着朝不保夕的苦日子。名利场又一直在向他们温柔地招手，只要自己能够决心掉头，一切声色享乐就能入我彀中。印象派的每个人都日夜遭受着心理上的煎熬。终于，马奈与雷诺阿下定决心，向沙龙倒戈了。

“沙龙”是法语“Salon”的译音，原意一般指较大的客厅，后来词义不断扩大，逐渐演变为指人们在陈列着艺术品的室内谈天娱乐的聚会形式。17 世纪时，由于传媒条件落后，因此许多巴黎名人便将自己的家变成社交场所，吸纳志趣相投的艺术家和学者前来聚会交流。这种行为渐成时尚，在 19 世纪达到鼎盛。

他们二人的“背叛”，仿佛在本已“体力”不支的战场上听到两个要塞被攻克一样，让印象派的艺术家们深受刺激和打击。尤其是在雷诺阿为巴黎著名女演员夏尔潘蒂埃夫人的肖像获得模特本人的赞赏以后，雷诺阿受到夫人赞助开办杂志、举行画展，一时间风生水起。这些景象更像是对坚守的印象主义者们的一种无声讽刺。

如此看来，印象派好像已经是一副分崩离析、摇摇欲坠的架势。高更看在眼里，心中也千般不是滋味。这个周日，他像往常一样去拜访毕沙罗。毕沙罗的房子坐落在乡下的一个野山坡之上，茵茵绿草上点缀着星子般的野花，披着煦暖的阳光，虚怀迎接着来客。旁边的树林茂密却不阴森，不时能听到鸟雀之声，让人感觉如听仙乐。在这种环境中，毕沙罗膝上搭着毯子，专心作画，画面的色调如眼前晴日一般明亮欢愉。

当一日的写生结束，毕沙罗夫人为他们端上咖啡茶点后，毕沙罗谈起了自己对于印象派的想法和信念："像雷诺阿他们能有如今这样好的归宿，我们也应替他们感到高兴并送上祝福。这条崎岖之途是我们自己选择的，只要你认为它是正确的、值得追求的，那就义无反顾地走下去。灵魂上的安宁才是最大的安宁，只要跟随自己的心灵走。"

毕沙罗不仅是高更在绘画艺术上的老师，还在此时扮演着人生导师的角色。乡下美景和老师的话语就是定心丸，让高更坚定了用自己的实际行动来支撑印象派渡过难关的决心。而高更此时也许还不知道，自己的这种决心，比他想象的还要坚决执着，并成为支持他日后人生的一道不屈的脊梁。

马奈

马奈《草地上的午餐》

雷诺阿

雷诺阿《夏尔潘蒂埃夫人和她的孩子》

第3章：投入艺术的熔岩

第一节　裸体的真实

人们常说，一位好妻子是丈夫成功事业背后的最高元勋，在高更的家中大致也是如此。高更白天在布尔丹证券交易所上班，与云谲波诡的股市和枯燥单调的数字打交道；晚上则常常流连于画室，徜徉于光影参差、色彩斑斓的画作中废寝忘食，有时甚至到深夜而不自知。高更在这两个地方奔波，常常不在家，家中大小事务自然都落在了梅特身上。她操持家务，悉心照顾着孩子们，为高更免除了许多烦恼、担忧。因此，梅特婚后虽然辞去了教职不再工作，但日子却过得忙碌充实。

然而近几年来，梅特越来越觉察出丈夫的变化。高更回家越来越晚，在画室待的时间常常比在家都多；先是购买各种画具，不仅画室中各种颜料笔刷画布十分齐全，就连家里也经常出现散落的用品；接着是大量购入和收藏印象派画家们的作品，几年下来，花在这上面的钱足够在巴黎再买两套房子了；他总是与同事索非奈克在一起，还经常去拜访阿罗沙和毕沙罗，每逢周末，更是起个大早去乡下和郊外写生；他与梅特在一起谈论的往往是巴黎又举办了什么美术展览，谁的作品被报纸嘲讽或吹嘘了，哪幅画深得色调调配的精髓；有时看到孩子的随手涂鸦，他也会一本正经地指点，并加以赞赏和鼓励。

看到丈夫如此醉心于绘画，梅特喜忧参半。一方面，她觉得丈夫能够有这样高雅的爱好来缓解工作和生活中的压力是一件好事，而且他身上渐渐显露出来的艺术才华也让梅特自豪不已。家中墙壁上悬挂着高更的画作，橱柜上摆放着高更为自己和孩子制作的半身像，烘托出浓厚的艺术氛围，梅特自己也常常欣赏把玩。但是另一方面，梅特看到丈夫身边往来的都是穷苦画家，而他在他们的作品上也已经花费了大量的钱财，梅特生怕丈夫受他们的影响玩物丧志，越陷越深。

当初，梅特之所以嫁给高更，除了他独特的个人魅力

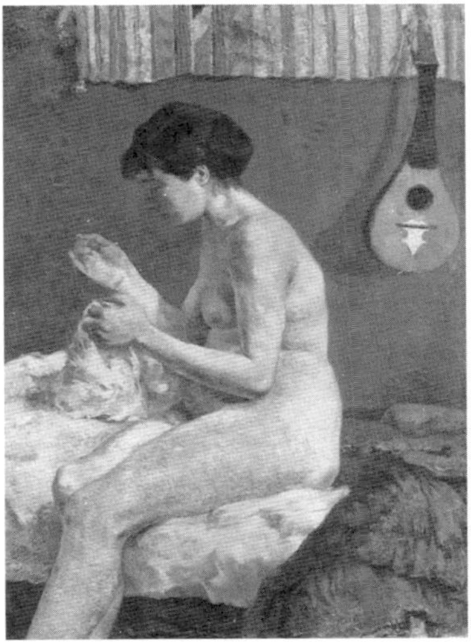

高更《裸妇习作》(1881 年)

之外，还因为他有一份收入颇丰的工作。有了高更每月的工资进账，结婚之后的梅特便辞去了家庭教师的职务，专心做起了家庭主妇，每天除了整理房间照看子女，还能看看报刊闲书，偶尔拜访一下邻居，日子过得宽裕舒适。

然而丈夫在绘画上过度耗费时间、精力的行为，始终让梅特深感不安，为此，两人时常发生争执。高更理解妻子的担忧和不满，但是艺术已经在他的生命中占据了极为重要的位置，他又如何能够轻易割舍得下呢？虽然他总是试图说服自己，绘画只是一种消遣，股票经纪人才是他的正经职业，但在他的内心深处，却越来越认同自己的画家身份。他希望能够像专业画家们一样，进行多种素材的训练，其中就包括裸体人像的绘画。

1881 年，第六次印象派画展中展出的高更作品《裸妇习作》，引起了著名评论家雨斯芒的注意。他对这幅作品给予了极高的评价："我毫不犹豫地断言，在近代法国所有描绘裸体的画家中，没有哪一位画家能够如此强烈地把真实性的感觉表达出来，如此自然深刻地表现出裸体的美感。"的确，高更的这幅油画与人们习惯看到的裸体作品不同：画作中的裸体女性，没有画家赋予人体模特的那种千篇一律的苗条身材、红润饱满的乳房、平坦结实的小腹，而是腰腹部有堆积的赘肉，有略显松懈的臀部和大腿，双乳自然地袒露在外，脸部有着未经修饰的朴素神色。她只是静静地坐在那里，脊背微曲，认真地缝补衣服，既不淫荡也不挑逗，没有让人厌恶的故作高雅的姿态，动作亲切自然，不像石膏般僵硬做作。总之，它毫不虚伪，流露出一种真实的优美。这幅作品所体现出的人文关怀为高更赢得了声誉，也标志着他在艺术上的成熟。

画中的裸体女性就是高更家里为孩子聘请的保姆琼斯蒂娜。这位来自萨克森穷苦人家的姑娘跟着姐姐来到法国谋生，姐夫为她找了这个在高更家做保姆的工作。她每天的工作主要是打扫房间，洗衣做饭，以及照顾年纪尚小的孩子。她在巴黎人生地不熟，也没有什么朋友，除了每天的工作之外，就只能靠缝缝补补等小事打发时间了。这家的女主人虽然不刁钻难缠，但是对外人并不热情，对琼斯蒂娜也只是当作保姆看待，没有什么深入的交流。反而是男主人看见她干活时会主动打招呼，有时与她聊聊近况和趣事。他的风趣使人倍感随和亲切。

这天，琼斯蒂娜忙完家务，来到厨房煮一壶咖啡。这时正巧男主人高更回来了，便向她要了一杯咖啡，两人自然而然攀谈起来，话题从琼斯蒂娜以前的身世经历一直到高更对艺术的执着追求。随着交谈的深入，两人渐渐熟悉起来，琼斯蒂娜向高更倾吐了自己对穷苦生活的苦恼，高更也抒发了自己想要在艺术上有更高造诣的心思。高更说："要想把握对人物的绘画，裸体人像的训练是必不可少的。可是现在的裸体作品真让人反胃，所有的画像似乎都是一个模子里刻出来的，身材千篇一律，姿态又常常流于庸俗。这些艺术作品中的肉体，粗看上去似乎青春美丽，但实际上都已经成为一种程式化的表达了，又如何表现真实的美感呢？可惜我没有合适的机会，不然我一定要试一试，突破这个题材的风格成规。"

说到这里，高更突然目光一亮，打住话头。眼前这个姑娘，难道不就是最佳的模特人选吗？她的身材并不完美出众，却贵在平凡真实；她不是专业模特，便少了矫揉造作；她的脸蛋未必很美，却有一种质朴气质蕴含其中。要想实现自己打破常规进行裸体人像创作的设想，琼斯蒂娜一定能够发挥极为重要的作用。

琼斯蒂娜看见高更的神色，顿时羞红了脸。她可是从来没有过这样的经历啊！幸运的是，她生长于浪漫之都巴黎，这一段时间在高更家工作的过程中，不能不说又受到了一些艺术熏陶，思想也比较开放。更何况，男主人是如此富有魅力，目的又是如此高尚。

很快，略经劝说，琼斯蒂娜便同意了高更的这一请求。每晚当梅特入睡后，高更都会来到琼斯蒂娜的房间里作画。由于高更事先脑中早有想法，琼斯蒂娜的身体又赋予了他灵感，因此，他只用了几个晚上就完成了这幅作品。

《裸妇习作》一经展出，就如池中投石般激起了评论家的好评。但是过了不久，这种影响也如涟漪一样在汪洋般的艺术品中渐渐自行消散。高更没有就此停笔，接着又创作了几幅裸体人像作品。但是在之后一年中大大小小的展览里，高更的作品并无出色表现 这让一些评论者大摇其头地叹息："高更似乎已经江郎才尽了。本来在他的尝试中还有让人拭目以待的希望，但是综观他最近的表现，也终不免落入窠臼和平庸。高更的身份依旧还是一位股票经纪人，也许这一职位比专业画家更适合他。"

艺术上的困局和评论界的揶揄，使高更开始严肃地自省起来。艺术和股票究竟哪个更适合我？在艺术之路上我还能走多远？证券交易所的工作是不是对我的局限和束缚？为了艺术前途我是否应该有所舍弃？

带着满腔的疑惑和纠结，高更继续一边在交易所上班，一边持续绘画创作和学习。这份工作给他带来了富足的生活：他们积蓄颇丰，衣食无忧；妻子梅特为他诞下了第五个孩子。一家人生活条件优越，因此十分和睦。

1882 年，法国遭遇了经济萧条，“总会”股票暴跌，金融证券业受到牵连，变得骤然萧条起来。一时间，证券和股票从业者纷纷经历了经济寒冬，这些高收入高回报的工作都变成了受冲击最大的行业。这种经济环境仿佛一剂催化剂注入高更的生活，使他对艺术的热望远远盖过他对这份养家工作的维持态度：既然这份工作都已经不再赚钱，那么我为什么不彻底放手，转而到我真正醉心的绘画艺术中开疆辟土，大干一场呢?

1883 年 1 月，高更辞去了布尔丹证券交易所的工作，成为了一名专职画家。

第二节　黎明前的黑暗

巴黎的冬天虽然没有寒风肆虐，但是这种寒冷有一股沉默强大的力量，侵入人们的身体。尽管新年将近，但是过去一年的萧瑟让整个城市都缺少了应有的喜气。高更一家七口围坐在餐桌前吃晚饭，壁炉中的炉火烧得旺盛，为寒夜点缀了一星暖色。高更抬头看了看正在安静进餐的梅特和孩子们，放下刀叉，用平静的语气宣布："我已经从布尔丹证券交易所辞职了，从此以后我将专心绘画。"

孩子们还并不能体会父亲的这个决定将会产生怎样的后果和影响，但是梅特的震惊早在高更的预料之中。梅特的心中充满了委屈和愤怒：自己虽然没有在外工作，但是一直尽心尽力履行着作为一名妻子和母亲的职责。她尽管有时会与高更在绘画和收藏方面产生争执，但她一直都在最大限度地包容高更的行为，没有阻碍他与画家朋友们的交往，也没有过分干涉他对艺术的沉迷。然而高更在未与她商量的前提下擅自做了这个决定，实际是弃整个家庭的利益于不顾，她不能不认为这种自私的行为是对自己的一种欺骗。

当时高更在做这个决定时，首先想到的也是梅特和孩子。他向梅特解释道："我们还有一定的积蓄，足够支撑我们一段时间的了。你看，现在经济这么不景气，我这个股票经纪人赚的也少得可怜，再耗下去不也是一种浪费吗？

我真的非常热爱艺术，这是我一生都不会放弃的追求，眼下不正是一个绝妙时机吗？之前我的作品已经得到了赏识，但是我一直没有机会专心作画，所以难有长足进步。这回我正好可以有机会全身心投入创作之中。相信我，股票可以赚钱养家，我一样可以通过绘画做到的。”

木已成舟，梅特就算再不满也已经没有了办法。丈夫的劝说也起到了相当的作用，梅特最后终于妥协了。高更的上司听到高更辞职的消息，力劝他慎重考虑，至少坚持到明年年初。与高更相熟的几个画家朋友也都奉劝他不要这样斩断自己的一切退路，但是高更去意已决，凭他认准一件事就要一条路走到底的倔强性情，任谁都不可能让他回心转意的。在大家的叹息和质疑中，高更走上了专职画家的生涯。

可惜天不遂人愿，本以为专心作画就能有所成就的高更显然将事情想得太过简单和理想化了。从 1882 年底辞职到 1883 年上半年这段时间里，高更几乎没有什么进账。家中的经济状况日渐艰难，高更不得不赶紧另想办法加以转圜。他听说里昂的生活成本要比巴黎低一些，又有一些富人喜欢收藏画作，艺术氛围比较浓厚，因此在 1884 年 1 月，他们举家搬迁到了那里。

毕沙罗的朋友缪勒帮高更一家在里昂找了一个租金廉价的房屋安顿下来。当毕沙罗听说高更要到里昂来时，就对缪勒说："高更还真是天真自大！我在这里待了这么长时间，生活越来越困顿，还不足以说明什么吗？我的画作在里昂都鲜有人问津，他还指望凭他的水平就能立足？如果你见到他，最好奉劝他考虑清楚，不要盲目行事。如果他执意要来，只能看他造化了，让他自己吃吃苦头也好。"

果然，高更的到来并未在里昂艺术界引起什么反响。他们本就不大的房间里挤满了卖不出去的作品，让人觉得堵塞气闷。日子愈加拮据起来，孩子们习惯了巴黎熟悉优渥的环境，一直很难适应里昂的生活；梅特身处贫民社区之中，被这里的混乱落后折磨得苦不堪言。家中的宁静和欢笑不再，高更的绘画热情虽然没有因此减损，但也是郁郁寡欢，深感这样下去不是办法。终于，梅特对眼下的状况忍无可忍，提出要回到丹麦的家中去。两人经过争执和商议，最终决定于 1884 年 11 月带着五个孩子前往哥本哈根。

像当初决定搬往里昂一样，高更对此次的丹麦之行也充满了希望。在他的设想中，这个古老宁静的国度远离欧洲大陆，对艺术的嗅觉是迟钝的，绘画风格的演进十分缓

19 世纪末的哥本哈根（1）

19 世纪末的哥本哈根（2）

慢，仍然同法国几十年前的风格一样传统。自己带着现在巴黎最新的绘画理念来到哥本哈根，可能比在法国更容易引起轰动并被接受，说不定还能成为那里新艺术的引进者和开拓者呢！

但是，现实再一次打击了高更。他被梅特的家人和朋友当作不负责任、没有出息的失败者，忍受着嘲讽和冷眼。梅特也因受到家中的责难而倍感压力，对丈夫更是感到伤心和愤怒。为了维持生计，高更托亲戚的关系找到一份推销帆布和防水绸的工作，还与妻子一起教授法文。但他做这些工作也只是为了敷衍梅特的家人，真正孜孜不倦追求着的还是绘画艺术。

然而，高更在哥本哈根艺术界的经历比在里昂还要悲惨。他曾在一所美术馆中举行展览，却在五天后被迫关闭。因为这里的老派学院极度憎恶这种非传统的风格，高更的作品让他们感到这是对正统艺术的侮辱和挑衅，于是封杀了报刊上一切倾向于高更的严肃文章。高更的作品受到排挤，甚至连能够为他的作品加框的木工都找不到。因为高更曾在一位木工那里制作画框，这位木工却因为这个原因失去了很多其他顾客。

妻子和家人的不满，日常工作的烦琐，绘画领域的打

高更《阿丽娜·高更与她的一个兄弟》（1883 年）

高更《熟睡的克劳维斯·高更》（1884 年）

高更《穿晚礼服的梅特》（1884 年）

压，都将高更在哥本哈根的生活一步步逼进死角。终于，他忍受不了这种生活，于1885年5月带着儿子克劳维斯返回了巴黎。

此时的巴黎与他离去时已判若两地。失去了工作和财富，周围也没有能够施以援手的朋友，高更真的到了衣不蔽体、食不果腹的赤贫境地。他与儿子只能挤在只有一床一桌的小房间里过活：没有取暖设备，唯一能够遮挡寒风的就是一层薄墙；几乎没有任何基本生活用品，就连面包也常常是赊欠来的。高更的画卖不出去，只能做一切能做的苦工累活。他做过公司里的行政秘书，在火车站贴过广告，也去证券公司做过临时搬运工。在这样艰苦的环境下，小克劳维斯病倒了，而高更的口袋里此时却只有二十生丁。他深感难以照管好儿子，便拜托姐姐玛丽将儿子送往膳宿学校。玛丽与这个个性独立鲜明的弟弟关系并不是非常亲密，尤其是在他辞掉股票经纪人的正经职业，转而去搞艺术后，她更觉得弟弟是不务正业、游手好闲的纨绔之徒。不久后，玛丽也不愿再管他，拒绝替他为儿子缴纳学费。而高更此时仍旧一贫如洗，只能偷偷拖欠，一连四个月没敢去学校看望儿子。

在这期间，他始终与妻子梅特保持着通信。在信中，妻子梅特向高更抱怨自己经受着饱尝家人冷眼、生活拮据的日子，但是高更自己生活的艰辛让他性情愈加狂躁，既不能体谅梅特，也认为梅特无法体谅自己，认为她不仅不能给予自己生活中的协助，还提出过分的要求。他们之间虽然爱情尚存，但是两地分居，各有苦楚，又有很深的隔阂，都背负着来自家庭和生活的压力。这种种困难，都使他们很难再回到从前的日子了。

初回巴黎的这段岁月，是高更一生中最悲惨艰苦的时光之一，但是无论什么样的困境也不能阻断他对艺术的执着追求。高更后来曾说："痛苦会激发你绞尽脑汁地将聪明才智发挥出来，创造出伟大的作品。但是我感到痛苦也能扼杀一个人的才华，痛苦总不能太多了，太多了就会置你于死地。最终，使我引以为豪的是，我傲性十足，仍然在艺术创作上充满活力，我有力量面对痛苦，我愿意这样。"他似乎有这样的禀赋，那就是痛苦没有将他打倒，反而使他更为坚强。高更这种深入骨髓的高傲，成为他身上最值得书写的气质。

即便是在这样的困苦之中，高更也始终没有放下手中的画笔，反而对绘画有了比原来更深刻的感悟。他意识到，亦步亦趋地模仿学习，容易被局限在他人的风格之中，真

高更《自画像》(1885 年)

正的艺术作品要能反映艺术家本身的个性。艺术家需要敏锐的感受力，但这是远远不够的，因为艺术家就像一个中转站，需要将感知到的事物进行归纳处理，再以自己的方式表达出来。艺术的独特性就体现在表现形式上，这种表现是对艺术家思想的反馈，而艺术家的思想不是能够现成获取的，需要在体验人生的过程中提炼感悟。

事实证明，高更的这种艺术理念是十分正确而有益的。1886 年五六月间，印象派在巴黎拉菲尔特举行了第八届画展，高更以《曼陀铃与静止的生命》、《街道》等 19 幅油画和几件大理石雕塑作品入展。此次画展虽然并非十分轰动，但也引起了不少关注，称得上是一次成功的实践。对高更而言，这次展览可谓是他艺术生涯中的一个转折点。有评论家在展后评论了高更的作品，不但认可了他在创作风格上的探索，而且还有画商对他的作品表现出了兴趣，他的油画终于找到了市场。

其实，此次画展不仅对高更的艺术生涯有着积极的重要意义，这也是印象派的一场谢幕演出。印象主义的泉眼已经枯竭，在它的发展中已经很难找出汩汩涌动的新意。印象派的扛鼎大师们，如马奈、雷诺阿、西斯莱等人，已经入赘沙龙，其他人要么独善其身，要么若即若离，难承

高更《曼陀铃与静止的生命》（1885年）

大统。印象主义者们自此分道扬镳，各奔前程。高更也像他们一样，踏上了自己的道路。

1886 年 6 月底，高更来到了布列塔尼半岛，开始了一段新的艺术征程。

第三节　从阿旺桥到马提尼克

印象派第八届画展的成功，暂时缓解了高更经济上的压力。初尝成功喜悦的高更，感到自己的创作理念和作画风格在生活的磨砺中得到了提高，但要把握住这种前进势头，则还需要到大自然中吸取氧气和精华。熟悉的巴黎已经不能刺激他的神经，寻求创作激情的灵魂开始不停骚动起来。很早以前就有朋友向高更提起过具有异域风情的布列塔尼半岛，现在他决定去那里试一试，看能否找到新的灵感。

布列塔尼半岛位于法国西北部，隔英吉利海峡与英国相望。布列塔尼在历史上深受英法两国的影响，人种也比较复杂。这些因素使其拥有迥异于法国本土的民俗文化，如保存至今的布列塔尼语、绚烂的民族服装等。阿旺桥位于布列塔尼半岛南岸，虽然只是一个仅有几条街道的小城，但却有着深厚的艺术传统，今天的人们可以来此寻访高更的画室及居所。

在索非奈克的帮助下，高更将小克劳维斯送到了由亚裔开办的雷诺桑寄宿学校。这里的老师是一位和蔼的中年妇人，十分喜爱小克劳维斯，这让高更放心不少。展后卖画所得的 250 法郎，在偿还了以前的各种欠款之后所剩无几，但他听说阿旺桥有一位玛丽·珍妮·格劳阿奈克太太友善热情，她的旅馆十分欢迎来自各地的艺术家，经常允许一时窘迫的画家们赊账。于是他在收拾了简单的行李后，于 1886 年 6 月底，高更离开巴黎，来到阿旺桥。

阿旺桥位于法国西北部的布列塔尼半岛上，原住居民

布列塔尼的康佩教堂

高更《克劳维斯》(1886 年)

是凯尔特人的后裔，具有独特的语言、宗教和服饰装束。这里的天空显得格外高远，耸立的山岭沉郁苍莽，湛蓝与墨绿的搭配将空间撞击得倍感旷达；略微起伏的地面上满披绿草，草丛不高，却扎实密集，其间点缀着树木，遒劲繁茂；道路窄小，并不平整，随意地通向洒满碎卵石的海滩；海风劲拂，堆着白沫的海浪拍打着岸边礁石，发出沉响。这里常常遭受风暴侵袭，土壤贫瘠，风浪低吼时天地一片灰色，眼前荒滩野岭，满目苍凉。

这里原始古朴的环境氛围，让高更在巴黎渐渐封闭的心灵变得敞亮通透起来，仿佛心口昏睡的野性被重新唤起，灵感如瀑布般奔泻而出。同样是回归自然，但是这里与秘鲁的热烈奔放不同，阿旺桥的冷峻肃杀和巍茫清冽有着别样的气质。远离文明世界的世俗聒噪，高更完全沉醉其中，给索非奈克写信说：“我爱布列塔尼，我在这里找到了野性，找到了原始荒芜和绘画上的三原色。当我听到我的木鞋踏在花岗岩上的回响时，我恍然大悟，这就是我在绘画中所寻觅已久的那种平和而铿锵的声响啊。”

这种自然图景点燃了高更的热情，使他的绘画变得朴实粗犷起来。在描绘大自然时，他要先观察酝酿很久，直到自认为感悟出了自然的精华，将景物内化，他才会动笔。

阿旺桥风景

高更《阿旺桥风景》(1886 年)

他将艺术视作一种抽象，要从自然本身中提炼出来，而不能过分描摹。他还给客观的色调赋予主观的感觉，用色彩明确传达出画家的感受。在这一时期中，高更渐渐形成了构图单纯、线条有力、色调浓烈，并带有装饰性处理的独特风格。

高更住在格劳阿奈克太太的旅馆中。这里果然如朋友所说，格劳阿奈克太太友善好客，环境舒适自由，简直是艺术家的天堂。但是，这里聚集的艺术家大多来自美国、英国、斯堪的纳维亚半岛，法国本土的人却鲜少踏足。高更一贯沉默寡言、孤高自傲，但他干净得体的装束、颇具修养的谈吐和沉静的性情却让格劳阿奈克太太十分欣赏，对他也格外温和宽容。住在这里的人们常常聚集在公共客厅中吞云吐雾，高声讨论着对绘画的理解和认识。高更很少参与其中，在其他人看来，他就像一位能挣很多钱的老船长一样，看起来阅历丰富、自高自大、沉着冷静、难以取悦。但是一旦他偶尔心血来潮，与众人攀谈讨论起来，又表现得很有见地和魅力。

来到这里作画的还有几名来自科尔蒙美术学院和朱利安美术学院的年轻学生，他们对高更展现出的艺术水平和思想见解十分钦佩，其中与高更走得最近的有查理·拉瓦

高更《四个布列塔尼女人》(1886 年)

尔、保罗·塞吕西耶等，还有一位由索非奈克介绍来的年轻人埃米尔·贝尔纳。拉瓦尔是一位年轻的法国富人，在生活中给予高更许多实质性的帮助，在布列塔尼的很多账单费用就是他帮高更支付的。拉瓦尔对高更近乎崇拜，一直紧紧追随着他，但他在绘画方面并没有十足的天赋，水平局限于对高更等人的模仿，难有长足进展。

在艺术上对高更最有帮助的是贝尔纳。当时他还是一个年仅 18 岁的青年，比高更小了 20 岁，但是却非常聪慧，极具绘画天分，悟性也很高。他虽然身材瘦小，但是内在却蕴含着强烈的能量和热情，他身上所体现出来的敏锐的洞察力和理解力让高更获益匪浅。

高更在阿旺桥受到了来自各地的艺术家的追捧，人们纷纷向他请教。他给妻子写信说："我现在是阿旺桥最伟大、最受人尊敬的画家，这里的每个人都争先恐后地向我讨教。"高更对自己的绘画水平和理解更为自信和骄傲，因此，尽管他经历了在巴黎时贫病的折磨，身体变得枯瘦，不再像年轻时那样健壮有力，但此时却觉得精力充沛，格外轻松。

然而，高更在阿旺桥的日子并非一直这样无忧无虑，愉悦自得。他远离妻子和孩子们，心中总是牵挂着儿女，阿旺桥的寂寂长夜显得如此冗长沉缓，让他的心底更加空冷孤苦。而且，虽然高更在这里名声日隆，但他的画在这里无法销售，运回巴黎也只有人欣赏却没人出钱购买，其实并没有多少实质上的收入。他不由得自嘲自己的创作经验和思想都白白奉献给了那些英美人和法国人，自己却没有从中得到回报，只能仍旧靠着赊账度日。这些生活上的烦恼一次又一次地搅动着高更的灵魂，让他心生去意，忍不住要去开启另一段旅程。

巴拿马运河位于中美洲的巴拿马，横穿巴拿马地峡，连接太平洋和大西洋，是世界上重要的航运要道之一，大大便利了美洲东西海岸以及从欧洲到东亚或大洋洲之间的距离。因其突出的战略地位，近代以来各国对其的开凿权、控制权、管理权争执不断。巴拿马运河开凿历时数十年，高强度的工作和恶劣的环境造成近三万人死亡。因此，这项浩大的工程实际是建立在无数人的血肉之上的。

开凿巴拿马运河

1887 年 4 月 10 日，高更乘船到圣纳泽尔，与拉瓦尔会合，共同登上了前往巴拿马的远洋渡轮。

高更希望通过巴拿马之行来弥补自己在阿旺桥因为困苦生活而减损的精力。一想到热带的环境和气候，他就充满了向往和斗志。他给妻子写信说："我要去巴拿马过一种离群索居、世外桃源般的生活。我知道离巴拿马一海里的地方有个小岛叫塔博加，这座太平洋小岛人迹罕至、物产丰富，而且没有人类文明的束缚。我带着我的色彩和画笔，将远离喧嚣的人群，去艺术的天地中进行拼搏。"

然而现实残酷得让人吃惊，巴拿马不是自由乐土，塔博加也并非人间天堂。人类文明随着运河的开凿进驻于此，使这里被金钱交易的铜臭所污染，被驱使的劳工们也将工地现场变成炼狱。高更与拉瓦尔完全没有预料到这样的情况，身上所带的钱财本就不多，在这里又渐渐坐吃山空，没有足够的钱买回程的船票。没办法，他们只能出卖自己的劳力，加入到挖凿运河的队伍之中。挖凿运河的工作每天从早上五点半一直干到晚上六点，需要一刻不停地挥动锄铲挖掘河泥，靠着干面包和水维持体力，才能从每挖掘的一里路程中赚取区区六法郎。拉瓦尔身体羸弱，无法像高更一样承担这样繁重的体力活，很快便承受不住病倒

马提尼克岛

了。高更一边照顾拉瓦尔，一边起早贪黑地拼命劳作，身上的负担又加重了不少。幸好，拉瓦尔发现在这里给富有和有地位的人画像是一个快速赚钱的良方，因此身体刚恢复一点，便在路边为人画像。不过画这种肖像需要使用特殊的工具和方法，高更难以胜任，只能继续做苦力。

经过一段时间的积累，两个人终于攒够了所需要的钱，于是立刻启程前往马提尼克岛，逃离了这个炼狱般的地方。马提尼克岛是他们在来巴拿马的路上途经的一座岛屿，他们曾在此停留了一下，知道这里非常适宜居住，与塔博加相比简直如伊甸园一般。

这个热带小岛是法国的殖民地，杂居着各色人种，白人由于数量稀少而被视作尊贵的客人，受到当地人的悉心款待和照料。马提尼克岛气候暖热，又时时有习习凉风拂面，抬眼望去便是碧海蓝天、绿树青山。岛上物产富饶，盛产水果和蔬菜。如果有一定的现款，还能在这里建立产业，以钱生钱，从此过上衣食无忧的贵族般的生活。土著们总是围聚在一起，唱着饶舌的克里奥尔情歌，曲调时而轻快时而激烈。土著女人则充满柔情，想着各种办法引诱远道而来的客人。高更就曾遇到过这样的情况：一位马提尼克土著少女殷勤地为他献上水果，正当他向女孩道谢过

高更《马提尼克的草丛》(1887 年)

后要开始吃的时候，一个当地的律师出手迅速将水果打翻在地。接着，这名律师向高更解释说，他看到了这个女孩用岛上最古老的方法给这些水果下了咒语，如果高更吃下它，就会一辈子爱上这个女孩。高更倒不以为意，将它记录下来当作趣事讲给别人听。

这里如天堂梦幻般的日子激发出高更心中的无限灵感，他很快就开始展开创作。这里的天空和光线给他留下了极为深刻的感受，得天独厚的环境使他自然而然地突破了以往印象派的成规。因为以前很少有画家能够有这样的机遇接触到如此大片的天空和明媚丰富的光线投影，所以高更用黑色表达阴影，用大团色块进行对比，用简单有力的线条体现天真的情调，这些让他的画作蓬勃地跳跃着不息的生命力。

然而，野性新鲜的活力随着时间渐渐散去，取而代之的是多变气候和原始生活引起的不适。他们两人像原始人一样渴饮山泉、饥食椰果，住在简陋的茅草棚中。然而这种茅草棚既禁不住暴雨洪水的冲击，也无法抵挡蚊虫与疾病的侵袭。终于，拉瓦尔与高更染上了疟疾和痢疾，双双病倒，差点客死异乡。他们向法国驻圣保罗政府的外交机构申请遣返，没想到对方审查再三，仍然未予通过。高更

高更《马提尼克的海岸景观》(1887年)

高更《马提尼克的热带景观》(1887年)

又想用赊欠的办法乘船，去找船长求情，却遭到了无情的拒绝。走投无路之下，他仍咬牙坚持了下来，先拖着被疾病折磨得极度虚弱的身体将拉瓦尔送入医院，又去码头报考了水手，这才终于在 1887 年 11 月随船返回了巴黎。

回到巴黎的日子依旧不好过。高更从马提尼克岛带回来的作品得到了一些人的赏识和赞扬，但却没有带来多少经济收益。尽管索非奈克为他提供了住宿，还将他的欠款一笔勾销，高更在生活上仍然十分拮据，只能通过售卖自己以前收藏的作品和给人做陶器来尽力维生。他的身体在长期的劳累和热带环境的不适应中十分虚弱，肝脏疼痛得厉害。在高更回到法国之前，妻子梅特曾来了一趟巴黎，带走了高更的一部分作品。当她看到儿子克劳维斯身患疾病却无钱医治，十分心疼，于是便将他一同带回了丹麦。

梅特在哥本哈根的生活其实也很不容易：有一段时间，她患上了严重的乳腺疾病，甚至危及生命；她独自拉扯着四五个孩子，经济负担非常重；梅特家中的亲戚曾答应在金钱上对她予以支援，如今却只是袖手旁观。

高更与妻子始终保持着通信，相互诉说彼此的现状和孩子们的成长状况。他在内心同情妻子的处境，但是他本身尚且自顾不暇，就更无力向远在异国的梅特伸出援手了。

生活的困顿让梅特感到灰心，遥远的距离也使她常常不信任丈夫的行为，怀疑他是故意偷懒不去赚钱，故意不去努力摆脱困境。高更义无反顾、不知回头的倨傲性格让他有时对现实的妻子感到不耐烦，他写信说：“一个艺术家的责任，就是为了自身比别人突出的特长而工作。这个责任我已经履行了。其实，如果我是一个从监狱中刑满释放的犯人，说不定还更容易找到一个职位。可是你要让我怎样呢，难道要让我去坐牢吗？”

巴黎显然已经不再适合高更了。他的健康状况在这里得不到恢复和缓解，艺术创作也找不到激情和源泉。他决定离开这里，再次动身去阿旺桥。在临行之前给妻子的信中，高更这样写道：“为了保持我精神上的力量，我逐渐关闭了敏感的心门，让它麻醉沉睡。对我而言，如果让我再见到孩子们之后又离开，恐怕我根本做不到了。你知道在我身上隐藏着两种天性，既有欧洲人的敏感细腻，又有印第安人的狂野粗犷。如今，敏感的一面已然消逝，印第安人的一面则日益壮大坚定，推动我向我追求的艺术工作勇往直前。”

因此，1888 年 2 月，高更再一次踏上了阿旺桥的土地。

第四节　光辉岁月

到达阿旺桥后，高更再一次入住格劳阿奈克太太的旅店。不同的是，此次他已不再是独来独往，追随他前来的还有贝尔纳、塞吕西耶等人，后来还有从马提尼克岛归来的拉瓦尔。

实际上，当印象派解体之后，许多不愿遵守学院派传统标准束缚的年轻艺术者们，都被卷入新艺术观念的旋涡之中。此时的艺术界如同经过了万花筒的折射，是令人眼花缭乱的多彩世界，充满了不同的分支和缤纷的流派。青年人都力图从这种革新浪潮的裹挟中挣脱出来，早日寻觅到适合自己的道路。

在这群人中，对高更的绘画技法和理念最为推崇的是塞吕西耶。作为朱利安美术学院的学生，他接受的绘画教育还是老一套的观念，尤其是在色彩的表达上，忠实于绘画对象、尽量准确地感知物体变化成为创作的金科玉律。但是高更的思想却与之相反，这可以从他写给索非奈克的信件中看出来："不要过分地描摹自然。艺术是一种抽象，人们是在面对自然而浮想联翩时，从自然提取这种抽象的。我们应该多多思索能结出果实的创造，少去想自然本身。像我们的天才大师那样去创造，才是引向上帝的唯一之路。"其实严格来讲，虽然他们在平时进行深入的探讨，但塞吕西耶不过是高更"一天的学生"，真正在高更指导下的画作只有一幅小写生画《爱之林》。画作虽小，但是其中色彩的分割和色块的平涂技法在周围学生中广为流传开来。塞吕西耶从这次指导中看出，高更的绘画思路是新颖前卫的，而且这种尝试是在向一个好的方向迈进，理应得到扩散。因此，他不遗余力地宣传着从高更这里获得的艺术理念，认为这种艺术有着"高度真实的预感，神秘与不寻常的倾向，以及对幻想的爱好和丰富的内在精神"。这种影响伴随着传统理念和技法的没落而广为播散，不仅朱利安美术学院的学生从中受益匪浅，就连许多巴黎美专的学生们也仰慕高更的大名，走上了反传统的道路。

塞吕西耶使高更声名远扬，但对高更帮助最大的却是贝尔纳。贝尔纳以前走的是修拉的"点彩派"道路。结识

塞吕西耶

高更之后，开始向他学习构图、色彩和作画的思想技巧。他在绘画方面天赋过人，在巴黎时已经是少年英才，颇有声名。当第一次被介绍来阿旺桥跟随高更学习绘画时，贝尔纳凭借自己敏锐的感知力认识到：高更的理念虽然脱胎于之前的印象派风格，但是外延的发展已经大大超出了固有模式，仿佛一把通往崭新世界的钥匙，给自己带来了极深的震撼和启发。

再临阿旺桥，贝尔纳对上一次接触到的新鲜思想又有了更深的领悟。这天，他与高更散步回来，在公共客厅中再一次聊到绘画的创作。这一次，贝尔纳的角色不是聆听者，而变成了讲演者。他来不及坐下，就饱含激情地向高更倾吐着自己的理解，瘦小的身躯随着讲话微微摇晃："观察永远都是第一位的，继而才能够有条不紊地表达出来。但是这种有条不紊不应该是事无巨细，将所有细节展现无遗；恰恰相反，排斥了细节、简化了线条的景物才能饱含绘画者的复杂而充沛的情感。"高更听罢，发现贝尔纳的这番言论与自己一直以来所追求的"自然映像"与"内心感受"相结合的思想不谋而合，心中充满了喜悦，立刻肯定了这个年轻人的想法。

他们各自回房。过了不一会儿，高更的房门就被人敲响了。走进来的正是贝尔纳，而且还带来了一幅作品，是他自己刚刚创作的《草原上的布列塔尼女人》。贝尔纳连外套都没脱，可见他一回房间就着手开始了创作。这幅作品是贝尔纳回忆之前他们散步时看到的景象记录而成的，其中简单的线条、单纯的构图、明丽的色彩，粗看上去如同一幅天真的儿童画，然而仔细审读，却有着儿童画所不具备的经过深思熟虑的和谐感。这恰恰是对刚刚贝尔纳所阐释的自己所理解的观点的准确体现。高更仔细端详着作品，心中仿佛被击中了某个巧妙的机关："这难道不也正是我一直追求的绘画风格吗？"高更深受启发，感激地望向贝尔纳："我的朋友，你的这幅作品实在太有感染力了，好像读懂了我的心，是从我的思想中流淌出来的一般。可否请你将作品留在这里，让我仔细地研究欣赏？"贝尔纳一直将高更视为老师、父兄和挚友，听到他的赞赏和认同，心中无限感动。"那是当然！您能这么说，是我莫大的荣耀。这幅作品就送给您了，我期待着看到您的新作。"

送走贝尔纳，高更支起画布，准备好颜料，将贝尔纳刚刚的作品摆在一边，开始进行创作。前一段时间，高更从德加的作品中获取了一些灵感，对日本的浮世绘产生了浓厚的兴趣。巧妙的布局、浓重而且准确的线条勾勒、纯正绚丽的色彩，都使浮世绘作品有一种极为饱满的装饰感。高更从中汲取了营养，加上对《草原上的布列塔尼女人》的感悟，他在很短时间内就完成了《布道后的幻象》。这件作品中尽管有着贝尔纳上一幅画作的影子，但更多的是高更自己的感受。画面上的自然宁静致远，人物优雅安详，整体给人以灵魂上的平静感。

浮世绘指的是一种从江户时代兴起的日本风俗画艺术。初期由画家们用笔墨色彩绘制在墙壁和屏风上，用于装饰，后来逐渐进入版画阶段。浮世绘的题材极广，具有浓郁的本土气息和高超的写实技巧，几乎是反映江户时代人民生活的百科全书。19世纪后半期被大量介绍到西方，其平涂技法、巧妙构图等影响了印象主义和后印象主义的创作。最著名的代表作有葛饰北斋的《富岳三十六景》等。

贝尔纳带给高更的不仅是绘画上的启迪和帮助，更重要的是灵魂上的慰藉，那就是他的妹妹玛德琳娜。18岁的玛德琳娜长相甜美，既有像哥哥一样的天赋和聪慧，又有

葛饰北斋

葛饰北斋《神奈川冲浪里》

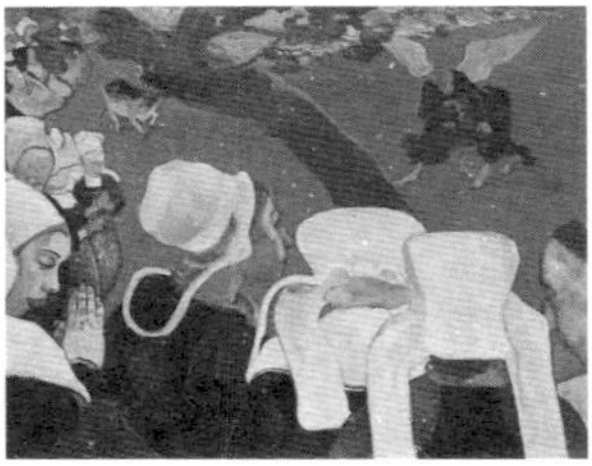

高更《布道后的幻象》(1888 年)

年轻少女身上的特质，散发着青春特有的活力与热情。她就像一朵娇艳欲滴的春花开在高更的心上，又像冬日里的暖阳，融化他在艰辛生活中冻成的坚冰。高更每日带着她散步、游玩、作画、讨论，除了像对贝尔纳一样扮演着似兄似父、亦师亦友的角色以外，还有着一种掺杂了爱情的情愫。玛德琳娜如一只叫声悠扬婉转的林间小鸟，在高更空旷孤寂的心灵中留下了悦耳的回响。就算在分别后，他也曾写信给玛德琳娜，给予其人生的教诲："我要告诉你的是关于灵魂、情感，亦即一切属于神圣的东西，而不应该去做物质的奴隶，也就是说，不做躯体的奴隶。一位女子的美德是完全和男子相似的，即基督徒的美德——就是对同类以仁慈，也更以牺牲为基础的责任心，只以良知作为评判，你应当用尊严和智慧而不是其他来建造起一座祭坛。"

高更渐渐感到有越来越多的画家来到阿旺桥，熟悉的风景已不能满足他的创作。因此他后来为了体验更加原始野性的风情，曾到距离阿旺桥只有半天路程的勒波尔多待了一段时间。虽然离阿旺桥很近，但是这里的人们过着极为原始简朴的生活，民俗风情迥异于阿旺桥，让人无法想象它是存在于文明如此发达的法兰西范围之内的。在阿

高更《玛德琳娜·贝尔纳肖像》
（1888 年）

旺桥和勒波尔多的这一时期，高更创作了大量不朽的名画，如《美丽的安琪拉》、《失贞》、《布列塔尼基督磔刑像》、《悬崖》、《洗冷水浴的布列塔尼儿童》、《布列塔尼人的环境》、《你好，高更先生》、《拿着向日葵的加勒比妇女》等，以及大量的木雕和版画作品。这一时期是高更一生中创作的高潮，他的艺术天才之光愈燃愈亮，精神上也体会着久违的轻松愉悦。

高更及其追随者们在阿旺桥的理念讨论和绘画实践渐渐促成了“综合画派”，或者称“阿旺桥画派”的形成。高更在“综合画派”中渐渐发展出了自己独特的风格，艺术创作走向成熟。他不刻意追求空间深度，也不排斥阴影的使用，运用色彩对比强烈的平涂色块，简化画面和线条。尤其是他对主观直觉和内心投射的强调，背景和对象中大量使用虚幻和神秘的元素，让他披上了鲜明的“象征主义”特征。综合画派的集中展示是在伏尔皮尼咖啡馆开办的一次画展，展出了100余幅作品。尽管在这次画展上未能销售出一幅画作，不出意料地遭到保守主义的猛烈抨击，但是“综合画派”的名声却远扬开来，继而吸引了一大批不满僵化风格、具有新理念、勇于挑战追求的年轻艺术家们。

高更《勒波尔多风景》(1890年)

高更《美丽的安琪拉》(1889年)

高更《布列塔尼基督磔刑像》(1889年)

高更《你好，高更先生》(1889年)

高更的创作高潮依旧未能给他带来经济上的利益。他在生活上匮乏困顿，西北海边的潮湿阴冷也不利于身体的健康。在此次布列塔尼的长期停留后，高更决定向法国南部进发。

第五节　两颗巨星相撞

高更在阿旺桥与他的追随者们探讨绘画时，认识了画家文森特·梵高。这位来自荷兰的艺术家有着浅棕色的头发和胡须，在自然光下微微泛着金红色；一双蓝色的眼眸不深，总是神经质地微眯着；皮肤呈现出病态的苍白，看上去仿佛许久未晒过阳光一样；尽管年龄并不是很大，但却有着一张饱经病痛折磨的脸庞，上面密布着细小的皱纹，牙齿的脱落使嘴部格外干瘪；身材虽然较为高大，但是由于他常常佝偻着背部或者坐着作画，因此不会让人觉得健康魁梧。

文森特·梵高

梵高《自画像》(1886年)

梵高《自画像》(1886年)

文森特·梵高出生于荷兰南部的北布拉班特省，父亲是一位荷兰归正宗教会的神职人员。梵高的家族深深地为艺术和宗教所吸引，多人从事相关的职业，而梵高本人的一生也与这两者有着割舍不断的联系。他曾在伯父古庇画行的海牙、伦敦、巴黎三地的分店工作，被解雇后做过助理牧师，后来到矿区传教，又遭解雇后开始真正地学习绘画，投身到艺术之中。梵高一生的感情生活也十分不幸：两次求婚的失败让他心灵屡受重创；后来他与一位妓女同居，想要结婚的想法却遭到所有人的反对，最后不了了之。梵高其实是一位极具天赋的人，而且每当他投入到一件事情中时，就会将全副精力放在其上。尽管这种心理会使人取得很高成就，但也会将人推向极端，梵高就是一个典型的例子。他的艺术被这种极端推向旁人难以企及的高度，但是生命却在极端中走向毁灭。

梵高通过弟弟的介绍与高更相识。甫一接触，两人彼此之间很快产生了欣赏之意。梵高对高更综合主义的技法和色彩理念十分赞赏，高更也认为梵高的作品与众不同。他的用色十分鲜艳、碰撞激烈，但却不会让人感到过分和不快；笔触之下压抑着一股隐藏不住的激动不安，在画布上炽烈得仿佛要跳出来一样。他们两人都不追求空间的纵深感，在用色上也有着某种程度上的相似之处。他们都曾受日本浮世绘的影响，力图通过线条和色彩挖掘表现的张力，传递内心的情绪。

然而，他们两个人尽管具有一些共同的艺术认知，但是从本质上来讲，他们所走的道路还是迥然相异的。梵高曾经给弟弟泰奥写信说：“我又返回到认识印象派画家以前在乡下所保持的思想。如果印象派画家立即对我的作画方法横加指责，我也不会感到惊讶，因为滋养我的创作方法的，与其说是他们，不如说是德拉克洛瓦的思想。”印象派对于高更来说是一个母体，他的绘画从印象派开始，直至脱胎于印象派而获得自己的成熟风格；但对于梵高而言，印象派只是一个歇脚点，他在其中发现它们与自己的契合点，重叠部分加以借鉴，但不同的理念却不能左右他的发展方向。

另一方面，梵高与高更都是个性很强的人，他们在一起必然会频频生出摩擦。梵高是典型的神经质，他的性格极度敏感，对人对事都偏执而狂热，情绪不稳定、易激动，如同一座活火山，灵魂深处涌动着滚烫的岩浆，一旦爆发，就会对自己和周围的人产生极大的破坏力。而高更性情中印第安人的一面非但没有被困苦的生活磨损消退，反

梵高《静物瓶中的十五朵向日葵》(1889 年)

梵高《星月夜》(1889 年)

而被磨砺得更加尖锐。每当在艺术见解上出现纠纷，他们两人便如同针尖对上了麦芒，互不妥协，互不相让。正如梵高写给弟弟泰奥的信中所说："他喜欢我的画，同时又总是喜欢挑剔我的毛病。总之，在我们两人之间，他是随时可以爆发的火山，而我的内心也是翻腾的沸水。我们的争论非常激烈，有时争论得精疲力竭，两个人的脑子好像是放了电的电瓶。"

尽管理念不合，但是梵高始终将高更视为真正的朋友。他常常请弟弟泰奥购买高更的作品，使高更得以有钱维持生活。高更曾提出去往南方的打算，那种日光充足的地中海气候也让热爱斑斓色彩的梵高十分心动，因此他早早到达法国南方城市阿尔，租下了一栋有着黄色外墙的房子。而回到巴黎的高更正经受着画展失败、作品未能售出的困境，生活也就愈加艰难。恰在此时，高更收到了梵高的邀请。

梵高在阿尔租下的"黄房子"包括两个大间和两个小间，自己与高更各用一间大屋作为画室，用小屋当卧室。梵高已将高更的卧室备好：不大的房间内用具简朴，墙上挂了几幅梵高为迎接高更的到来而精心准备的画作进行装饰；家具是白松木的，一张单人床、一张小桌和两把椅子

高更《致梵高的自画像》（1888 年）

梵高《阿尔的卧室》（1888 年）

梵高《阿尔夜晚的咖啡馆》（1888 年）

占了近一半的面积，显得宽敞且不拥挤。两间画室朝南的墙壁上各开了一张大窗，阳光洒落进来，在地板上投射下梯形的光束，能够从清晨持续到傍晚，光影的移动仿佛电影院中慢慢摇动的手柄在操控。梵高对这间屋子非常满意，尽管了解哥哥性情的泰奥对两个人能否和平相处感到担忧，但是梵高始终认为如果高更能够赏光前来，会对两人的创作都有巨大的促进作用。他们两人最好能够组成一个类似于工作室的团体，相互交换作品，进行绘画的探讨和交流，为着共同的艺术追求而和谐共处。梵高如此希望，也相信他们能够做到。

尽管高更心有顾忌，但是战争阴影笼罩下的巴黎终究不是长待之地，法国南部的阳光又忘情地吸引着他。终于，1888 年 10 月，高更南下来到阿尔，住进梵高早已备好的房子之中。

在高更到来之前，梵高日日在艳阳下面写生，追寻包含七色的阳光照射在自然景物上所引起的斑斓色彩。过量的工作和持续的曝晒让他的身体极为虚弱，高更的到来无疑使他的生活有了显著改善。然而，两人在艺术方面的异见仍然在两人关系中作梗，常常成为引发两人争吵的导火线。高更眼中的梵高是个偏执的怪胎，如果与他的意见不合，他就会歇斯底里地吵嚷不休，除非你向他低头，承认他的见解。而在梵高眼里，高更则是一个难以捉摸的艺术家，英朗的风度和冷峻的眼神让人想起伦勃朗那张威严的自画像。他在写给一位记者的信件中毫无顾忌地提到高更："我的这位朋友喜欢让人感到一幅好画是与一个人的良好品行等同的；其实并非如此。不考虑某种道德责任感而要与他保持友善关系，这太困难了。"

伦勃朗（1606—1669）是17世纪荷兰著名的现实主义画家，尤以肖像画和宗教题材画闻名。伦勃朗的作品中最突出的特点是光线明暗的对比和富有戏剧性的情节构图，他对光线的运用被人称为"伦勃朗式光线"。伦勃朗留下了许多自画像，展现不同时期的自身状况。这幅作于1660年的自画像真实再现了他当时妻子去世、事业败落后的孤苦，但仍能看出，他在深刻的悲哀中却有着无法磨灭的坚毅。

阿尔的阳光到了冬天就变得微弱了，迎接人们的常常是凄风苦雨。这样的日子里，梵高和高更就只能困守于屋

伦勃朗《自画像》（1660 年）

伦勃朗《夜巡》（1642 年）

中聊天作画。梵高苍白的脸上此时泛着一丝血色，用他那特殊的神经质语调说：“修拉的方法时常让我思索，虽然我并不想完全效法他，但是‘点彩法’实在太棒了，不是吗？这简直就是一个新发现、一个壮举！我现在正在寻找的，反而是我到巴黎之前就已经开始找寻的。这种示意性的色彩我虽然不知道之前有谁谈过，但是德拉克洛瓦和蒙提切里已经将它实践过了。”

高更一听到修拉、德拉克洛瓦就感到不耐烦：“哦，是么？修拉、西耶克……他们的‘点彩法’无非是一种肤浅的表达方式，这样做只会歪曲了色彩运用的含义。德拉克洛瓦的浪漫主义说穿了也不过是挂羊头卖狗肉的行径，否则他又为什么总是回顾过去？”听了这话，梵高像是酒精中毒一样脸上变色，手指和嘴唇因为恼怒和用力争辩而抖动不止：“德拉克洛瓦是摆脱了古典主义的英雄！就像瓦格纳的音乐，洋溢着有思想的形象和生动的灵魂。在他的浪漫主义中表现出来的真实，怎么会是古典主义能够企及的呢！”高更看见他因激动而有些扭曲变形的身体，便想尽早结束这个话题，只得说：“是，你说得很对，德拉克洛瓦当然已经远远超越了古典主义。”听到这话，梵高才渐渐安静下来，回到自己的画室中继续作画。

点彩派在19世纪80年代后期起源于法国，是印象派向古典主义转化的一种美术流派。艺术家们为避免因调色而造成的色彩混浊，直接在画面上使用纯色。另一个特色是在构图上运用数理的构造，按固定比例分割形象，布局色彩。点彩派比印象派更注重科学，追求对外光的表现，因此又称“新印象派”。修拉的《大碗岛上的星期日下午》是这一流派的扛鼎之作。

与梵高的争论让高更觉得疲惫，他曾给贝尔纳写信抱怨道：“梵高和我对绘画的看法完全不同，他崇拜杜米埃、杜庇尼、吉约曼、卢梭等人，可是我对他的看法不能苟同。反之，我所敬重的安格尔、拉斐尔、德加等人都是他所嫌恶的。我为了息事宁人，总是会说‘先生，当然您是正确的’来结束谈话，他也喜欢听我这么说。可是当我画画的时候，他却又老是爱挑我的毛病。他是一个浪漫派，我则倾向于原始艺术。在色彩方面，他喜欢像蒙提塞里那样注重把颜料掺杂起来而产生色彩的偶然效果，而我在绘画时

乔治·修拉

修拉《大碗岛上的星期日下午》

十分讨厌那种画法。”

但是梵高的创作精神还是让高更颇为感佩的。就在刚刚与他争论完后，高更经过梵高的画室门口，看到他聚精会神创作向日葵的样子，心中忽然来了灵感。这让高更想到梵高在以前写给自己的信中所说的那句话：“我几乎像一个梦游者，作画的时候往往不知道自己在干什么。”梵高此时的状态不就刚好是这句话最贴切的写照吗？于是，高更马上返回自己的画室，绷上画布带上颜料，来到梵高画室，迅速画下梵高作画的样子，然后带回自己的屋子加以补充完善。当整幅作品最终完成后，高更将它拿到梵高的面前给他看。然而，敏感多疑的梵高看到画中这个如痴如醉的自己时，却顿时怒火中烧，将画一把掼在地上，暴跳如雷：“你这画的根本不是我！这个目光呆滞的人就是个疯子！”

高更知道梵高的怪僻性情，也就不再与他争辩，收拾起画作回屋了。梵高也渐渐平静下来，当天晚上还与高更一起来到平时常去的酒吧喝酒。他们已经忘却了白天的不快，与酒吧中的朋友相谈甚欢，谁知梵高却在此时突然癫痫发作了，抄起面前的酒杯就向高更扔去。幸亏高更反应及时，低头躲过，尚未回过神来，杯子已在身后的墙上

高更《画向日葵的梵高》

摔得粉碎。回头再看，梵高已经倒在地上，不省人事。

高更将梵高带回到屋中，安顿他躺下，自己也回到卧室休息。白天的变故让他感到十分疲惫，合上眼睛却又难以入眠。这段时间，高更虽然知道梵高是一个极为重视友谊的善良的人，但是他极端的性格和精神的极度紧张却让他忍无可忍。正当朦朦胧胧之际，高更听到卧室的门被推开，似乎有脚步声向他走来。他立刻睁开眼睛，却见梵高举着剃刀向他扑来。“文森特！你要干什么！”高更翻身坐起，向他大吼一声，目光炯炯地瞪着他。只见眼前的梵高目光呆滞地盯着他，过了一会儿，垂下双手，垂头丧气地走了出去。

这场夜半惊魂让高更惊出了一身冷汗，同时坚定了他的去意。他深深认为梵高的精神状态已经不再适合与人共处。高更从“黄房子”中搬了出去，给梵高的弟弟泰奥写了一封信。他在信中告知了泰奥此事，请他寄来自己返回巴黎的路费，并要他留心自己的哥哥。而梵高却对自己在那晚的所作所为全然不知。当他得知自己的离奇行为和高更搬离的原因之后，便苦苦哀求高更回到“黄房子”中一起生活，向他解释那天晚上发生的事并非自己所愿。然而，死里逃生的高更不为所动，坚持在旅馆中等待泰奥的复信。

高更自认为十分了解梵高，其实他还是没有认清梵高濒临崩溃的精神状况有多么危险。在高更的刺激下，梵高的精神疾病再次发作。当晚，梵高回到“黄房子”中割下了自己的双耳，剧烈的疼痛和流血让他昏迷了许久。醒来之后，梵高从药箱中找出纱布，给自己进行了简单的包扎。其实，梵高长期以来就被日渐衰退的视力和听力折磨得苦不堪言，常常感到幻象和幻听。平时，当他与高更一起去妓院寻欢时，妓女们也都理所当然地爱慕高大潇洒的高更，而对虚弱奇怪的梵高不理不睬。这些日常问题的不断积累，将梵高的心灵变得扭曲。因此，在包扎完自己后，他多扯了一截纱布，将割下的耳朵包了起来，带到他们常去的妓院，扔给一位熟悉的妓女：“拿着，这是我给你的嫖资！”

梵高的精神失常了。在邻居的抗议和弟弟的劝说下，他自愿进入了附近的精神病院休养。高更也离开了阿尔，与这位艺术家朋友不再往来。1890 年 8 月，文森特 · 梵高去世。高更得知这一消息后，在给贝尔纳的信中唏嘘道：“我了解这位可怜的孩子与疯病抗争的痛苦。此刻，他的死亡对他自己而言，也许是最大的幸福，是对痛苦的解脱。从佛教的观点来看，他如果能投胎到另一个轮回中，那么他此世的善行定然会有好报。现在，他终于带走了没有被

梵高《自画像》（1889 年）

他的弟弟以及其他艺术家所理解的那种使人慰藉的东西了。”

尽管他们的故事最终以悲剧收场，但是这两颗艺术明星相撞时产生的火花却在艺术史上永远闪耀着动人的光芒。

第4章：通向艺术之巅的坎坷

第一节　走进象征主义

1889年，在巴黎召开的万国博览会如同一个盛大的节日，目之所及，到处张灯结彩，人流穿梭。在这里，不仅有欧洲世界发达的工业文明成就令人震撼，同样吸引目光的还有非洲、东南亚等热带岛屿的民俗风情。

高更参与的绘画展览至今还没有作品售出，心情颓丧的他漫步于欢欣喜庆的巴黎都市中，显得是那样格格不入。从美术展览的会场出来，他信步来到万国博览会的展览现场，想借此舒缓一下忧郁的心情，也想能从中得到创作的灵感。

1889年的万国博览会

万国博览会，又称世界博览会，一般由某一国家担任主办国，是一个有着悠久历史和很大国际影响力的国际性博览活动。第一届始于1851年，由刚刚完成工业革命的英国举办。每一届博览会都有一个主题，如1889年的法国巴黎世界博览会，就是对法国大革命一百周年的庆祝，当时埃菲尔铁塔落成。

博览会现场布置得堂皇炫目，每一个展区都如此富有特色，引人入胜。高更对现代机械和工业技术感到厌倦，却流连于展示淳朴自然风情的展区之中。在印度尼西亚的展厅中，墙上挂满了这个“千岛之国”的热带岛屿照片。镜头中有形形色色的海岛景观：壮观瑰丽的火山，茂密神秘的丛林，柔美如带的沙滩，琳琅满目的水果，形貌奇特的动物，原始质朴的土著……高更沉醉于如画美景中，飘飘然仿佛自己已经置身其中，眼前浮动着壮阔的图景。就在此时，他的耳畔忽然奏起了悠扬的甘美拉，将他拉回现实，并将他重新引入另一个灵动的世界。他回头望去，在不远角落处的小小舞台上，展览的工作人员开始上演爪哇歌剧和印尼皮影戏。鲜艳的色彩、夸张的造型、极富地方特色的配乐，都让高更格外激动，这种野性的张力与他的

今日印尼风情

脉搏律动是如此合拍，让他的心灵深处激起回音。

在万国博览会上看到的景象在高更的脑海中久久不能挥散。身处繁华的巴黎之中，他感到自己仿佛是一只被缚住双翼的飞鸟，一匹被扼住咽喉的奔马，让他不能纵情翱翔，奔跑发声。他躁动不安的灵魂无处安放，暗自涌动的才情没有出口。他仰望着艺术的圣殿神坛，双腿却被沉重的负担拖住而无法自由地向前迈步。他胸中的烈火熊熊燃烧，但是倘若不及时添加柴火，通风透气，那这团熊熊火焰不仅无法持续蔓延，反而可能会渐渐熄灭。

在万国博览会上看到的景象仿佛一根燃着的火柴投入高更燃烧的心灵中，再一次让他萌发了离开巴黎去往热带的念头。他考虑过东京湾、越南，最后决定去马达加斯加。他憧憬着那里的生活，在脑海中勾勒出美好的蓝图："我所要做的是建造一座'热带'画室。我会用我的钱购买一幢简陋的乡村房屋，犹如你在万国博览会上看到的那种，使用木头和泥土，盖上稻草，离城不太远，仍然属于乡间。它几乎不必造成多少花费。为了让住处更加便利，我会自己伐锯木材，扩大它的面积。奶牛、母鸡、水果等将为我提供主要的食物来源。这样的生活将会非常便宜，而且又是多么自由……"然而，高更心中最为理想的去处还是

高更《有光环的自画像》(1889 年)

塔希提岛，那里的环境条件更为优越，居民更加友善温顺，却因为路途遥远、旅费高昂而始终不敢想象。不过在朋友的劝说和自己反复的思考下，高更最终还是改变主意，决定舍弃马达加斯加，向梦想之地塔希提岛进发。他说："马达加斯加太靠近文明世界，所以我现在要去塔希提岛，在那里终老。你们热爱我的作品，但它只是种子，我渴望它能够在塔希提那原始而肥沃的土壤中生根发芽。让其他人去拥有荣耀吧，我只希图宁静平安。那个属于法国的高更从此逝去，你们再也不会见到他了。你们知道我是个以自我为中心的人。我会带着友人的画像和照片同去，每天生活在知音的友情中。在欧洲，死亡即是终点，而在塔希提，我视死亡为根，来年它必将复生，开出灿烂之花。"

然而，塔希提之旅有一个最迫切的问题，那就是旅费不足。以高更为首的"综合画派"在古庇画廊和伏尔皮尼咖啡馆等地的展出，虽然产生了轰动效应，为他带来了名声，却始终没能售出作品。他在巴黎的生活还是一如既往的窘迫，要依靠索非奈克等朋友的资助才能勉强度日。与高更往来密切的一批象征主义的作家们提议高更再举办一次展览，通过拍卖作品筹集路费。

文学和艺术中的象征主义实际上是 19 世纪初叶浪漫主

义的延续和发展。象征主义的艺术家们认为理想的艺术品应当是对观念的表达，这就具有了象征意味。他们所描述的对象并非客观存在的事物，而是将自己主观认识的表象描绘出来。这样一来，它的作用就主要体现在装饰方面。

像艺术家们喜欢在咖啡馆和酒馆中聚集在一起讨论创作理念和流派发展一样，这些象征主义的作家也常常集中在咖啡馆和饭店中，畅谈艺术与写作。其中的领袖人物，优秀的象征主义诗人夏尔·莫里斯与高更关系最为亲密，常常邀请高更加入他们的谈话中，高更也为他们的思想所吸引，有时还带着自己的画作来请他们评判。

在举办展览之前，高更曾带着几幅作品来到这些作家中间，请他们预先审阅。当他拿出《布道后的幻象》后，在场的人们都被这幅构思独特的画作震撼了。这幅画的另一个名字是《雅各与天使的搏斗》，然而这个本应是主题的场景却被放在了画布右上角并不显眼的位置，在中间的反而是几名围观的布列塔尼妇女，她们形状奇怪的大白帽子充斥了大部分画面，一枝伸展的树干斜向跨越画布，将其分为大小两个部分。高更解释道：“我刻意不使用阴影而运用大面积平涂的方法，是想将空间延展开来。但是我并不排除透视：这些布列塔尼妇女在近处，因此将她们放得非常大；搏斗的场景在远处，就缩小。因为我想表达的不过是她们接受布道后产生的幻象，而并非真实的存在。至于跪坐的女人们和公牛，则又是另一个空间的事物了，将它们用树干隔开，也是要将不同的空间区分开来。至于大面积的红色底色、暗色调的树干和服装，都与我故意夸张的白色帽子形成了鲜明的对比。我想让人们在这种具有冲撞力的色彩中获得一种虚幻但是平静的体验。”

欣赏过这幅作品之后，莫里斯对高更说：“看到你的这幅画，我觉得既像是对景物的描绘，又像是这些虔诚的教徒们的臆想。我猜，你大概见到过接受布道后的布列塔尼妇女吧，只不过你将自己的观察吞进肚里，糅合了自己感受之后，又加上自己的想象表达出来。这是一种与你的思想感受相符合的形象，是一种新的形象，与象征主义的精神不是极为相似吗？而且，我爱这颜色，放到我家的墙上做装饰画一定相当优美。”事实也确实如此。在高更 1889 年—1891 年的作品中，越来越多地体现出明显的象征主义色彩，对未来的“纳比派”和“野兽派”产生了启发作用。

纳比派是一个出现于1891年的艺术社团，主要成员是巴黎朱利安美术学院的学生，塞吕西耶是创始人之一。“纳比（Nabis）”在希伯来语中意为“先知”，表明了成员们的先进理念和革新思想。纳比派主张用强烈的色彩和扭曲的线条表现主观情感，强调创造诗意的现实，追求平面的装饰效果和象征意义的表达。野兽派是1898年至1908年间，一些风格相似的画家集中活动，在法国形成的一股现代绘画潮流。他们追求更为主观和强烈的艺术表现，画风强烈、用色大胆、笔法粗放，有明显的写意倾向。主要代表有马蒂斯等。

莫里斯将高更引荐给象征主义作家的主要领袖和代表人马拉美。马拉美十分欣赏高更的艺术，但他同时也极富远见地指出，要想在艺术名流云集的巴黎展览成功，仅仅有好的作品还是远远不够的，展前造势和宣传是吸引目光必不可少的环节。据此，他认为如果能够得到眼下最著名、最受观众信赖的评论家米尔博的称赞，那么此次展览就可

塞吕西耶《海边的三个布
列塔尼少女》

马蒂斯《舞蹈》(1910 年)

以说是胜券在握了。

马拉美致信米尔博，赞颂了高更在艺术上的追求及其作品的成就，表达了自己希望米尔博能够写一篇介绍文章，来为朋友高更的展览铺路的愿望。米尔博收到来信，又审视了高更的作品，由衷认为他的作品确实具有市场价值，只是欠缺一个让人们发现的机遇。因此，他为《巴黎之声》撰写了一篇诚恳的介绍文章，引起了艺术界的极大反响。

他在文章中说："我所知道的高更是一位超脱的艺术家，他极少自夸于世，以至于他脱俗的画风鲜为人知……他从不满意眼前的成就，认为自己尚未淋漓尽致地发挥自己的才能。他总是企盼着将来，不断在艺术道路上摸索前进，希望达到人所不及的境界。……他的内心深处是纷乱的一片，无止境的追求折磨着他的头脑。他以抽丝剥茧的方式整理思绪，趋向更为抽象、更为神秘的表达自我的独特方式。……他的作品是智慧而多情的，不一定具象却总是深刻动人，是一种表达忧患及其象征意味而因此迈向神秘主义的作品。有时候他表达的是神秘的真诚，有时候却是深沉疑虑的深渊。高更所创造的、融合于一身的艺术是伟大的原始主义。在他的创作中，既有野蛮的华美、天主

马拉美

教的弥撒、印度教的幻想、哥特式的生动，以及晦涩微妙的象征主义中，惊人与机智的完美混合；又有残酷的现实性和强烈的理想腾飞。高更运用这些方法创造了深刻的具有个性和完全新颖的艺术——这是画家与诗人、圣徒与魔鬼的艺术，是唤起痛苦的艺术……”

米尔博还提到了高更将要去塔希提岛的计划：“我刚得知，高更先生将要去塔希提岛，他想在那里住上几年，建造自己的小茅屋，一切重新开始，并实现那种他认为定能获胜的构想。一个人自愿离开文明社会，寻求安宁，为了更好地了解自己和倾听自己内在的声音，避开我们激烈的喧嚷和争吵——这使我既惊奇又感动。……塔希提岛的大自然对他的梦想将更加赏识，那里正如他所期望的！太平洋将给予他更加温柔的爱抚，就像一位重新发现的先辈，用古老和忠诚的爱对待他。无论高更先生走到哪里，他可以相信，我们的爱将与他同在。”

高更的展览兼拍卖会在 1891 年 2 月 2 日举行。果然不出马拉美所料，高更的画作价格借着米尔博的文章水涨船高。高更本人最喜欢的《布道后的幻象》拍出了高达 900 法郎的高价，所售出的 20 余幅作品无一低于 240 法郎。整个拍卖会结束后，高更共筹得 9850 法郎，这些钱足够他去往梦想中的塔希提了。

由于朋友的建议，高更给部长写了一封信，简略介绍了一下自己将要去往塔希提的情况，从政府谋得了一个空头差使，为之后的行程提供便利。而且幸运的是，他还在朋友的帮助下获得了《费加罗报》的介绍和几封推荐信。这些文件都为此次行程锦上添花。

3 月份，为了庆祝拍卖会的成功和给高更送行，他的朋友们筹办了一场盛大的送别宴会。4 月 4 日，在落日的余晖中，高更挥别了前来送行的朋友，离开巴黎前往马赛，从那里乘远洋渡轮，驶向憧憬已久的天堂。

第二节　天堂塔希提

1891 年 6 月 1 日，经过近两个月的航行，高更终于到达了塔希提岛首府。凭借着临行之前携带的文书，高更在这里的总督府受到了很好的款待，这个法国的殖民地让他觉得好像并未远离故土，而是来到了一个十分熟悉的国度。

在他到达这里几天之后，岛上最后一位国王包马雷五世驾崩，高更刚好目睹了人们是如何进行这场最为盛大的葬礼的。各个岛上的村民都接到通知，每晚来到这里整夜集体歌唱，像是受过训练般互相应和，每个人的声音都是如此优美动人。

日常的夜晚则是静谧的。他在给妻子梅特的信中说："塔希提的静寂无与伦比。这种静寂只有这里才有。没有一声鸟鸣来扰乱这宁静，无论此处还是彼处，即使一片枯叶落下也感觉不到任何声响，反而成为一种抚慰心灵的声音。这里的土著人常常光着双脚在夜色中静静行走，这是何等静穆！我终于能够理解为什么这些土著人不关心时间，整日蹲坐在那里一言不发，忧郁地望着苍穹。我感到这里的一切都会拨动人的心弦。此刻，我得到了极好的休息。"

这里与吵嚷的巴黎形成了鲜明的对比。高更仿佛一条涸泽之鱼，在干渴许久后被重新放归大海，在塔希提的原始风情中尽情地呼吸畅游。他很快学会了当地基本的土语，并融入了土著人的圈子。白天，他们在树木的浓荫下躲避毒日，吃着便宜美味的热带水果，兴之所至，高更还会应土著人的要求给他们画一张速写送给他们，一个混血姑娘还为他起了一个土语名字“高基”；晚上，高更要么独自享受月华繁星下的安宁，要么当土著人架起篝火载歌载舞时加入他们，在激扬的打击乐和和谐的歌声中忘情享乐。高更在记录这种生活时说道：“由于经常在石子路上赤脚步行，我的脚变得粗糙，并习惯在不毛之地上行走；我几乎总是光着身子，因此不再怕太阳照晒了。文明已经逐渐与我无关。我开始简单地思考，不对周围的人记仇，并且开始喜爱他们。我尽情享受这同时为动物与人的自由生活带来的一切欢乐。我躲开虚伪，我了解自然。我相信明天将与今天一样，那样自由，那样美好，和平降临于我，我正常地成熟起来，不再感到担忧。”

塔希提让高更感到自己全身每一个毛孔都舒张开来，一种冲破一切禁锢的彻底放纵弥漫全身。他对梅特说：“我觉得欧洲的一切生活纷乱已经不复存在，明天也将一如既往，而且永远如此，直至终了。不要因此认为我是一个自私自利的人，不要认为我抛弃了你们。就让我这样生活一段时间吧！那些指责我的人完全不了解艺术家的天性，又为什么要把与他们相同的责任强加给我们呢？我们可是从不强加我们的东西给他们。”

旖旎的热带风光和单纯的土著生活让高更在艺术上的

塔希提姑娘

灵感也迸发出来。虽然他能够与当地人进行交流，但是却没有一个人能够跟他使用法语流利地聊天。实际上，因为缺乏志同道合、能够进行思想上的沟通和艺术上的探讨的同伴，高更还是很孤独的。为此，他只能努力地将灵感转换成画作、木雕和版画表现出来。高更一直注重用色彩来表达内心的感受，认为应当将感受浓缩后的精华深厚地铺展在作品之中，不能仅凭视觉的刺激而流于肤浅。塔希提恰恰为他提供了这样有益的体验，那些浓烈的色泽给人的印象不是拙劣的对比，而是舒适的协调。他成功地为笔下的色彩赋予了一种思辨的意义。

高更尽管与妻子梅特一直保持着通信，但是他漂泊的心灵始终渴望寻找一个可以歇脚的港湾。在当地一次热闹的篝火集会上，高更认识了一名叫作泰胡拉的女孩。这名塔希提的毛利族女孩只有十三四岁，身形却已十分成熟。她的双肩平实，上身丰满，骨盆宽阔，双腿挺直，身材高大，一头卷曲的黑色长发披肩垂下，肤色是饱吸了热带阳光的棕褐色，显得牙齿和眼白格外白亮。泰胡拉既有土著女孩的热情开朗，在高更面前又不时流露出少女的腼腆娇羞。她爱着眼前这个富有才华和魅力的白人，高更也在她身上找回了年轻的活力。很快，他们两人同居了，在一起组成了一个家庭。

泰胡拉的外在体态成熟优雅，内心却有着小女孩一般的天真灵巧，尤其熟知很多岛上的志怪奇谈、神话故事、宗教信仰。她经常依偎在高更的身边，讲述着古老的传说，问一些在高更看来天真奇怪、惹人发笑的问题。高更在记录这段生活时，笔端也满溢着甜蜜：“幸福真正地洋溢在我的小屋里，和太阳一般灿烂。泰胡拉那金色的脸，似乎给周围的景物以及小屋里的一切带来了喜悦和光辉。尤其是我们彼此都是这样的单纯！每天清晨，我们就像天国里的亚当和夏娃，一起到附近的河里游水，这种乐趣真不知怎么形容。塔希提真是梦想中的天堂。”

泰胡拉虽然年纪很轻，却像其他塔希提的女人一样，自觉肩负着照顾家庭的责任。有了她的打理，高更得以专心作画，渐渐进入了创作的高峰期。除此之外，泰胡拉为高更带来的还有绘画的灵感，高更最满意的一幅作品《死者亡灵的注视》中的女孩就是泰胡拉。

这天高更出门回来时已是深夜。当他推开家门时，看见了在点着灯的屋中等待自己归来的泰胡拉。光着脚走路的高更几乎没有发出脚步声，因此当他推门时，毫无觉察的泰胡拉猛然回头看向门口，眼神中流露出惊恐。就是

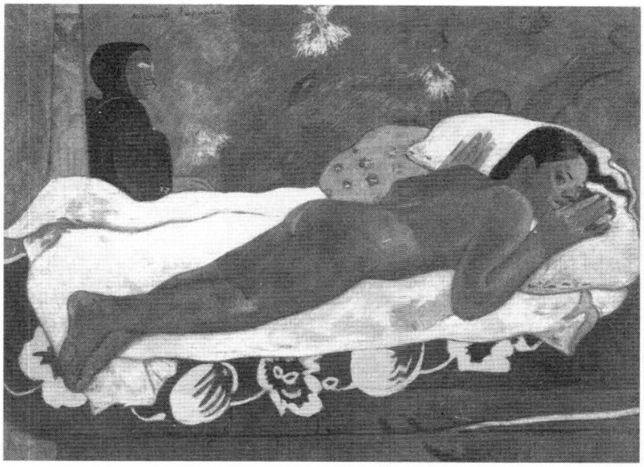

高更《死者亡灵的注视》（1892 年）

这个瞬间给高更留下了极为深刻的印象：眼前的少女是如此纯洁，如此天真，她眼神中的惶恐惊吓却又是多么丰富！她仿佛看见了“都巴波”（死者的灵魂），又好像是被“都巴波”所注视。“我一定要让这个画面在我的画布上永驻。”高更这样想着，便很快着手画了起来。

女孩俯卧在床上，匀称健美的躯体长长地伸展着；她的脸向外侧着，半露出一部分，表情惊恐；双手伸开，手心朝下摊在枕头上。她身下的床上铺着深蓝色的巴罗（巴罗是塔希提土著人穿的围腰，从腰至膝，通常是红底或蓝底，上面有白描的花纹）和淡黄色的床单，紫色的背景上点缀着白色的花朵。床脚的另一边，侧坐着一个奇怪的人，形状可怖。

泰胡拉的这个瞬间定格在高更的脑海中，他又将其定格在画面上。那双美丽的大眼睛惊恐地瞪着他，仿佛是在瞪着一个从未见过的恐怖的事物。高更觉得这双凝神的眼睛，好像暗夜中放射出的磷光。要表现一位裸体的美丽少女以这样别扭的姿势躺在床上，会带给观者怎样的想象？她在干什么呢？这是高更在创作时也问了自己的问题：“是在孕育爱情吗？这无疑是符合特征的，但这是猥亵的，我并不希望如此。是睡觉吗？那样会弥漫色情的活力，仍然是猥亵的。我在这里看见的仅是恐惧。”

在高更看来，这种恐惧传达出来的远比恐惧本身的内容更加丰富。“我完全被一种形体的韵律所吸引了。我在绘画的时候，绝不像制作一个裸体人物时有先入之见。但她的惊恐表情吸引了我，让我想到次纳肯人的精神和性格，而这又暗示给我一种赋色方式。这色彩必须阴暗、悲哀和可怕，触动着人们，如同丧钟的声响。在床上的黄布被赋予一种特殊的性格，它暗示着夜里的人为的光亮的联想，而由此代替了一盏灯。我需要一种恐怖的背景，紫色被清晰地表现出来，图画上的音乐效果也由此展示出来。装饰意识使我在背景上撒上细花，那些花的色彩像夜里的磷光。现在显出这幅画的文学部分来了，对于土著人，磷火意味着死人的灵魂在那里了。女子惊恐的内容现在得到了解释。”

高更的这幅画仿佛一组短小的电影镜头，兼具了剧本和音效：起伏的视平线和谐地流淌，跳动的黄色和紫色以及微绿的闪光如同乐章中轻松的爆破音。这个故事包含了黑夜与白昼，讲述着活人灵魂与死人灵魂的衔接。

然而，贫穷和疾病仿佛是紧紧缠绕在高更颈中的细线，再一次勒紧他的脖子，打断了他伊甸园般的生活。高更遇

高更《参拜玛利亚》（1891 年）

高更《海滩上的两个塔希提女子》（1891 年）

高更《就餐和香蕉》(1891 年)

到了意外事故，致使他大盆大盆地吐血，命悬一线，之后又染上了当地的疾病；尽管高更已去信给莫里斯，请他将上一次成功的画展后代收的钱款寄来，但是始终没有收到他的复信，而看病和购买绘画用品急速地消耗着他所剩不多的财产。

高更在塔希提岛拼命地作画、雕刻，除了售卖一些肖像画和小件艺术品以维持基本的生计之外，最主要的是尽力捕捉他在这里获得的一切感受，转而用画笔表现出来。高更在过去的11个月中完成了40余幅作品，如《亚当与夏娃》、《异国的夏娃》、《就餐和香蕉》、《海滩上的两个塔希提女子》、《参拜玛利亚》、《你什么时候结婚》、《坐在长椅上的塔希提女子》、《怎么，你嫉妒吗?》、《芳香的大地》、《阿雷阿雷阿》、《拿芒果的女子》等等。这些作品中都饱含着一种温柔动人、严肃神秘的意味，像是岛上古老的歌谣和传说，具有极强的装饰性。高更对自己这些辛勤的结晶感到信心十足，他写信给梅特说："我很满意我最近的工作，我感到我开始具有大洋洲人的气质。我可以断言，我在此画的东西，谁也没有画过。在法国，人们甚至还不知道它，我希望这新的东西给我带来有利的结果。"

实际上，高更始终处于一种极其矛盾的状态。属于塔

高更《阿雷阿雷阿》（1892 年）

高更《你什么时候结婚》（1892 年）

高更《芳香的大地》（1892 年）

高更《怎么，你嫉妒吗?》(1892 年)

高更《坐在长椅上的塔希提女子》
(1892 年)

高更《拿芒果的女子》（1893 年）

希提的他深深热爱这里原始淳朴的气息，白天工作，夜晚休息，像当地人一样生活。然而，他毕竟是属于文明世界的人，无论他如何逃避，也无法逃脱出自己的内心，切断与现代世界的一切联系。高更渴望朋友和家人，一旦通信中断，他就会陷入焦虑和孤独之中。这样的他是不可能在塔希提这样的热带小岛上永远生活下去的。

饥一顿饱一顿的窘境、接踵而至的疾病、拼命忘我的工作、在女人面前的过度纵欲，都让高更的体能急剧消耗衰退。巴黎还有事务需要他处理，因此，高更终于决定返回法国。此时的泰胡拉已身怀六甲，听说自己的情人要抛舍远行，她一连几天茶饭不思，夜夜在自己的泪水中入眠。

在塔希提的码头上，高更拥抱着泰胡拉，久久不愿放开。船只将要起航，他只得拿起行李，走上航船。他回头望去，只见泰胡拉静静地坐在礁石上，神情疲惫而悲伤，双腿垂下来，脚趾尖触着海面。临别时还佩戴在耳朵上方的花朵，此时已掉落到膝盖上，慢慢萎谢了。

航船渐行渐远，高更依依不舍地望着身影越来越小的泰胡拉，她的嘴唇仿佛在吟诵着毛利族的歌词：

那轻柔的南方和东方的微风啊！

你们那样缠在一起戏耍，

轻拂我的脸庞。
你要一直吹向那个岛，
在那个岛上，
在那可爱的树荫下，
那抛弃了我的情人在休息，
你要这样对她说，
说是……
你已看到了满脸泪痕的我……

第三节　巴黎之痛

1893 年 8 月 3 日，高更到达马赛，不久之后就返回了巴黎。塔希提之行剩下的钱都耗费在了归程旅途之上，此时他已身无分文。幸亏一家小饭馆的老板对艺术很感兴趣，也十分同情不得志的落魄艺术家，便好心收留了高更，这才让他得以通过赊欠暂时解决了吃饭和住宿问题，否则他将连一个容身之处都没有。为了缓解燃眉之急，高更写信请塞吕西耶寄了一些钱来，但这也只能救急，绝非长久之计。于是，高更考虑趁着他刚刚归来的东风，在丢朗·吕厄画廊举办了一次个人画展，以此赚取生活费用。

这时的巴黎艺术界风向渐转，人们所欣赏的艺术风格愈加开放，以前饱受抨击和嘲讽的印象主义和综合画派的作品开始受到人们的赏识。这种崭新的风尚让归来的高更十分开心，似乎看到了自己饱经苦难艰辛后“守得云开见月明”的胜利曙光。为了这场回到巴黎后的首次画展，高更准备展出他从塔希提带回来的38幅画作和布列塔尼的6幅画作以及两尊雕像，以接受世人的检验。

高更对画展寄望很高，他写信给梅特说:“我一到巴黎，丢朗·吕厄就热情细致地招待了我，还许诺说我可以在他那儿开办展览。这可是一个绝佳的机会，而且我相信，只要报上能有几篇文章来宣传一下，这次展览一定会取得成功的。倘若一切顺利，那么丢朗·吕厄就会让我发迹，所以我对这次的工作分外重视。”画展的筹备过程并非一帆风顺：很多画作需要修复和整理，还有一些作品他曾寄给梅特而现在仍未售出，他便频频致信梅特催促她立即寄来。高更还请莫里斯为他作了序，其中写道:“这些绘画

埃德加·德加

德加《舞蹈考试》(1874 年)

和两座雕像使我看到人性的欢愉，看到它们就是天赐的快乐。每一幅画都充满了原始的诗意，超出了当代的领域。”

然而，实际展览的结果令高更颇为沮丧。这次的展览没有像他离开巴黎之前的那一次一样名利双收，卖出的11幅作品也只是勉强赚回了举办展览的花费。很多人只是抱着一颗好奇心前来参观：那位以前在报纸上被奉为开拓者的人，那个离开艺术气氛浓郁的巴黎、偏要跑到蛮荒的塔希提的怪人，究竟带回来了什么与众不同的作品呢？

在印象派的这些旧交之中，莫奈和雷诺阿对此嗤之以鼻，觉得这简直糟糕透顶：“这简直是艺术界的噩梦！”就连高更以前的老师毕沙罗也十分不满：“这是彻头彻尾的野蛮主义！高更是劫掠大洋洲的野蛮人，就连他的画也是野蛮人的画法。他野蛮地用笔着色，神神秘秘的好像未开化的人们的神秘宗教、原始崇拜，带给人的根本不是美的感受，而是一种强加的观赏。”反而是一直非常不信任高更艺术的德加赞誉有加，亲自到画展上为高更捧场。德加现在已经是颇具声名的艺术家，因此，他的赞誉为高更吸引了更多的目光。

安格尔

安格尔《泉》(1856年)

埃德加·德加（1834—1917）是一位著名的法国画家，他时常被人归为印象主义大师，但是他的作品实际包含了很多古典主义和浪漫主义色彩。德加的作品力图把握瞬间，展现真实，但却并不十分追求色彩的多变。他的灵感主要来源于室内，而且往往是依靠回忆作画，描绘最多的就是芭蕾舞者和洗衣妇，因此被当时很多人称为“跳舞女郎画家”。

在展览之后，莫里斯写道：‘有人居然将它们弄巧成拙地归入到印象派的行列……印象派大师们认为题材太离奇、颜色太鲜艳、技巧太草率，总之，一切都与传统的印象派相去甚远。假如连印象派的画家都不能接受高更的‘创新’，又怎能让街上的凡夫俗子们接受呢？……画廊中挤满了惊讶、叹息的观众，看那些强烈鲜明的颜色，黄的、蓝的、红的、绿的，毫不雕琢地放在一起；看那些怪异的题材、不同的自然景色、陌生的人种……人人心中都打上了一个问号，世界上真有这样一个仙境吗？还有画面上那些用塔希提土语写成的题款，更是叫人如雾里看花。”

事实上，印象派大师没有接受的创新，却成为在街头巷尾人们热议的话题。高更将这次收入上的失败归咎于自己迫不得已定价太高，但是这个执着自信的人却始终相信自己做出了无与伦比的成就，作品的真正价值需要靠时间来证明。金钱上的失败并不能挫败他，这种事后产生的热烈反响反而让他欢欣鼓舞："最重要的是我的展览会在艺术上获得了巨大成功，甚至激起了狂怒和嫉妒。新闻界对我的态度是别人从未得到过的，就是说，合乎情理，充满赞美。现在我在许多人眼里是一位近代最伟大的画家。"

面对别人的冷嘲热讽，高更骨子里那种倔强的脾气再一次被激发出来，他认准了自己现在所走的风格道路，就绝不回头、绝不让步，用自身不屈不挠的坚强意志对抗那些攻击性的评论。他不惮于向别人阐释自己的见解，也丝毫不吝于以激烈尖刻的言辞回敬对方。高更解释道："有人指责我的画作中那些色彩是虚构的，这是因为他们没有到过塔希提岛，更不愿意用艺术的眼光来理解它和接受它。它们是作为塔希提岛上伟大、深沉和神秘的'等值'而存在的。在塔希提岛上完全的静寂中，我沉醉在它天然的芳香里，梦想着伟大的和谐。当人们想把这些东西在一米见方的画幅上表现出来的时候，就会发现那些兽类的形象具有雕像的僵固性，有某种不可解释的古老、庄严、宗教性的东西在它们的动与不动中，在做着梦的眼睛里，是一个无法深究的隐蔽着谜的图像。"

高更将色彩视为具有高度自由的东西，只要是为了画面的和谐，就可以随意地使用，用形状和色彩呼唤出心底的感受，获得心灵的应和。印象派对他来说已经过时，因为，尽管印象派也对色彩的纯粹装饰价值进行研究，但它在根本上还保留着一种不自由，还寄希望于反映自然，所以就会信奉眼睛所看见的样子，而不是完全摆脱现实的束缚，从心灵中寻找最适合的色彩。

因此，高更才会叹息道：“这就是塔希提，我心中的塔希提！它像色彩的皇宫，内涵是这么丰富，包罗了最鲜艳的颜色和最复杂的光线，这也是它之所以伟大和神秘的原因。我的表现是没错的，只有这样的原始和野蛮，才是我心中最真纯的世界。”

高更希望通过画展使自己的画作大卖的梦想再一次破灭了，赚回的钱在偿还了之前住宿和准备展览的欠款之后所剩无几，他又一次陷入了贫困。好在天无绝人之路，就在此时，高更的一位叔父去世了。由于缺乏直接继承人，高更继承了总数一万法郎的遗产，将他从穷困潦倒的泥淖中拯救出来。

高更是典型的艺术家性情，仿佛能够脱离现实一般生存，缺乏对物质生活的实际规划，只要手头一有钱就好像忘记了刚刚经历过的穷苦日子，开始肆意挥霍起来。高更在蒙帕纳斯维尔辛热托里克斯街租下一间画室，装修布置承袭了塔希提的风格，他将整间屋子粉刷成具有浓郁热带气息的铬黄色，墙上挂上他在塔希提创作的作品和一些异域风情的饰物。高更的画室既浪漫别致，又有海外特色，因此很快成为象征主义作家和一些艺术家，尤其是纳比派的画家常常聚会的地方，恰如玻璃窗上那句用塔希提语写成的话："人们喜爱此地。"

高更的个性不仅体现在房间的内部装修上，他自身的外在穿着也十分特立独行，甚至可以说是有些怪诞奇异的。高更上身穿一件很长的蓝色男士礼服，纽扣是贝珍珠壳所制，点缀其上如夜空中的星子。里面是一件蓝色的俄式侧开口背心，领子上镶嵌着夸张的黄绿相间的装饰花边，鲜艳的撞色极具视觉冲击力。裤子是灰黄色的，脚上穿着一双五颜六色的木屐。他头上戴一顶灰色毡帽，装饰有蓝色带子。双手还喜欢戴一副白手套，将他本就不瘦长纤细的手凸显得格外粗壮。他总是持一根木质手杖，上面雕刻着造型夸张暴露的图案，手柄上还嵌有一颗精致的珍珠。就算他有时候换一套颜色暗淡的装束，还是摆脱不掉一种戏剧角色的奇特感。

除了艺术，高更的生活中不可缺少的另外一个元素就是女人。他实际上是一个将灵与肉、爱情与激情分割开来看待的人。对高更而言，他有且只有一个妻子，那就是梅特。尽管无论是在巴黎、布列塔尼，还是巴拿马、塔希提，他的身边都有女人相伴，但是梅特始终是他的妻子，他从来没有想过要抛弃妻子儿女，也从不认为自己的行为是抛弃家庭。高更无论身在何方，一直与梅特保持着通信，有困苦先向梅特倾诉，有喜事先向梅特夸耀；他痛恨梅特的家人带给他的侮辱和谴责，也厌恶梅特总是如此世俗和物质，但他从未怨恨过她，也从未放下自己的孩子们；他的心中，始终有一个大后方，那是一个永恒的避风港湾。

梅特的心中其实也始终存留着对高更的感情。但她只是一个平凡普通的女人，她不能理解为什么自己的丈夫要放弃稳定体面的工作，作别自己和孩子们，甘愿过穷困潦倒的漂泊生活，去追求一个缥缈无定、不被大众承认的艺术梦。梅特很实际，她需要养家糊口，来养育五个孩子。因此，她总是试图劝说高更回来，重新回到以前的幸福生活；当她知道回到过去的愿望已经不可能实现后，就转而希望高更能够担负起父亲的责任，多给家里寄钱，或者直接拿走高更的画作变卖赚钱。他们两人一个生活在纯粹艺

高更

梅特

高更与子女

术的理想国度里，一个生活在压力如山的现实世界中，注定将彼此越推越远。

但是，艺术需要女人。艺术家的肉体需要女人的滋润，艺术家的灵魂需要激情的灌溉。尤其是在梅特那里受到冷落之后，高更更需要找一个温柔乡，为他带来精神上的放松和休憩。这回陪在他身边的，是一位名叫安娜·拉·雅瓦索斯的女人。

这天，高更像往常一样外出散步，晴朗天空下的多菲纳广场上有很多人穿梭往来。拐过街角，忽然出现的一个女子映入高更的眼帘。她看起来20多岁，身上同时体现出法国女人的浪漫高雅和东方女人的神秘妩媚。这名青年女子的脸部五官深邃，深黑的眸子灵动地闪烁着；一头乌发长长垂下，她双手轻轻一拢，将头发绕过脖颈在胸前聚成一束；她的肤色有些深，泛着仿佛经过海滩日晒后的光泽；身材曼妙，凹凸有致，双腿修长紧实，让高更想起在热带岛屿上见到的健康优美的土著女人。她身上散发出来的撩人气息，不正是高更所欣赏、所追求的吗？

青年女子眼神一扫，发现了这边微眯着双眼打量她的高更，毫不羞涩地眼波流转，嫣然一笑，自有一番风流韵味。高更见到这番神情，便抓住时机走上前去，邀请女子

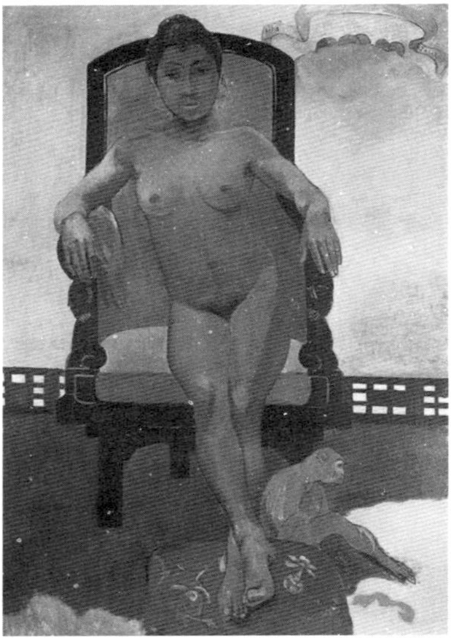

高更《爪哇人安娜》（1893 年）

去喝一杯咖啡。他们在咖啡馆中愉快地聊天玩笑，很快互相为彼此的魅力所倾倒。通过聊天，高更知道眼前这名女子叫作安娜，是一名具有爪哇血统的混血儿，这唤起了他血管中涌动的异域血液，想起了自己在秘鲁、马提尼克和塔希提的日子。安娜也知道了眼前这个衣着独特、看起来有着丰富的人生故事的男人是一位极具个性的艺术家，当他夸赞自己的美貌和气质时，安娜更是心花怒放。于是，两人自然而然地成了情人，同居在一起。

高更为了满足年轻活泼、精力旺盛的安娜，除了日夜陪伴着她以外，还给她买了一只极具个性的宠物 —— 一只长尾金丝猴。小金丝猴娇小漂亮，活泼好动，总是蹿上蹦下，给安娜带来许多乐趣，她更是走到哪里都会带着这个小东西。除此之外，高更的特长——绘画，也成为取悦安娜的手段。他为安娜画裸体画，坐在椅子上的安娜向前伸展着双腿，身体如含苞待放的蓓蕾一样饱满，尽情地展现出了她的丰腴美妙、风情万种。

在巴黎生活了一段时日，高更很快再一次感到了厌倦。他决定动身前往布列塔尼，却没有预料到这趟行程对他后来的生活产生了至关重要的痛苦影响。

1894 年 5 月，在布列塔尼，高更和安娜继续过着像在巴黎一样风光奢侈的生活。此时的阿旺桥已经今非昔比，格劳阿奈克太太卖掉了她的小旅馆，新旅馆的住客们也已不再是曾经充满追求的艺术家们了，这里充斥着来度假的游泳者和旅游者，杂乱喧嚷，让高更非常头痛。每天，他就带着安娜出门散步，欣赏宁静的乡间景色。安娜一手挽着高更，一手逗弄着小金丝猴，两人穿着吸引眼球的服装招摇过市。他们的做派常常引起当地人的围观，高更并不在意，但是安娜却一直对此非常恼怒。

这天，当他们走到康卡尔诺时，又有一些船员面含嘲弄地嬉笑着，冲他们指指点点。安娜遏制不住心中的不满，非常粗鲁地回敬了他们。她的这一举动激怒了围观的人，其中一名领航员回骂了几句，开始鼓动人们朝高更与安娜投掷石块。高更十分愤怒，大步走到那名领航员面前，不由分说就给了他两拳。周围人见状，马上有人回船找人，很快，高更与十五个水手混战起来。高更以前也是水手出身，还经历过海军的训练，因此，与这群人打斗起来并不十分被动。然而当他集中精神应付还击时，没留心脚下，踩进了一个小洞里，被绊倒在地，致使靠近踝骨的腿部骨折，骨头刺穿了皮肤。水手们趁机蜂拥而上，对他一阵拳打脚踢，直到看他伤势严重不能反抗，这才愤愤而去。

医生将这次意外诊断为开放性骨折，进行了必要的处理后，便要求高更留在阿旺桥静心恢复养伤。起初，安娜还每天在床边陪护，给高更讲述身边的见闻和新鲜事。但是好动的她很快便耐不住这样的清静寂寞，渐渐不耐烦起来。又过了一个星期，高更已经完全见不到她的踪影了。直到他病愈出院，才知道安娜早已将画室席卷一空，卷款逃走了。“我真是自作自受！”他苦笑道。

这次受伤和疗养带给高更的是虚弱的身体和花费一空的积蓄。法国让他失望：浮夸虚荣的巴黎，风情不再的阿旺桥，破碎的梦想和感情——没有什么可让他留恋的了。既然如此，那么为何不再回到曾带给自己欢乐的塔希提呢？我的野蛮天性只有在那里才不会被认为是怪异的，才会得到社会的认可。

就这样，高更下定决心，结束了在法国的短暂休整，再次启程前往塔希提。

第5章：魂归塔希提

第一节　亘古的发问

经过漫长的航行和在奥克兰群岛的短暂滞留，高更终于在时隔近两年之后，再一次踏上了塔希提的土地。曾经在他看来是乐园的塔希提首府帕皮提如今已经欧化：街道上开始使用电灯照明，就连那片皇帝的旧花园前的大草坪上，也被安置了一些漆皮剥落褪色的木马，显得破败不堪，有人想要兜览一圈甚至要花钱。

高更在帕皮提的皮纳俄雅区生活下来。他自己动手，又雇了几个土著人，一同搭建起一间简陋的茅屋。这间屋子以画室为主，还有一间小起居室。地板用劈开的木板铺就，四面围墙用树干支撑围起，顶上覆盖上密集交错的椰树叶片遮阳防雨。高更在房间内部挂上了他的画作，又参差摆放了一些自己制作的小艺术品，还在门口竖立起两个自己雕刻的木雕作为装饰。整个房屋虽然简单，倒也颇具一种独特的质朴风情，带给他新生活的愉悦气息。他给友人写信说："我这间小屋，四周沉寂。我从大自然令人陶醉的芳香中，梦见了高度的和谐。让人沉醉的喜悦，使我忘记了在无限猜测中的神圣的恐怖。此刻，我呼吸到一种长期从未有的欢乐的香气。"而且最重要的是，这项工程只花费了他 30 法郎。

高更安顿下来后，想到的第一件事就是去找泰胡拉。当年他在塔希提岛上最愉快的时光都是与泰胡拉一同度过的，泰胡拉更是将高更视作自己的丈夫，并怀上了他的孩子。但是高更却在做了决定后抛下了她和腹中的孩子，毅然决然地回到法国，将近两年毫无音讯。虽然岛上的土著人非常纯朴，对家庭的观念和夫妇的忠贞并没有什么限制和束缚，但是泰胡拉依然黯然神伤了很长时间，孩子一出生，就嫁给了一位比她年长四十岁的商人。这次，泰胡拉得知高更重回塔希提前来找她，虽然心中怀有对往日美好时光的怀恋，但自己也并非别人召之即来，挥之即去的玩物。因此，泰胡拉虽然与高更相见，却不可能再重温以前的美好时光了。

高更本想回来与泰胡拉团聚，却没想到霁月难逢，彩云易散，已经错过的永远无法弥补。高更心中非常懊悔，对泰胡拉感到万分愧疚。然而尽管如此，他却还是压抑不住热爱女人、热爱美丽肉体的天性，很快就又与一位年轻女子同居在一起。

这个女子名叫珀芙拉，青春健康，身姿姣好。她与高更在他新建成的小屋中生活，平时听他弹奏曼陀铃，或者听他讲自己的经历和趣闻逸事，陪他唱歌聊天解闷。原来与泰胡拉神仙眷侣般的日子仿佛又回来了。当高更创作时，珀芙拉有时静静地陪在一边，有时则充当他的人体模特。从珀芙拉纯净的肉体上，高更找到了一种新的寄托，这成为他长期以来灵感的绿洲。

回想第一次来塔希提的时候，高更在巴黎的画展刚刚取得巨大的成功，他的钱包丰盈，充足的金钱支持让他可以没有后顾之忧地生活创作。但是这一次的塔希提之行则与前一次相反。临行前他在德鲁奥大厦举行的作品拍卖可以称为一次失败，冠冕堂皇的成交数额之下，其实大部分作品由于价格太低而最终由他自己化名购回，除去场地和运费等成本，净获利不过465法郎。好在一位画商莱维向高更保证："你就尽管放心地动身吧，我会支持你，不会让你陷入困境的。这也许得花上点儿时间，想要让别人理解你的画可不太容易。不过你别担心，该做的我一定会去做的！"

然而，事实证明，高更在金钱方面永远是如此的幼稚和天真。不但口口声声要支持他的莱维先生没有给他寄过一分钱，别人还在其他账目上欠了他四千法郎。上一次从塔希提岛回国后，高更曾经写了一本描述塔希提生活的传记《诺阿，诺阿》，希望让读者了解到这个法国海外殖民地的风情，同时也想借此帮助人们理解自己的绘画作品。为了出版的完整性，这本书的序言和第一章主要是莫里斯的功劳，但是高更此次临行前将出版的一切事宜交付给了莫拉尔。高更在塔希提手头十分拮据，因此，日夜盼望着这本书的付印和由此可得的版税，没想到却收到了因为莫里斯从中作梗争夺出版权而导致书籍无法出版的消息。高更在塔希提的生活需要金钱的支撑，手头没钱就只能欠债，渐渐欠下了近两千法郎的债务。一时间，高更又陷入了极端贫困的境地。

高更的身体条件每况愈下。他在阿旺桥受伤的腿没有

24
soeurs d'aller la voir pendant qu'il
remonterait à leur demeure, au sommet
du Païa. En approchant les Déesses le
saluèrent, louèrent sa beauté, et lui
dirent qu'elles venaient d'Avanau district
de Bora Bora et qu'elles avaient un
frère qui désirait s'unir à elle
Vaïraumati (c'était le nom de la jeune

《诺阿，诺阿》

完全康复，腿痛不时发作，加上在热带气候的生活使他的骨骼关节染上了风湿，他的身体极度虚弱。当高更去医院治疗时，因为没钱反而遭到欧洲白人的嘲弄侮辱，他们在给高更的入院证上写上“穷光蛋”，还把他与士兵、差役们分在一起。高更是个傲气又倔强的人，绝对无法容忍自己因为贫困而遭受歧视，因此，尽管他在身体上忍受着巨大的痛苦，可还是拒绝了医院的粗暴对待。高更还患有结膜炎，致使视力严重受损；他的心脏也承受着过重的负担，内脏频繁遭受着疼痛的侵袭。从 1897 年 6 月开始，他两个月没有作画，每天要在床上躺 20 个小时，而且几乎没有睡眠。高更就是在这样的身体状况下坚持生活，通过追求艺术来暂时忘却痛苦，这在他的人生中书写下顽强的一页。

然而，上天似乎仍然觉得这些折磨对他的意志考验不足，于是在 1897 年 4 月，又夺走了他的女儿阿丽娜的生命。阿丽娜死于传染性肺炎，患病后没几天就去世了。她是高更最宠爱的女儿，梅特曾将她闲暇时所作的画作寄给高更，高更看后十分欣喜，给梅特回信说：“这真的是阿丽娜画的吗？如果回答是肯定的，那我真要为她感到高兴和激动。她的画作有着新鲜的冲动和创造力，这恰恰是现在很多艺术家所欠缺的。虽然笔触稚嫩了些，但这是无

高更《阿丽娜肖像》(1884年)

关紧要的，只要多多注意、稍加训练就可以弥补。阿丽娜真是最有我的天赋的孩子，如果她想继续绘画，那么请一定不要加以阻拦，让她自由地发展吧！将来很可能会有所成就的。”高更甚至曾经为她写了一本书——《致阿丽娜的笔记》。在这本书中，高更将自己平时的点滴感悟记录下来，倾注了一个艺术家对艺术的体悟，更倾注了一个远在他乡的父亲对爱女所能给予的全部关怀和心血。

高更在《致阿丽娜的笔记》中写道：“孩子！我相信圣洁的灵魂和艺术的真谛，它们二者合一，不能分离……我相信艺术深植于所有被圣灵感染的人们的心中，我相信一旦尝到伟大艺术的精髓，以后就再也无法抽身，必将永世为它工作，为它牺牲，永不放弃。我相信最后的审判。届时，有胆识歌颂、升华纯洁艺术的人，和那些以粗陋、邪恶眼光鄙视艺术的人，都会得到他们各自应有的赏罚，我深信忠于艺术的人必会得到恩赐，他们将穿上馨香四溢、纯美和谐的天赐华裳，回到天国——万物和鸣之中心，与之认同，永生永世逍遥其中。”这是高更饱蘸了泪水写下的最为深挚的至爱之情。

梅特对高更的感情渐渐在困苦岁月中消磨殆尽了。在她的眼中，高更抛弃了她和孩子们，抛弃了家庭，逃避了一位丈夫、一位父亲的一切责任。他口口声声说为艺术献身，却在金钱上很少富余，还总是写信让自己帮他处理作品上的事宜。梅特早已受够了这一切，心底如燃尽的香烛，再也没有温暖和热情，只剩余烬死灰。如今，高更的死活对她而言也不再是值得关心的事了，当她收到高更的来信，请求她在他 6 月 7 日生日这天让孩子们给他写“我亲爱的爸爸”并附上自己的签名时，梅特毫不留情、十分冷血地回复道：“你没有钱，就没有资格提出这样的要求，别指望我会让孩子们给你这个不称职的父亲写什么贺卡。”

高更收到来信，既愤怒又痛苦。他给梅特回信道：“我刚失去我心爱的女儿，我已不爱我的神。她的名字像我的母亲一样叫作阿丽娜。每个人都有自己爱的方式，对某些人，他们的爱在棺材里迸发，对另一些人，……我不知道。她的墓在这丛花里，四处只有鲜花——一个幻觉——她的坟靠着我，而我的泪就是这些活着的花。”这封信之后，高更与梅特再也没有通信往来，谁也没料到这竟成为二人的诀别。

病痛、贫困、亲人的死亡和冷漠如同恶魔之掌，紧紧攫住高更，让他无法喘息。对高更而言，这个人间仿佛已经没有什么可以留恋的了，他想到了解脱，去往那个没有

高更《我们从何处来？我们是谁？我们往何处去？》（1897 年）

痛苦的天堂。但是在迈出最后一步之前，他还有必须要完成的工作，那就是倾尽全力画一幅留在人间的最后的作品。

高更仅仅勾勒草稿就花费了很大功夫，定稿之后，却已经没有钱买油画专用的亚麻布了。他充分利用手头能用到的资源，自己动手制造画布：他将粗麻袋拆分，再重新组装缝合，拼成一张高约 5 英尺、宽约 12 英尺的大型画布。

整幅画面如同一幅宏伟的历史长卷，展现了人生的不同阶段。整体环境是森林的一条溪岸边，以海洋为背景，邻接着一个岛屿的群山，这是地球上主要的地貌，也像是人类起源的远古血脉，纵横交错。色调虽然有所变化，但整体上是稳定的蓝色和绿色，营造出神秘、奇异的氛围。人物形象都是土著居民，无论男女都自然地赤裸着身体，以映着阳光般的鲜艳的橘黄色突出在风景前端。

画面上端两角是铬黄色，左角写有铭文，右角署着高更的名字，好似一幅损坏了墙角的金色墙壁上的壁画。右下角是一个诞生不久的熟睡婴孩和三个坐着的女人。两个身穿紫衣的女人在轻声互诉衷肠，谈论着命运。一个蹲伏的巨人破坏了常规的透视，一只手臂向上伸起枕在脑后，惊讶地注视着这两个大胆的女人。中间是一个正在采摘水果的人，头顶的苹果让人想到伊甸园中的人类始祖亚当。穿着白袍的小孩身旁有两只猫和一只白色的替罪羊，充满了神话中悲悯的牺牲和献祭。后面一尊有韵律地举着双臂的雕像，像是人们崇拜的偶像和信仰，似乎在指点日后生命的迷津。它旁边的女孩好像在认真倾听偶像的诉说。左下角，一名濒死的老妇屈膝而坐，独自沉思，静静等待接纳自己的命运。她脚下有一只奇特的白色天鹅，抓着一只蜥蜴，好像人死后升华的灵魂。

高更在写给达伦埃尔的信中说："这幅画的意义远远超过以前的所有作品：我再也画不出更好的、具有同样价值的画作来了。在我临终前，我已经把自己的全部精力都投入到这幅画中了。这里有多少我在种种可怕的环境中所体验过的悲伤之情，这里我的眼睛看得多么真切而且未经校正，以致一切轻率仓促的痕迹荡然无存，它们看见的就是生活本身。"

整整一个月，高更一直处在难以形容的癫狂状态之中，如痴如醉、昼夜不停地画着这幅画。古希腊的苏格拉底告诉人们："认识你自己。"人类一直在追寻关于自身的真相，却永远无法真正得到答案。高更，这位法国艺术家，在经历了一生的苦难和折磨，决心回归天国时，再一次问出了这个振聋发聩的问题:“我们从何处来？我们是谁？我们往何处去?”他向世界提出这个问题，又将它当作留给自己的题目，并作出了自己的解答。高更说：“关于这个题目，我已经完成了一部哲学著作，完全可以与那部《福音》相媲美，我认为写得还不错。”

完成这幅画作之后，他又将《诺阿，诺阿》全部抄写完毕。至此，他的使命已经完成。1898 年 2 月 11 日，自觉完成了全部工作的高更独自爬上山顶，服下大量砒霜，试图自杀。然而，也许是上天不愿见到英才早逝，他因为吞服量过大引起了呕吐，最终免于一死。

这次自杀未遂的行为使高更本就脆弱的骨骼经历了一次剧烈的撞击，他在床上躺了两个月才有所恢复，终日被剧烈的头痛所困扰。高更解释道：“要是你们能够了解我三十年来吃了多少苦，也许就会原谅我的愚行。”自杀行为有悖于高更孤高倔强的性情。自杀失败后，他重新清醒过来，深深痛悔自己的行为。无论命途如何多舛，高更都彻底摒弃了这个荒唐的念头，坚强地度过了余下的生命。

第二节　在孤独中走向死亡

经过两个月的休息，高更的身体勉强恢复到正常的状态，但是他在塔希提欠下的债务却不等人，亟须清偿。1898 年 4 月，高更在帕皮提的地籍测量办公室找到了一份绘图员的差事，赚取每天 3 法郎的微薄收入，用来维持基本生活。但是这点薪水是远远不够的。5 月份，他所欠的高利贷到期，银行没收了他的财产并予以拍卖，其中很多是他以前的作品，都被以极低的价格售卖出去了。

高更在贫病中苦苦挣扎，犹如寒夜中火星微弱的油灯。这样的日子过了一年半，到 1900 年，一位名叫瓦兹·沃拉尔的画商看中了高更作品的潜力，让他成为签约画家，每月提供 300 法郎来交换他的作品。实际上，沃拉尔是凭借其画商的独到眼光看出了高更作品中的潜力，通过这种方式尽可能多地收集他的画作。高更每送来一批画，沃拉尔

高更《采摘果实》（1899 年）

高更《三个塔希提人》（1898 年）

高更《永不再》（1897 年）

都保存着不肯出售，深信日后这些作品会卖个好价钱。

幸运的是，如此一来高更的生活就有了保障，让他得以辞掉绘图员的工作，专心作画。在这一时期，高更对塔希提的风情和人民有了更加深刻的体会，绘画风格也日渐成熟。他创作的《三个塔希提人》、《两个塔希提妇女》、《采摘果实》、《母性》等作品，都集中表现了他所感知到的塔希提人古朴典雅的风情。

其实，高更除了画家的身份，还有并不为人熟悉的另一面。他偶然发现以前的一位巴黎诗人在帕皮提创办了一份《黄蜂月刊》，于是他便欣然加入，将它开辟成对殖民地当局口诛笔伐的声讨战场。

在塔希提长期生活的过程中，高更不像其他的欧洲白人一样自诩为文明人，享受特权，歧视嘲笑当地的土著“野蛮人”。他与土著人一起，同呼吸共命运，看不惯殖民政府和宪兵队的欺上瞒下、贪污腐败、敲诈勒索、横行霸道，寻求公平与正义，希望能够凭借自己的呼吁和诉求来为土著朋友们争取到他们应得的公道。

因此，高更辛勤地为《黄蜂月刊》撰稿。他继承了父亲克劳维斯的犀利文笔和敏锐感知，像一只大黄蜂一样将尖锐的尾针刺进殖民地官员的痛处。他曾在一篇文章中写

高更《两个塔希提妇女》
（1899 年）

高更《美丽的女子》（1896 年）

道："殖民，就是去耕殖一块土地，将荒芜的土地开发出来，让它有用武之地，至少要对这里的原住居民有所帮助，才是你们殖民的应有之义。然而，你们却征服了这块土地上原有的为数不多的人民，占据大笔的钱财，来填塞征服者的私欲。你们枉称自己为'文明人'，而这些做法才恰恰是最不文明、最可耻的行为！"

高更针砭时弊、痛斥当局，不仅写文章字字见血，还充分发挥自己的特长，将所见所闻绘制成一幅幅刻画现实的漫画，在嬉笑怒骂中一吐为快，伸张正义。

很快，当局发现了高更这个麻烦，严令《黄蜂月刊》不得刊载高更的文章和漫画。高更并不畏惧，索性自己创办了一份新的期刊《微笑》，将原先的战场搬到这里来，继续以笔为枪，揭露政府和教会的伪善，为土著人申冤叫屈。这份刊物虽然在土著居民中流传很广，但是维系起来十分艰难：它并非意在盈利，因此获得的收益很少，资金不足以支持它的持续运转；能够发表文章作品的人也很少，高更有时甚至不得不同时使用近十个化名撰文画图。加上当地政府的反对和围剿，《微笑》也很快停刊了。

高更经过一次生死经历，一颗浪迹天涯的漂泊心灵却依旧不改。在不安灵魂的驱使下，1901 年夏天，高更将自己在皮纳俄雅区的一小块地皮和简陋的房屋卖掉，转而搬迁到了马克萨斯群岛的希瓦瓦岛。他说："我要利用生命中最后的机会，挣扎着去马克萨斯群岛。那里，大洋洲人还没有被欧洲文明所污染败坏。那是一座至今仍然十分野蛮、完全原始的岛屿。我想，唯有完全的原始和沉寂才能燃起我内心最后狂热的火花，将我的才华表露、燃尽！"

高更是永远不会被环境和躯体束缚的，他仍旧渴望着心底的激情，渴望在艺术的烈焰中燃烧，像凤凰一样浴火舞蹈，涅槃重生。于是，他作别珀芙拉和孩子，独自一人漂向远方的海岛。

高更在希瓦瓦岛上定居于阿图奥纳村。这个依山傍海的小村子十分偏远闭塞，村里绝大部分人甚至连塔希提的首府帕皮提也没去过。村民们祖祖辈辈都生活在这里，进行简单的耕种，也会乘小船出海捕鱼，在山林间采摘野果。这里还是一个未被欧洲的现代文明浸淫的处女地，简陋的环境中弥漫着自然的诗意。

高更再一次自己动手搭建好房屋，命名为"快乐之家"，并刻了一块木匾悬挂在房门上端。在卧室和画室之间，他雕刻了一块浮雕门板，上面是一位在自然中裸体直立的土著女子，看似粗糙，隐隐然却有一种宗教的神秘感，

高更《基督的诞生：塔希提》(1896 年)

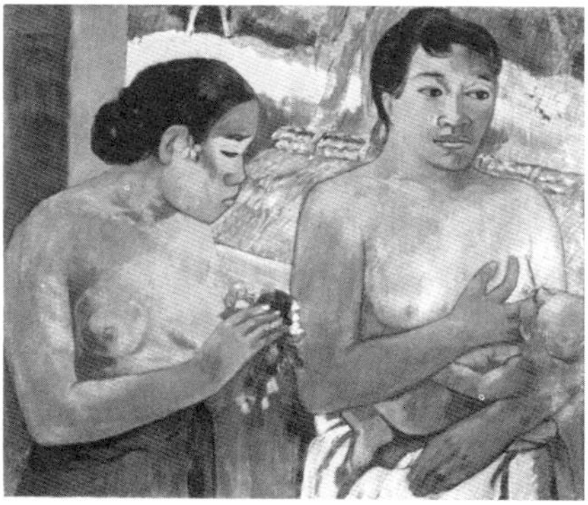

高更《奉献》(1902 年)

象征着人类对健旺生命力的远古崇拜。高更在房屋旁的林间挂了一张午睡用的吊床，闭上眼睛，就能感受到穿过椰林的斑驳阳光，和从海面拂来的阵阵清风，这种惬意是难以言喻的。

希瓦瓦岛每天早上湿润的晨光，筋脉蜿蜒的山峦土丘，多产丰韵的土地，繁星如砥的夜空，以及清冽的溪流、多汁的水果、湿热的微风，都一点一滴浸润到高更的创作之中。从《她们金色的身体》、《蛮荒的故事》、《拿着扇子的女子》到《召唤》、《诞生》等作品，他的线条色调更为朴拙，仿佛是伏在地面上，受到自然母体灵气的感化而成，与这里的一切人物风景紧紧融为一体。

1902 年 4 月，高更将完成的 20 余幅画作交给了沃拉尔。对于自己的创作，高更平静而坚定地说："我知道，在艺术生涯中我是正确的，而且我有能力将它们出色地表达出来。无论如何，我都要完成我的任务。如果我的作品不能流芳百世，至少会使世人记得：在画坛上曾经有这样一个人，他努力地从过去许多传统的艺术模式中解脱出来，找到了一种全新的生命形式。"

风俗单纯的小岛同时激起了高更对女人的渴望。他在这里的私生活是丰富的,每天都有不同的女孩子川流不息

高更《拿着扇子的女子》(1902 年)

高更《她们金色的身体》(1901 年)

地来到他的屋中过夜，他从她们的肉体中获得愉悦，同时也从中攫取创作的灵感。这些纯朴又情意绵绵的女孩子天生是可爱的模特，带给他无限的绘画热情和素材。

这里如同高更的理想国：有美丽安定的生活环境，不必为食物和金钱担忧；有年轻的女人们环绕，没有可憎的繁杂俗务……高更尽情享受着眼前的一切。他说："我在这儿，有很多东西可以增强我的心智。绘画时，一个人应该沉迷于自己的梦境，然后随着梦中的感受，诚实地画出来。我如今仅仅希望再健康地活两年，没有金钱的困扰，使我在艺术上能够发挥所能，从而达到成熟的阶段。……这个地方真是可爱得不得了。我对现在的选择愈来愈满意，一切应有尽有，每件物品都伸手可触。"

但是，健康之神却未能光顾高更。过量砒霜造成的头痛频频侵袭他，湿疹也一直困扰着他，而且，夜夜纵欲的欢乐终于让他遭受到可怕的魔鬼——梅毒的紧紧噬咬。1902 年 8 月，高更的梅毒渐渐恶化，双腿开始溃烂，已经不能久站作画，终日依靠烟酒支撑。

既然不能作画，那么他就将满腹才情付诸笔端，开始写作。他写了一篇《一个艺术学生的私语》，抒发着自己选择艺术道路以来，在心中积累的肺腑之言："我试着想证明，艺术家根本用不着任何学派文人的支持或教诲。那些人总是传播教条，不但损害艺术家的自由，也蒙蔽酷爱艺术的大众。……我这个人永远相信‘勇于尝试’这四个字。我一生都尝试从传统的教条中挣扎出来。我的成果也许并不伟大轰动，但是，至少船已初航。”

高更笔耕不辍，将自己的私人心路汇集成一本《此前此后》。这本书并非一本严格意义上的个人传记，它的内容十分杂乱，充溢着对往事的回忆，对艺术的见解，对生活的记录，对土著人民的关心，以及那些关于人、神、爱、性、命运、自由的绝对诚实和坦白的评论。

高更在《此前此后》中涉及了许多塔希提土著遭遇的不平事，也撰写文章抨击、揭露当局的腐败黑暗。高更对土著人民充满同情，遇到不平和危难便提笔相助，将自己的地位身份决然置之度外。他意在引起殖民地管理者的重视，从而改善当地人的生存条件，不料却事与愿违，不仅没能起到积极的作用，反而深深激怒了当局，让自己身陷囹圄。1903 年 3 月，当地的法院给高更安了一个“画作未缴税”的莫须有罪名，判他三个月监禁，将他投入监狱。

牢狱生活是痛苦的。供应的伙食极差，还不时遭到短缺克扣，不仅营养不足，连吃饱都成问题；房间阴暗潮湿，蚊虫肆虐，这样他的湿疹复发，更加难以忍受；环境和个人卫生都得不到保障，犯人们很少有机会洗澡清洁，空气中弥散着一股酸腐霉臭。本已病痛缠身的高更经过几个月的如此折磨，早已形销骨立，奄奄一息。

但是逆境中的高更，更凸显出无比顽强的气质。他对莫里斯说："我被打翻在地，但并未被征服。印第安人在酷刑下依然微笑着，他们被征服了吗？野蛮人确实比我们优胜。那天你说，我不该说自己是一位野蛮人，你错了。因为这是真的——我是野蛮人。所有的文明人都预感到了，在我的作品中没有一点什么令人惊奇、感到困惑的东西，除了这'无可奈何的野蛮人'。也正因为如此，它才是无法被模仿的。一个人的作品，就是一个人的表白。……人们在独自一人时会像迷途羔羊一样，惶然胆怯。这就是为什么无需规劝每个人都去离群索居的原因，因为只有最有勇气、最为坚毅的人，方能忍受孤独。……我知道的东西的确很少，但是我宁愿这不多的东西是属于我自己的。谁能知道，这为数不多的东西被别人利用之后，不会变成一种伟大的创造呢？"

高更的行为为他在民众之中博取了很高的声望，监狱部门见他生命垂危，担心他死在狱中会引起民众的愤慨，

塔希提的高更博物馆

造成不必要的麻烦，因此提前释放了他。但是此时的高更已经走到了生命的尽头：他的双腿粗肿，无法移动；没过多久，疾病逼迫到脑神经，他双目渐渐失明；他的心脏逐渐衰竭，两次进入休克状态。高更孤零零地躺在希瓦瓦岛上自己简陋的小屋中，亲人朋友远隔重洋，只有附近好心的土著邻居来照看这个可怜的人，为他送水送饭。

1903 年 5 月 8 日，高更在日复一日的病痛中受尽折磨，终于复归平静，孤独又骄傲地迈向天国，享年 55 岁。

附录：高更年谱

1848 年，6 月 7 日，保罗·高更出生于巴黎洛特莱圣母院街，有一个大他两岁的姐姐玛丽。

1851 年，3 岁。巴黎政治局势紧张，全家乘船去秘鲁首府利马投奔莫斯塔索家族。10 月 30 日，父亲克劳维斯在法莱明港因心脏病去世。

1855 年，7 岁。祖父去世，母亲玛丽接到奥尔良发来的电报，带着子女返回法国继承遗产。高更进入寄宿制学校就读。

1856 年，8 岁。秘鲁的曾舅公唐·皮奥·莫斯塔索去世，留给高更母子的遗产被瓜分。

1859 年，11 岁。玛丽开了一家缝纫店，高更进入神学学校学习。

1863 年，15 岁。转入奥尔良的一所预科学校读书。

1865 年，17 岁。放弃学业，12 月，成为“卢奇塔诺号”船上的一名轮机见习生，后被提为二副，开始了水手生涯。

1866 年，18 岁。被调至“吉利号”货轮担任大副。

1868 年，20 岁。进入海军服役，效力于巡逻战舰“吉隆姆·拿破仑”号。

1871 年，23 岁。4 月 23 日，从海军退役，返回法国。此时母亲玛丽已经去世，高更被托付给阿罗沙，并经阿罗沙介绍进入布尔丹证券交易所，成为一名股票经纪人。

1873 年，25 岁。11 月 22 日，与丹麦人梅特·苏菲·加德在巴黎德鲁奥街九区市政厅办理了结婚手续，并在肖沙街路德派教堂举办婚礼。

1874 年，26 岁。8 月，儿子埃米尔出生。高更开始涉足绘画领域，并在亲友的建议下来到克拉罗西学院学习绘画，夯实基础。

1876 年，28 岁。高更的绘画作品《维洛弗雷森林中的草丛》首次入选沙龙，开始出现在正式的展览上。

1877 年，29 岁。在阿罗沙的引荐下结识毕沙罗，由此进一步结识莫奈、塞尚等印象派代表人物。因迁居结识新房东之子布洛，开始正式涉足雕塑。

1879 年，31 岁。第一次参加印象派展览，以一座小雕像参加了他们的第四次画展。

1880 年，32 岁。三幅作品《蓬杜瓦兹农场》、《隐士之家的苹果树》和《杜邦神父的小径》入选印象派第五次画展，但是被评论为“掺了水的毕沙罗”。

1881 年，33 岁。参加印象派第六次画展，其中作品《裸妇习作》得到艺术评论家雨斯芒的高度赞扬。第五个孩子让·雷尼出生。

1882 年，34 岁。参加印象派第七次展览。此时法国经历了经济萧条，高更收入减少。

1883 年，35 岁。1 月份正式辞去布尔丹交易所的工作，成为一名专职画家。

1884 年，36 岁。1 月份，为节省开支，全家搬往里昂。11 月份，迁往丹麦哥本哈根，投奔梅特家人。找了一份推销工作，并与妻子一同教授法文。

1885 年，37 岁。无法忍受冷眼和这样的生活，于 5 月份带着儿子克劳维斯回到了法国巴黎。

1886 年，38 岁。高更以《曼陀铃与静止的生命》、《街道》等 19 幅油画和几件大理石雕塑作品参加了印象派第八次展览，自此印象派的历史画上了句号。6 月底，离开巴黎，前往布列塔尼半岛的阿旺桥。

1887 年，39 岁。4 月 10 日，与拉瓦尔在圣纳泽尔会合，乘船去巴拿马。后来又从巴拿马前往马提尼克岛。11

月份，作为水手乘船返回巴黎。其间，梅特来巴黎将儿子克劳维斯带回丹麦。

1888 年，40 岁。2 月份，再次前往布列塔尼的阿旺桥。在这里，高更传播了他的艺术理念，与玛德琳娜·贝尔纳交好，并创立了“综合画派”（“阿旺桥画派”）。10 月，前往法国南部的阿尔，住在梵高的“黄房子”里。

1889 年，41 岁。在伏尔皮你咖啡馆举办“印象派与综合主义画家画展”，是综合画派的集体亮相。与梵高产生冲突，离开阿尔。年底时在勒波尔多居住作画。

1890 年，42 岁。回到巴黎，在这期间与象征派过从甚密，建立了深厚友谊，其作品也有很多象征主义元素。8 月份，梵高去世。

1891 年，43 岁。2 月 2 日的作品展览拍卖会获得极大成功，筹集了足够的钱前往塔希提。4 月 4 日离开巴黎到马赛，乘船去塔希提。6 月 1 日到达塔希提首府帕皮提。之后与塔希提土著泰胡拉同居。

1892 年，44 岁。由于身体和经济原因离开塔希提，返回法国，8 月 3 日到达马赛。回巴黎后在丢朗·吕厄画廊举办画展，饱受以前的印象派艺术家们抨击。

1894 年，46 岁。在巴黎认识了安娜·拉·雅瓦索斯，二人开始同居。5 月份，一同前往布列塔尼。高更在一次与他人的争执中摔断了腿，留在阿旺桥疗养。其间，安娜卷款逃走。

1895 年，47 岁。3 月份，再次前往塔希提，在皮纳俄雅区定居，与土著珀芙拉同居。《诺阿，诺阿》的出版受到推延。

1897 年，49 岁。身体每况愈下，贫病交加。4 月份，爱女阿丽娜因传染性肺炎去世。6 月份，与妻子通讯中断。绝望中，创作了《我们从何处来？我们是谁？我们往何处去?》。

1898 年，50 岁。将《诺阿，诺阿》全部抄写完毕。2 月 11 日，服砒霜自杀，但因药量过大引起呕吐，自杀未遂。4 月份，在帕皮提政府担任绘图员。5 月份，财产被银行没收、拍卖。

1899 年，51 岁。为《黄蜂月刊》撰写评论性文章、绘制讽刺性漫画。遭到封杀后自行创办讽刺性评论刊物《微笑》。

1900 年，52 岁。与画商沃拉尔签约，每月获得 300 法郎交换画作，自此辞去绘图员工作专心作画。《微笑》因资金不足停刊。

1901 年，53 岁。夏天，出售了皮纳俄雅区的不动产，作别珀芙拉和孩子，搬到马克塞斯群岛希瓦瓦岛上的阿图奥纳村，建立“快乐之家”。

1902 年，54 岁。将最后 20 余幅作品交给沃拉尔。感染梅毒，身体状况恶化。

1903 年，55 岁。3 月份，因言论触犯当局被捕入狱，受到监禁。5 月 8 日，在自己的小屋中因心脏病去世。

参考书目

［1］【法】保罗·高更著，麻艳萍译，《此前此后》，新星出版社，2006 年版。

［2］【法】保罗·高更著，【法】莫里斯·马兰格编著，闵希文译，《高更给妻子和友人的信》，东方出版社，2001 年版。

［3］阿木尔·巴图著，苏日娜译，《野蛮人——回归原始的天才》，民族出版社，2005 年版。

［4］吴应骑、吴文厦、米洁著，《塔岛野魂——高更传奇的艺术人生》，四川出版集团·四川文艺出版社，2005 年版。

［5］【美】赫谢尔·B·奇普编著，吕澎译，《艺术家通信——塞尚、梵高、高更通信录》，中国人民大学出版社，2003 年版。

［6］孔凡平、孙丽荣译著，《高更的艺术》，辽宁美术出版社，2012 年版。

［7］弗朗索瓦丝·加香著，廖素珊译，《高更——我心中的野性》，上海世纪出版集团·译文出版社，2004

年版。

［8］邵大箴顾问，易乐著，《你应该读懂的 100 幅世界名画》，陕西师范大学出版社，2009 年版。

［9］【法】艾黎·福尔著，路曼译，《法国人眼中的艺术史：十九至二十世纪初期艺术》，吉林出版集团有限责任公司，2012 年版。

［10］丰子恺著，《西洋美术史（外一种·西洋画派十二讲）》，东方出版社，2007 年版。

高更作品——《讲道以后的幻景》

U0818322

collection

挚情 真知 雅意

名家作品中学生典藏版

STUDENT EDITION

YU DAFU collection

郁达夫作品

郁达夫：生于1896年，浙江富阳人，中国现代作家、革命烈士。新文学团体“创造社”的发起人之一。其文学代表作有《怀鲁迅》《沉沦》《故都的秋》《春风沉醉的晚上》《迟桂花》等。1945年8月，被日军杀害于苏门答腊丛林。

典藏

春风沉醉的晚上

中学生典藏版

◎郁达夫 著

山西出版传媒集团 山西教育出版社

图书在版编目（CIP）数据

郁达夫作品中学生典藏版·春风沉醉的晚上/郁达夫著；路静文编. —太原：山西教育出版社，2018.1
ISBN 978-7-5440-9414-6

Ⅰ.①郁… Ⅱ.①郁… ②路… Ⅲ.①散文集-中国-现代 Ⅳ.①I266

中国版本图书馆CIP数据核字（2017）第197045号

郁达夫作品中学生典藏版·春风沉醉的晚上

出 版 人：雷俊林
策　　划：刘晓露
责任编辑：刘晓露
复　　审：郭志强
终　　审：康　健
装帧设计：王春声
　　　　　薛　菲
印装监制：蔡　洁

出版发行：山西出版传媒集团·山西教育出版社
（太原市水西门街馒头巷7号　电话：0351-4035711　4729801　邮编：030002）
印　　装：山西人民印刷有限责任公司

开　　本：889×1194　1/32
印　　张：7.25
字　　数：156千字
版　　次：2018年1月第1版　2018年1月山西第1次印刷
印　　数：1—10 000册
书　　号：ISBN 978-7-5440-9414-6
定　　价：26.00元

如发现印装质量问题，影响阅读，请与印刷厂联系调换。电话：0358-7641044

郁达夫：于悲欢世间慨然放歌

（编者序）

路静文

说起对北京秋天的印象，估计大家都会不约而同想起郁达夫《故都的秋》吧。没有哪一篇文章，这样明净洗练地道尽了北京秋天的魅力，那种品咂不尽的悠然，欲说还休的怅然，深深打动着我们，或者深深回味，或者悠悠向往，那北京高远澄澈的秋天。

以散文《故都的秋》而为我们所熟知的郁达夫，是中国现代文学史上人与作品个性都非常突出的一位作家。少年以诗歌深负才名，后因小说名闻一世，其散文独具造诣、影响深远，后期的政论文犷放豪迈，可谓是文艺创作领域的多面手。在郁达夫看来，无论何种创作题材，都应该是作家的自叙传。因此，我们读郁达夫的作品，就是在了解郁达夫的人生境况；而知道了郁达夫的生平经历，也就更能理解郁达夫之所以为郁达夫的原因。

1896年12月7日，郁达夫出生于浙江富阳一个破落的乡绅之家。雇不起乳母，又整天操持家务的母亲，给予孩子的照料常常是力不从心的，郁达夫称儿时最强烈的记忆，就是饥饿。三岁时，父亲去世，从此家里就是孤儿寡母的生活了。母亲要经常下乡收租，祖母每天只是念经，两个比他大很多的哥哥又很早就到离家很远的私塾上学去了。幼时的郁达夫，只能常常孤独地望着富春江里往来的帆樯发呆。这孤独让他敏感自卑，也让他细腻丰富，更关注内心纤毫细微的感受。再加之郁达夫求学之后嗜读如命，这也是其日后热衷于以文抒怀，且文章常常伤感低沉的最原始的情感基础吧。

郁达夫的一生可以说是坎坷苦痛的。年少时因家贫而频遭人白眼。跟长兄郁曼陀去日本留学，生活艰难，历尽苦辛。情感方面，与第一任妻子孙荃因没有感情基础最终分道扬镳，与第二位妻子王映霞轰动一时的浪漫结合，也以悲剧黯然收场。与这两任妻子分别夭折一子，“十年之中，两丧继体，床帏依旧，痛感人亡”。日军攻陷富阳后，郁达夫的母亲不愿做亡国奴而活活饿死，曾对其尽养育之恩的长兄被日伪杀害，他自己则流亡到苏门答腊……这些不断叠加的灾难，让郁达夫于愁闷中拿起的笔分外沉重，嗟叹个人命运，唏嘘人情冷暖，其作品不可避免地充满着悲观主义的色彩。所谓“文章憎命达”，不被命运眷顾的作家是在蘸着自己的血泪写传世文章啊。

造成郁达夫个人命运起伏的相当一部分的原因，在于国家其时的飘摇状态。国力羸弱，列强入侵，社会动荡不安，倾巢之下，安有完卵？也正是意识到个人命运与国家命运的不可分，郁达夫一方面以文学作品发出苦闷沉痛的呐喊，另一方面也积极投身于各种救国运动中去，曾先后在上海、武汉、福州等地从事抗日救国宣传活动。1945年8月29日，郁达夫被日军杀害于苏门答腊。

郁达夫作品种类很多，《郁达夫作品中学生典藏版·春风沉醉的晚上》从中学生阅读品鉴的角度，主要收录了郁达夫一些脍炙人口的散文作品，此外，为了让同学们更全面地了解郁达夫的创作情况，也选录了若干小说、评论、书信、诗歌等。郁达夫的散文情感真挚，风格坦率豪放，“比他的小说更直接也更内心化地表现了历史转折时期，知识分子的典型心态、情绪、精神和个性”。在郁达夫看来，小说带有作家的自传性质，“现代的散文，却更是带有自叙传的色彩”。他认为：“现代的散文之最大的特征，是每一个作家的每一篇散文所表现的个性，比从前的任何散文都来得强。……只消把现代作家的散文集一翻，则这个作家的世系、性格、嗜好、思想、信仰，以及生活习惯等等，无不活泼地显现在我们的眼前。”他的散文创作，就遵循着这一原则。作品中，他毫不掩饰他的身世、感情、思想、信仰、习惯、嗜好，将自己的悲欢、苦闷甚至难登大雅之堂的恶趣味恶习性也昭白于天下，以一己的切实感受，表现了旧社会普通知识阶层青年一代的苦闷与压抑，从而形成了自己独树一帜的散文特色。《零余者》《一个人在途中》《北国的微音》等文字可谓代表。此外，郁达夫好游，他的游记颇有特色，吸取了历代山水游记中布局谋篇等方面的精华，情感抒发又自然酣畅，艺术上可以说达到了炉火纯青的地步。他每游赏一处，总能以细致入微的观察，抓住景物的主要特征，寻幽探微，写出独特情趣。如《半日游程》《花坞》等，节奏、层次摇曳自如，读其文，如在导游带领下，于曲折变幻、峰回路转中，一步步迈入佳境。这些散文，是我们学习的典范。

郁达夫的小说曾引起漫天争议，毁誉无数。有的小说因描写过于露骨而被人抨击指责，但是也由于写人之不敢写而开一代文风先河。从现在文学欣赏的角度看，郁达夫一些著名的小说并非其最出色的作品，再加上囿于篇幅所限，选集只选了《春风沉醉的夜晚》《烟影》《薄奠》三篇小说。尽力工作却仅得温饱、还得时刻提防工头揩油的年轻女工，在都市走投无路、返乡也得不到家人理解与同情的小知识分子，要求不高却在生活中处处碰壁、最后投河而死的车夫，郁达夫对这些社会底层人士生存困境的描摹，一方面能帮助我们了解其时社会的残酷现状，另一方面也表达了郁达夫对这种状况的强烈不满与严厉抨击，张扬着其作品的现实主义、人本主义精神。而在这些作品中，我们时时能读到作者的影子，正是其提倡并力行的“私小说”写作主张的体现。

除了散文、小说，这本作品集还收录了郁达夫的一些评论、书信、诗歌。他的评论文字坦荡直率、颇具豪气，书信或情义真挚，或缠绵悱恻，是郁达夫最真实生动的情感流露。而他的古体诗成就也很高，在当时文坛，可以说无出其右者。刘海粟在《漫论郁达夫》中说：“达夫无意做诗人，讲到他的文学成就，我认为诗词第一，散文第二，小说第三，评论文章第四。”为让中学生朋友们能领会到郁达夫的才情笔力，本书特撷集了若干首灵秀隽永的诗作，愿能加深大家对这位以个性独步文坛的才华横溢的作家的认识。

“悲歌痛哭终何补，义士纷纷说帝秦”，纵观郁达夫人生及创作可知，他诗文里的悲欢歌哭，不是其私怀独抒，泄一己之愤懑，发一腔之幽思，而是与时代社会紧密联系在一起的，也因此使得其作品超越了小众情怀而成为一个时期普遍而广泛的生存状态的反映，从而彰显其作品意境之深邃，格调之厚重，令我们数十载之后读来仍回味无穷。“文坛刀客”韩石山曾建议年轻人学习散文先从郁达夫、徐志摩入手，情深辞丰固然是其所擅，活至“极我”、写至“极我”方见普罗大众的诚挚坦率，才是其人其文绵绵无衰的根本啊，希望大家在学习品鉴时用心体察。

（作者系《语文报·青春阅读》主编，语文报社21世纪图书项目部主任，国家二级心理咨询师）

CONTENTS 目录

屐痕：
行行重行行

浮生：
人间惆怅客

独语：
自怀金玉声

百态：

凉世绘幽梦

屐痕：
行行重行行

将人来比花坞，就像浔阳商妇，老抱琵琶；将花来比花坞，更像碧桃开谢，未死春心；将菜来比花坞，只好说冬菇烧豆腐，汤清而味隽了。

——《花坞》

郁达夫

西溪的晴雨

西北风未起，蟹也不曾肥，我原晓得芦花总还没有白，前两星期，源宁来看了西湖，说他倒觉得有点失望，因为湖光山色，太整齐，太小巧，不够味儿，他开来的一张节目上，原有西溪的一项；恰巧第二天又下了微雨，秋原和我就主张微雨里下西溪，好教源宁去尝一尝这西湖近旁的野趣。

天色是阴阴漠漠的一层，湿风吹来，有点儿冷，也有点儿香，香的是野草花的气息。车过方井旁边，自然又下车来，去看了一下那座天主圣教修士们的古墓。从墓门望进去，只是黑沉沉、冷冰冰的一个大洞，什么也看不见，鼻子里却闻吸到了一种霉灰的阴气。

把鼻子掀了两掀，耸了一耸肩膀，大家都说，可惜忘记了带电筒，但在下意识里，自然也有一种恐怖、不安和畏缩的心意，在那里作恶，直到了花坞的溪旁，走进窗明几净的静莲庵堂去坐下，喝了两碗清茶，这一些鬼胎，方才洗涤了个空空脱脱。

游西溪，本来是以松木场下船，带了酒盒行厨，慢慢儿地向西摇去为正宗。像我们那么高坐了汽车，飞鸣而过古荡、东岳，一个钟头要走百来里路的旅客，终于是难度的俗物，但是俗物也有俗益，你若坐在汽车座里，引颈而向西向北一望，直到湖州，只见一派空明，遥盖在淡绿成阴的斜平海上；这中间不见水，不见山，当然也不见人，只是渺渺茫茫，青青绿绿，远无岸，近亦无田园村落的一个大斜坡，过秦亭山后，一直到留下为止的那一条沿山大道上的景色，好处就在这里，尤其是当微雨朦胧、江南草长的春或秋的半中间。

从留下下船，回环曲折，一路向西向北，只在芦花浅水里打圈圈；圆桥茅舍、桑树蓼花，是本地的风光，还不足道；最古怪的，是剩在背后的一带湖上的青山，不知不觉，忽而又会得移上你的面前来，和你点一点头，又匆匆地别了。

摇船的少女，也总好算是西溪的一景；一个站在船尾把摇橹，一个坐在船头上使桨，身体一伸一俯，一往一来，和橹声的咿呀、水波的起落，凑合成一大又圆又曲的进行软调；游人到此，自然会想起瘦西湖边，竹西歌吹的闲情，而源宁昨天在漪园月下老人祠里求得的那支灵签，仿佛是完全地应了，签诗的语文，是《鄘风·桑中》章末后的三句，叫做“期我乎桑中，要我乎上宫，送我乎淇之上矣”。

此后便到了交芦庵，上了弹指楼，因为是在雨里，拖泥带水，终于也感不到什么大趣，但这一天向晚回来，在湖滨酒楼上放谈之下，源宁却一本正经地说：“今天的西溪，却比昨日的西湖，要好三倍。”

前天星期假日，日暖风和，并且在报上也曾看到了芦花怒放的消息。午后日斜，老龙夫妇，又来约去西溪，去的时候，太晚了一点，所以只在秋雪庵的弹指楼上，消磨了半日之半。一片斜阳，反照在芦花浅渚的高头，花也并未怒放，树叶也不曾凋落，原不见秋，更不见雪，只是一味的晴明浩荡，飘飘然，浑浑然，洞贯了我们的肠腑。老僧无相，烧了面，泡了茶，更送来了酒，之后还拿出了纸和墨，我们看看日影下的北高峰，看看庵旁边的芦花荡，就问无相，花要几时才能全白？老僧操着缓慢的楚国口音，微笑着说："总要到阴历十月的中间；若有月亮，更为出色。"说后，还提出了一个交换的条件，要我们到那时候，再去一玩，他当预备些精馔相待，聊当作润笔，可是今天的字，却非写不可，老龙写了"一剑横飞破六合，万家憔悴哭三吴"的十四个字，我也附和着抄了一副不知在哪里见过的联语："春梦有时来枕畔，夕阳依旧上帘钩。"

喝得酒醉醺醺，走下楼来，小河里起了晚烟，船中间满载了黑暗，龙妇又逸兴遄（chuán）飞，不知上哪里去摸出了一支洞箫来吹着。"其声呜呜然，如怨如慕，如泣如诉，余音袅袅，不绝如缕"，倒真有点像是七月既望，和东坡在赤壁的夜游。

一九三五年十月二十二日

寂寞的春朝

大约是年龄大了一点的缘故罢，近来简直不想行动，只爱在南窗下坐着晒晒太阳，看看旧籍，吃点容易消化的点心。

今年春暖，不到废历的正月，梅花早已开谢，盆里的水仙花，也已经香到了十分之八了。因为自家想僻静，连元旦应该去拜年的几家亲戚人家都懒得去。饭后瞌睡一醒，自然只好翻翻书架，捡出几本正当一点的书来阅读。顺手一抽，却抽着了一部退补斋刻的陈龙川的文集。一册一册地翻阅下去，觉得中国的现状，同南宋当时，实在还是一样。外患的迭来、朝廷的蒙昧、百姓的无智、志士的悲哽，在这中华民国的二十四年，和孝宗的乾道、淳熙，的确也没有什么绝大的差别，从前有人吊岳飞说："怜他绝代英雄将，争不迟生付孝宗!"但是陈同甫[1]的《中兴五论》、上孝宗皇帝的《三书》，毕竟又有点什么影响?

读读古书，比比现代，在我原是消磨春昼的最上法门。但是且读且想，想到了后来，自家对自家，也觉得起了反感。在这样好的春日，又当这样有为的壮年，我难道也只能同陈龙川一样，作点悲歌慷慨的空文，就算了结了么？但是一上书不报，再上，三上书也不报的时候，究竟是一条独木，也支不起大厦来的。为免去精神的浪费，为避掉亲友的来扰，我还是拖着双脚，走上城隍山看热闹去。

自从迁到杭州来后，这城隍山真对我产生了绝大的威力。心中不快的时候，闲散无聊的时候，大家热闹的时候，风雨晦冥的时候，我的唯一的逃避之所就是这一堆看去也并不高大的石山。去年旧历的元旦，我是上此地来过的；今年虽则年岁很荒，国事更坏，但山上的香烟热闹，绿女红男，还是同去年一样。对花溅泪，怕要惹得旁人说煞风景，不得已我只好于背着手走下山来的途中，哼它两句旧诗：

大地春风十万家，偏安原不损繁华。
输降表已传关外，册帝文应出海涯。
北阙三书终失策，暮年一第亦微瑕。
千秋论定陈同甫，气壮词雄节较差。

---

① 陈同甫（1143—1194），南宋思想家、文学家。字同甫，后改名陈亮，人称“龙川先生”。光宗绍熙四年（1193）策进士，擢为第一。他的政论文、史论，如《上孝宗皇帝书》《中兴五论》等，提出“任贤使能”“简法重令”等革新图强言论，著有《龙川文集》《龙川词》。

走到了寓所，连题目都想好了，是《乙亥元日，读陈龙川集，有感时事》。

一九三五年二月四日

江南的冬景

凡在北国过过冬天的人，大都知道围炉煮茗，或吃涮羊肉、剥花生米、饮白干的滋味。而有地炉、暖炕等设备的人家，不管门外面是雪深几尺，或风大若雷，而躲在屋里过活的两三个月的生活，却是一年之中最有劲的一段蛰居异境；老年人不必说，就是顶喜欢活动的小孩子们，总也是个个在怀恋的，因为这中间，有的是萝卜、雅儿梨等水果的闲食，还有大年夜、正月初一、元宵等热闹的节期。

但在江南，可又不同；冬至过后，大江以南的树叶，也不至于脱尽。寒风——西北风——间或吹来，至多也不过冷了一日两日。到得灰云扫尽，落叶满街，晨霜白得像黑女脸上的脂粉似的清早，太阳一上屋檐，鸟雀便又在吱叫，泥地里便又放出水蒸气来，老翁小孩就又可以上门前的隙地里去做着曝背谈天，营屋外的生涯了。这一种江南的冬景，岂不也可爱得很么？

我生长在江南，儿时所受的江南冬日的印象，铭刻特深；虽则渐入中年，又爱上了晚秋，以为秋天正是读读书、写写字的人的最惠季节，但对于江南的冬景，总觉得有可以抵得过北方夏夜的一种特殊情调，说得摩登些，便是一种明朗的情调。

我也曾到过闽粤，在那里过冬天，和暖原极和暖，有时候到了阴历的年边，说不定还不得不拿出纱衫来着；走过野人的篱落，更还看得见许多杂七杂八的秋花！一番阵雨雷鸣过后，凉冷一点，至多也只换上一件夹衣，在闽粤之间，皮袍棉袄是绝对用不着的；这一种极南的气候异状，并不是我所说的江南的冬景，只能叫它作南国的长春，是春或秋的延长。

江南的地质丰腴而润泽，所以含得住热气，养得住植物；因而长江一带，芦花可以到冬至而不败，红叶亦有时候会保持三个月以上的生命。像钱塘江两岸的乌桕树，红叶落后，还有雪白的桕子着在枝头，一点一丛，用照相机照将出来，可以乱梅花之真。草色顶多成了赭色，根边总带点绿意，非但野火烧不尽，就是寒风也吹不倒的。若遇到风和日暖的午后，你一个人肯上冬郊去走走，则青天碧落之下，你不但不感到岁时的肃杀，而且还可以饱觉着一种莫名其妙的含蓄在那里的生气；“若是冬天来了，春天也总马上会来”的诗人的名句，只有在江南的山野里，最容易体会得到。

说起寒郊的散步，实在是江南的冬日，所给予江南居住者的一种特异的恩惠；在北方的冰天雪地里生长的人，是终他的一生，也绝不会有享受这一种清福的机会的。我不知道德国的冬天，比起我们江浙来如何，但从许多作家喜欢以散步一词做他们的创作题目来看，大约德国南部四季的变迁，总也和我们的江南差不多。

江南河港交流，且又地濒大海，湖沼特多，故空气里时含水分；到得冬天，不时也会下着微雨，而这微雨寒村里的冬霖景象，又是一种说不出的悠闲境界。你试想想，秋收过后，河流边三五人家会聚在一个小村子里，门对长桥，窗临远阜，这中间又多是树枝槎枒的杂木树林；在这一幅冬日农村的图上，再洒上一层细得同粉也似的白雨，加上一层淡得几不成墨的背景，你说够不够悠闲？若再要点些景致进去，则门前可以泊一只乌篷小船，茅屋里可以添几个喧哗的酒客；天垂暮了，还可以加一味红黄，在茅屋窗中画上一圈暗示着灯光的月晕。人到了这一境界，自然会胸襟洒脱起来，终至于得失俱亡，死生不问了。我们总该还记得唐朝那位诗人作的“暮雨潇潇江上村”的一首绝句罢？诗人到此，连对绿林豪客都客气起来了，这不是江南冬景的迷人又是什么？

一提到雨，也就必然地要想到雪。“晚来天欲雪，能饮一杯无”自然是江南日暮的雪景；“寒沙梅影路，微雪酒香村”，则雪月梅的冬宵三友，会合在一道，在调戏酒姑娘了；‘柴门闻犬吠，风雪夜归人”，是江南雪夜更深人静后的景况；“前村深雪里，昨夜一枝开”，又到了第二天的早晨，和狗一样喜欢弄雪的村童来报告村景了。诗人的诗句，也许不尽是在江南所写，而作这几句诗的诗人，也许不尽是江南人，但借了这几句诗来描写江南的雪景，岂不直截了当，比我这一支愚劣的笔所写的散文更美丽得多？

有几年，在江南也许会没有雨没有雪地过一个冬，到了春间阴历的正月底或二月初再冷一冷下一点春雪的，去年的冬天是如此，今年的冬天恐怕也不得不然，以节气推算起来，大约大冷的日子，将在一九三六年的二月尽头，最多也总不过七八天的样子。像这样的冬天，乡下人叫做旱冬，对于麦的收成或者好些，但是人口却要受到损伤。旱得久了，白喉、流行性感冒等疾病自然容易上身，可是想恣意享受江南的冬景的人，在这一种冬天，倒只会感到快活一点，因为晴和的日子多了，上郊外闲步逍遥的机会自然也多。喜欢徒步旅行的日本人、德国人，所最欢迎的也就是这样的冬天。

窗外的天气晴朗得像晚秋一样；晴空的高爽，日光的洋溢，引诱得使你在房间里坐不住。空言不如实践，这一种无聊的杂文，我也不再想写下去了，还是拿起手杖，搁下纸笔，去湖上散散步罢！

一九三五年十二月一日

故都的秋

秋天，无论在什么地方的秋天，总是好的；可是啊，北国的秋，却特别地来得清，来得静，来得悲凉。我的不远千里，要从杭州赶上青岛，更要从青岛赶上北平来的理由，也不过想饱尝一尝这“秋”，这故都的秋味。

江南，秋当然也是有的；但草木凋得慢，空气来得润，天的颜色显得淡，并且又时常多雨而少风；一个人夹在苏州上海杭州，或厦门香港广州的市民中间，混混沌沌地过去，只能感到一点点清凉，秋的味，秋的色，秋的意境与姿态，总看不饱，尝不透，赏玩不到十足。秋并不是名花，也并不是美酒，那一种半开半醉的状态，在领略秋的过程上，是不合适的。

不逢北国之秋，已将近十年了。在南方每年到了秋天，总要想起陶然亭的芦花，钓鱼台的柳影，西山的虫唱，玉泉的夜月，潭柘寺的钟声。在北平即使不出门去罢，就是在皇城人海之中，租人家一椽（chuán）破屋来住着，早晨起来，泡一碗浓茶，向院子一坐，你也能看得到很高很高的碧绿的天色，听得到青天下驯鸽的飞声。从槐树叶底，朝东细数着一丝一丝漏下来的日光，或在破壁腰中，静对着像喇叭似的牵牛花（朝荣）的蓝朵，自然而然地也能感觉到十分的秋意。说到了牵牛花，我以为以蓝色或白色者为佳，紫黑色次之，淡红者最下。最好，还要在牵牛花底，教长着几根疏疏落落的尖细且长的秋草，使作陪衬。

北国的槐树，也是一种能使人联想起秋来的点缀。像花而又不是花的那一种落蕊，早晨起来，会铺得满地。脚踏上去，声音也没有，气味也没有，只能感出一点点极微细极柔软的触觉。扫街的在树影下一阵扫后，灰土上留下来的一条条扫帚的丝纹，看起来既觉得细腻，又觉得清闲，潜意识下并且还觉得有点儿落寞，古人所说的梧桐一叶而天下知秋的遥想，大约也就在这些深沉的地方。

秋蝉的衰弱的残声，更是北国的特产；因为北平处处全长着树，屋子又低，所以无论在什么地方，都听得见它们的啼唱。在南方是非要上郊外或山上去才听得到的。这嘶叫的秋蝉，在北平可和蟋蟀耗子一样，简直像是家家户户都养在家里的家虫。

还有秋雨哩，北方的秋雨，也似乎比南方下得奇，下得有味，下得更像样。

在灰沉沉的天底下，忽而来一阵凉风，便息列索落地下起雨来了。一层雨过，云渐渐地卷向了西去，天又晴了，太阳又露出脸来了；穿着很厚的青布单衣或夹袄的都市闲人，咬着烟管，在雨后的斜桥影里，上桥头树底去一立，遇见熟人，便会用了缓慢悠闲的声调，微叹着互答着说：

“唉，天可真凉了——”（这“了”字念得很高，拖得很长。）

“可不是么？一层秋雨一层凉了！”

北方人念“阵”字，总老像是“层”字，平平仄仄起来，这念错的歧韵，倒来得正好。

北方的果树，到秋来，也是一种奇景。第一是枣子树，屋角、墙头、茅房边上、灶房门口，它都会一株株地长大起来。像橄榄又像鸽蛋似的这枣子颗儿，在小椭圆形的细叶中间，显出淡绿微黄的颜色的时候，正是秋的全盛时期；等枣树叶落，枣子红完，西北风就要起来了，北方便是尘沙灰土的世界，只有这枣子、柿子、葡萄，成熟到八九分的七八月之交，是北国的清秋的佳日，是一年之中最好也没有的黄金般的日子。

有些批评家说，中国的文人学士，尤其是诗人，都带着很浓厚的颓废色彩，所以中国的诗文里，颂赞秋的文字特别多。但外国的诗人，又何尝不然？我虽则外国诗文念得不多，也不想开出账来，作一篇秋的诗歌散文钞，但你若去一翻英德法意等诗人的集子，或各国的诗文的Anthology（选集——编者注），总能够看到许多关于秋的歌颂与悲啼。各著名的大诗人的长篇田园诗或四季诗里，也总以关于秋的部分，写得最出色而最有味。足见有感觉的动物，有情趣的人类，对于秋，总是一样地能特别引起深沉、幽远、严厉、萧索的感触来的。不单是诗人，就是被关闭在牢狱里的囚犯，到了秋天，我想也一定会感到一种不能自已的深情；秋之于人，何尝有国别，更何尝有人种阶级的区别呢？不过在中国，文字里有一个“秋士”的成语，读本里又有着很普遍的欧阳子的《秋声》与苏东坡的《赤壁赋》等，就觉得中国的文人，与秋的关系特别深了。可是这秋的深味，尤其是中国的秋的深味，非要在北方，才感受得到底。

南国之秋，当然是也有它的特异的地方的，譬如廿四桥的明月，钱塘江的秋潮，普陀山的凉雾，荔枝湾的残荷等等，可是色彩不浓，回味不永。比起北国的秋来，正像是黄酒之与白干，稀饭之与馍馍，鲈鱼之与大蟹，黄犬之与骆驼。

秋天，这北国的秋天，若留得住的话，我愿意把寿命的三分之二折去，换得一个三分之一的零头。

一九三四年八月，在北平

北平的四季

对于一个已经化为异物的故人，追怀起来，总要先想到他或她的好处；随后再慢慢地想想，则觉得当时所感到的一切坏处，也会变作很可寻味的一些纪念，在回忆里开花。关于一个曾经住过的旧地，觉得此生再也不会第二次去长住了，身处入了远离的一角，向这方向的云天遥望一下，回想起来的，自然也同样地只是它的好处。

中国的大都会，我前半生住过的地方，原也不在少数；可是当一个人静下来回想起从前，上海的闹热，南京的辽阔，广州的乌烟瘴气，汉口武昌的杂乱无章，甚至于青岛的清幽，福州的秀丽，以及杭州的沉着，总归都还比不上北京——我住在那里的时候，当然还是北京——的典丽堂皇，幽闲清妙。

先说人的分子吧，在当时的北京——民国十一二年前后——上自军财阀政客名优起，中经学者名人、文士美女教育家，下而至于负贩拉车铺小摊的人，都可以谈谈，都有一艺之长，而无憎人之貌；就是由荐头店荐来的老妈子，除上炕者是当然以外，也总是衣冠楚楚，看起来不觉得会令人讨嫌。

其次说到北京物质的供给哩，又是山珍海错、洋广杂货，以及萝卜白菜等本地产品，无一不备、无一不好的地方。所以在北京住上两三年的人，每一遇到要走的时候，总只感到北京的空气太沉闷，灰沙太暗淡，生活太无变化；一鞭出走，出前门便觉胸舒，过芦沟方知天晓，仿佛一出都门，就上了新生活开始的坦道似的；但是一年半载，在北京以外的各地——除了在自己幼年的故乡以外——去一住，谁也会重想起北京，再希望回去，隐隐地对北京害起剧烈的怀乡病来。这一种经验，原是住过北京的人，个个都有，而在我自己，却感觉得格外的浓，格外的切。最大的原因或许是为了我那长子之骨，现在也还埋在郊外广谊园的坟山，而几位极要好的知己，又是在那里同时毙命的受难者的一群。

北平的人事品物，原是无一不可爱的，就是大家觉得最要不得的北平的天候，和地理联合上一起，在我也觉得是中国各大都会中所寻不出几处来的好地。为叙述的便利起见，想分成四季来约略地说说。

北平自入旧历的十月之后，就是灰沙满地、寒风刺骨的节季了，所以北平的冬天，是一般人所最怕过的日子。但是要想认识一个地方的特异之处，我以为顶好是当这特异处表现得最圆满的时候去领略；故而夏天去热带，寒天去北极，是我一向所持的哲理。北平的冬天，冷虽则比南方要冷得多，但是北方的生活的伟大幽闲，也只有在冬季，使人感受得最彻底。

先说房屋的防寒装置吧，北方的住屋，并不同南方的摩登都市一样，用的是钢骨水泥，冷热气管；一般的北方人家，总只是矮矮的一所四合房，四面是很厚的泥墙；上面花厅内都有一张暖炕、一所回廊；廊子上是一带明窗，窗眼里糊着薄纸，薄纸内又装上风门，另外就没有什么了。在这样简陋的房屋之内，你只教把炉子一生、电灯一点、棉门帘一挂上，在屋里住着，却一辈子总是暖炖炖像是春三四月里的样子。尤其会得使你感觉到屋内的温软堪恋的，是屋外窗外呜呜在叫啸的西北风。天色老是灰沉沉的，路上面也老是灰的围障，而从风尘灰土中下车，一踏进屋里，就觉得一团春气，包围在你的左右四周，使你马上就忘记了屋外的一切寒冬的苦楚。若是喜欢吃吃酒，烧烧羊肉锅的人，那冬天的北方生活，就更加不能够割舍；酒已经是御寒的妙药了，再加上以大蒜与羊肉、酱油合煮的香味，简直可以使一室之内，涨满了白蒙蒙的水蒸温气。玻璃窗内，前半夜，会流下一条条的清汗，后半夜就变成了花色奇异的冰纹。

到了下雪的时候哩，景象当然又要一变。早晨从厚棉被里张开眼来，一室的清光，会使你的眼睛眩晕。在阳光照耀之下，雪也一粒一粒地放起光来了，蛰伏得很久的小鸟，在这时候会飞出来觅食振翎，谈天说地，吱吱地叫个不休。数日来的灰暗天空，愁云一扫，忽然变得澄清见底，翳障全无；于是年轻的北方住民，就可以营屋外的生活了，溜冰、做雪人、赶冰车雪车，就在这一种日子里最有劲儿。

我曾于这一种大雪时晴的傍晚，和几位朋友，跨上跛驴，出西直门上骆驼庄去过过一夜。北平郊外的一片大雪地，无数枯树林，以及西山隐隐现现的不少白峰头，和时时吹来的几阵雪样的西北风，所给与人的印象，实在是深刻、伟大、神秘到了不可用言语来形容。直到十余年后的现在，我一想起当时的情景，还会打一个寒战而吐一口清气，如同在钓鱼台溪旁立着的一瞬间一样。

北国的冬宵，更是一个特别适合于看书、写信、追思过去，与作闲谈说废话的绝妙时间。记得当时我们兄弟三人，都住在北京，每到了冬天的晚上，总不远千里地走拢来聚在一道，会谈少年时候在故乡所遇所见的事事物物。小孩们上床去了，佣人们也都去睡觉了，我们弟兄三个，还会得再加一次煤再加一次煤地长谈下去。有几宵因为屋外面风紧天寒之故，到了后半夜的一二点钟的时候，便不约而同地会说出索性坐到天亮的话来。像这一种可宝贵的记忆，像这一种最深沉的情调，本来也就是一生中不能够多享受几次的昙花佳境，可是若不是在北平的冬天的夜里，那趣味也一定不会得像如此的悠长。

总而言之，北平的冬季，是想赏识赏识北方异味者之唯一的机会；这一季里的好处，这一季里的琐事杂忆，若要详细地写起来，总也有一部《帝京景物略》那么大的书好作；我只记下了一点点自身的经历，就觉得过长了，下面只能再来略写一点春和夏以及秋季的感怀梦境，聊作我的对这日就沦亡的故国的哀歌。

春与秋，本来是在什么地方都属可爱的时节，但在北平，却与别地方也有点儿两样。北国的春，来得较迟，所以时间也比较得短。西北风停后，积雪渐渐地消了，赶牲口的车夫身上，看不见那件光板老羊皮的大袄的时候，你就得预备着游春的服饰与金钱；因为春来也无信，春去也无踪，眼睛一眨，在北平市内，春光就会同飞马似的溜过。屋内的炉子，刚拆去不久，说不定你就马上得去叫盖凉棚的才行。

而北方春天的最值得记忆的痕迹，是城厢内外的那一层新绿，同洪水似的新绿。北京城，本来就是一个只见树木不见屋顶的绿色的都会，一踏出九城的门户，四面的黄土坡上，更是杂树丛生的森林地了；在日光里颤抖着的嫩绿的波浪，油光光，亮晶晶，若是神经系统不十分健全的人，骤然间身入到这一个淡绿色的海洋涛浪里去一看，包管你要张不开眼，立不住脚，而昏厥过去。

北京市内外的新绿，琼岛春阴、西山挹翠诸景里的新绿，真是一幅何等奇伟的外光派的妙画！但是这画的框子，或者简直说这画的画布，现在却已经完全掌握在一只满长着黑毛的巨魔的手里了！北望中原，究竟要到哪一日才能够重见得到天日呢？

从地势纬度上讲来，北方的夏天，当然要比南方的夏天来得凉爽。在北平城里过夏，实在是并没有上北戴河或西山去避暑的必要。一天到晚，最热的时候，只有中午到午后三四点钟的几个钟头，晚上太阳一下山，总没有一处不是凉阴阴要穿单衫才能过去的；半夜以后，更是非盖薄棉被不可了。而北平的天然冰的便宜耐久，又是夏天住过北平的人所忘不了的一件恩惠。

我在北平，曾经过过三个夏天；像什刹海、菱角沟、二闸等暑天游耍的地方，当然是都到过的；但是在三伏的当中，不问是白天或是晚上，你只教有一张藤榻，搬到院子里的葡萄架下或藤花荫处去躺着，吃吃冰茶雪藕，听听盲人的鼓词与树上的蝉鸣，也可以一点儿也感不到炎热与熏蒸。而夏天最热的时候，在北平顶多总不过九十四五度，这一种大热的天气，全夏顶多顶多又不过十日的样子。

在北平，春夏秋的三季，是连成一片的；一年之中，仿佛只有一段寒冷的时期，和一段比较得温暖的时期相对立。由春到夏，是短短的一瞬间，自夏到秋，也只觉得是过了一次午睡，就有点儿凉冷起来了。因此，北方的秋季也特别地觉得长，而秋天的回味，也更觉得比别处来得浓厚。前两年，因去北戴河回来，我曾在北平过过一个秋，在那时候，已经写过一篇《故都的秋》，对这北平的秋季颂赞过一遍了，所以在这里不想再来重复；可是北平近郊的秋色，实在也正像是一册百读不厌的奇书，使你愈翻愈会感到兴趣。

秋高气爽、风日晴和的早晨，你且骑着一匹驴子，上西山八大处或玉泉山碧云寺去走走看；山上的红柿，远处的烟树人家，郊野里的芦苇黍稷，以及在驴背上驮着生果进城来卖的农户佃家，包管你看一个月也不会看厌。春秋两季，本来是到处好的，但是北方的秋空，看起来似乎更高一点，北方的空气，吸起来似乎更干燥健全一点。而那一种草木摇落、金风肃杀之感，在北方似乎也更觉得要严肃、凄凉、沉静得多。你若不信，你且去西山脚下，农民的家里或古寺的殿前，自阴历八月至十月下旬，去住它三个月看看。古人的“悲哉秋之为气”以及“胡笳互动，牧马悲鸣”的那一种哀感，在南方是不大感觉得到的，但在北平，尤其是在郊外，你真会得感至极而涕零，思千里兮命驾。所以我说，北平的秋，才是真正的秋；南方的秋天，不过是英国话里所说的Indian Summer（小阳春——编者注）或叫做小春天气而已。

统观北平的四季，每季每节，都有它的特别的好处；冬天是室内饮食奄息的时期，秋天是郊外走马调鹰的日子，春天好看新绿，夏天饱受清凉。至于各节各季，正当移换中的一段时间哩，又是别一种情趣，是一种两不相连，而又两都相合的中间风味，如雍和宫的打鬼，净业庵的放灯，丰台的看芍药，万牲园的寻梅花之类。

五六百年来文化所聚萃的北平，一年四季无一月不好的北平，我在遥忆，我也在深祝，祝她的平安进展，永久地为我们黄帝子孙所保有的旧都城！

一九三六年五月廿七日

春　愁

说秋月不如春月的，毕竟是“只解欢娱不解愁”的女孩子们的感觉，像我们男子，尤其是到了中年的我们这些男子，恐怕到得春来，总不免有许多懊恼与愁思。

第一，生理上就有许多不舒服的变化，腰骨会感到酸痛，全体筋络，会觉得疏懒。做起事情来，容易厌倦，容易颠倒。由生理的反射，心理上自然也不得不大受影响。譬如无缘无故会感到不安、恐怖，以及其他的种种心状，若焦躁、烦闷之类。

而感觉得最切最普遍的一种春愁，却是“生也有涯”的我们这些人类和周围大自然界的对比。

年去年来、花月风云的现象，是一度一番，会重新过去，从前是常常如此，将来也绝不会改变的。可是人呢？号为万物之灵的人呢？却一年比一年地老了。由浑噩无知的童年，一进就进入了满贮着性的苦闷、智的苦闷的青春。再不几年，就得渐渐地衰，渐渐地老下去。

从前住在上海，春天看不见花草，听不到鸟声，每以为无四季交换的洋场十里，是劳动者们的永久地狱。对于春，非但感到了恐怖，并且也感到了敌意，这当然是春愁。现在住上了杭州，到处可以看湖山，到处可以听黄鸟，但春浓反显得人老，对于春又新起了一番妒意，春愁可更加厚了。

在我个人，并且还有一种每年来复的神经性失眠的症状，是从春暮开始，入夏剧烈，到秋方能痊治的老病。对这死症的恐怖，比病上了身，实际上所受的肉体的苦痛还要厉害。所以春对我，绝对不能融洽，不能忍受。年纪轻一点的时候，每思到一个终年没有春到的地方去做人；在当时单凭这一种幻想，也可以把我的春愁减杀一点，过几刻快活的时间。现在中年了，理智发达，头脑固定，幻想没有了。一遇到春，就只有愁虑，只有恐惧。

去年因为新搬上杭州来过春天，近郊的许多地方，还不曾去跑过，所以二三四的几个月，就完全花去在闲行跋涉的筋肉劳动之上，觉得身体还勉强对付了过去。今年可不对了，曾经去过的地方，不想再去，而新的可以娱春的方法，又还没有发现。去旅行么？既无同伴，又缺少旅费。读书么？写文章么？未拿起书本，未捏着笔，心里就烦躁得要命。喝酒也岂能长醉，恋爱是尤其没有资格了。

想到了最后，我只好希望着一种不意的大事件的发生，譬如“一二八”那样的飞机炸弹的来临，或大地震大革命的勃发之类，或者可以把我的春愁驱散，或者简直可以把我的躯体毁去；但结果，这当然也不过是一种无望之望，同少年时代一样的一种幻想而已。

一九三五年二月十五日

住所的话

自以为青山到处可埋骨的漂泊惯了的流人，一到了中年，也颇以没有一个归宿为可虑；近来常常有求田问舍之心，在看书倦了之后，或夜半醒来，第二次再睡不着在枕上。

尤其是春雨萧条的暮春，或风吹枯木的秋晚，看看天空，每会做赏雨茅屋及江南黄叶村舍的梦想；游子思乡，飞鸿倦旅，把人一年年弄得意气消沉的这时间的威力，实在是可怕，实在是可恨。

从前很喜欢旅行，并且特别喜欢向没有火车、飞机、轮船等近代交通利器的偏僻地方去旅行。一步一步地缓步着，向四面绝对不曾见过的山川风物回视着，一刻有一刻的变化，一步有一步的境界。到了地旷人稀的地方，你更可以高歌低唱，袒裼裸裎，把社会上的虚伪的礼节、谨严的态度，一齐洗去。人与自然，合而为一，大地高天，形成屋宇，蠛蠓蚁虱，不觉其微，五岳昆仑，也不见其大。偶或遇见些茅篷泥壁的人家，遇见些性情淳朴的农牧，听他们谈些极不相干的私事，更可以和他们一道的悲，一道的喜。半岁的鸡娘，新生一蛋，其乐也融融，与国王年老，诞生独子时的欢喜，并无什么分别。黄牛吃草，嚼断了麦穗数茎，今年的收获，怕要减去一勺，其悲也戚戚，与国破家亡的流离惨苦，相差也不十分远。

至于有山有水的地方呢，看看云容岩影的变化，听听大浪啮矶的音乐，应临流垂钓，或松下息阴。行旅者的乐趣，更加可以多得如放翁的入蜀道、刘阮的上天台。

这一种好游旅、喜漂泊的情性，近年来渐渐地减了；连有必要的事情，非得上北平、上海去一次不可的时候，都一天天地拖延下去，只想不改常态，在家吃点精致的菜，喝点芳醇的酒，睡睡午觉，看看闲书，不愿意将行动和平时有所移易；总之是懒得动。

而每次喝酒、每次独坐的时候，只在想着计划着的，却是一间洁净的小小的住宅，和这住宅周围的点缀与铺陈。

若要住家，第一的先决问题，自然是乡村与城市的选择。以清静来说，当然是乡村生活比较和我更为适合。可是把文明利器——如电灯、自来水等——的供给，家人买菜、购物的便利，以及小孩的教育问题等合计起来，却又觉得住城市是必要的了。具城市之外形，而又富有乡村的景象之田园都市，在中国原也很多。北方如北平，就是一个理想的都城；南方则未建都前之南京、濒海的福州等处，也是住家的好地方。可是乡土的观念，附着在一个人的脑里，同毛发生于皮肤一样，从长着原没有什么不对，全脱了却也有点儿不可能。所以三年之前，也是在一个春雨霏微的节季，终于听了霞的劝告，搬上杭州来住下了。

杭州这一个地方，有山有湖，还有文明的利器，儿童的学校，去上海也只有四个钟头的火车路程，住家原没有什么不合适。可是杭州一般的建筑物，实在太差，简直可以说没有一间合乎理想的住宅。旧式的房子呢，往往没有院子，顶多顶多也不过有一堆不大有意义的假山，和一条其实是只能产生蚊子的鱼池。所谓新式的房子呢，更加恶劣了，完全是上海弄堂、洋房的抄袭，冬天住住，还可以勉强，一到夏天，就热得比蒸笼还要难受。而大抵的杭州住宅，都没有浴室的设备，公共浴场呢，又觉得不卫生而价贵。

所以自从迁到杭州来住后，对于住所的问题，更觉得切身地感到了。地皮不必太大，只教有半亩之宫、一亩之隙，就可以满足。房子亦不必太讲究，只需有一处可以登高望远的高楼，三间平屋就对。但是图书室、浴室、猫狗小舍、儿童游嬉之处、灶房，却不得不备。房子的四周，一定要有阔一点的回廊；房子的内部，更需要亮一点的光线。此外是四周的树木和院子里的草地了，草地中间的走路，总要用白沙来铺才好。四面若有邻舍的高墙，当然要种些爬山虎以掩去墙头；若系旷地，只需植一道矮矮的木栅，用黑色一涂就可以将就。门窗当一例以厚玻璃来做，屋瓦应先钉上铅皮，然后再覆以茅草。

照这样的一个计划来建筑房子，大约总要有两千元钱来买地皮，四千元钱来充建筑费，才有点儿希望。去年年底，在微醉之后，将这私愿对一位朋友说了一遍，今年他果然送给了我一块地，所以起楼台的基础，倒是有了。现在只在想筹出四千元钱的现款来建造那一所理想的住宅。胡思乱想的结果，在前两三个月里，竟发了疯，将烟钱酒钱省下了一半，去买了许多奖券；可是一回一回地买了几次，连末尾也不曾得过，而吃了坏烟坏酒的结果，身体却显然受了损害了。闲来无事，把这一番经过，对朋友一说，大家笑了一场之后，就都为我设计，说从前的人，曾经用过的最上妙法，是发自己的讣闻，其次是做寿，再其次是兜会。

可是为了一己的舒服，而累及亲戚朋友，也着实有点说不过去，近来心机一转，去买了些《芥子园》《三希堂》等画谱来，在开始学画了；原因是想靠了卖画，来造一所房子，万一画画，仍旧是不能吃饭，那么至少至少，我也可以画许多房子，挂在四壁，给我自己的想象以一顿醉饱，如饥者的画饼、旱天的画云霓。这一个计划，若不至于失败，我想在半年之后，总可以得到一点慰安。

一九三六年

记风雨茅庐

自家想有一所房子的心愿，已经起了好几年了；明明知道创造欲是好，所有欲是坏的事情，但一轮到了自己的头上，总觉得衣食住行四件大事之中的最低限度的享有，是不可以不保住的。我衣并不要锦绣，食也自甘于藜藿，可是住的房子，代步的车子，或者至少也必须一双袜子与鞋子的限度，总得有了才能说话。况且从前曾有一位朋友劝过我说，一个人既生下了地，一块地却不可以没有，活着可以住住立立，或者睡睡坐坐，死了便可以挖一个洞，将己身来埋葬；当然这还是没有火葬，没有公墓以前的时代的话。

自搬到杭州来住后，于不意之中，承友人之情，居然弄到了一块地，从此葬的问题总算解决了；但是住呢，占据的还是别人家的房子。去年春季，写了一篇短短的应景而不希望有什么结果的文章，说自己只想有一所小小的住宅；可是发表了不久，就来了一个回响。一位做建筑事业的朋友先来说："你若要造房子，我们可以完全效劳。"一位有一点钱的朋友也说："若通融得少一点，或者还可以想法。"四面一凑，于是起造一个风雨茅庐的计划即便成熟到了百分之八十，不知我者谓我有了钱，深知我者谓我冒了险，但是有钱也罢，冒险也罢，入秋以后，总之把这笑话勉强弄成了事实，在现在的寓所之旁，也竟丁丁笃笃地动起了工，造起了房子。这也许是我的Folly（愚蠢、荒唐——编者注），这也许是朋友们对于我的过信，不过从今以后，那些破旧的书籍，以及行军床、旧马子之类，却总可以不再去周游列国，学夫子的栖栖一代了。在这些地方，所有欲原也有它的好处。

本来是空手做的大事，希望当然不能过高；起初我只打算以茅草来代瓦，以涂泥来做壁，起它五间不大不小的平房，聊以过过自己有一所住宅的瘾的；但偶尔在亲戚家一谈，却谈出来了事情。他说："你要造房屋，也得拣一个日，看一看方向；古代的《周易》，现代的天文地理，却实在是有至理存在那里的呢！"言下他还接连举出了好几个很有证验的实例出来给我听，而在座的其他三四位朋友，并且还同时做了填具脚踏手印的见证人。更奇怪的，是他们所说的这一位具有通天入地眼的奇迹创造者，也是同我们一样，读过哀皮西提（英语字母ABCD的译音——编者注）、演过代数几何、受过现代高等教育的学校毕业生。经这位亲戚的一介绍，经我的一相信，当初的计划，就变了卦，茅庐变作了瓦屋，五开间的一排营房似的平居，拆作了三开间两开间的两座小蜗庐。中间又起了一座墙，墙上更挖了一个洞；住屋的两旁，也添了许多间的无名的小房间。这么的一来，房屋原多了不少，可同时债台也已经筑得比我的风火围墙还高了几尺。这一座高台基石的奠基者郭相经先生，并且还在劝我说：“东南角的龙手太空，要好，还得造一间南向的门楼，楼上面再做上一层水泥的平台才行。”他的这一句话，又恰巧打中了我的下意识里的一个痛处；在这只空角上，我实在也在打算盖起一座塔样的楼来，楼名是十五六年前就想好的，叫做“夕阳楼”。现在这一座塔楼，虽则还没有盖起，可是只打算避避风雨的茅庐一所，却也涂上了朱漆，嵌上了水泥，有点像是外国乡镇里的五六等贫民住宅的样子了；自己虽则不懂阳宅的地理，但在光线不甚明亮的清早或薄暮看起来，倒也觉得郭先生的设计，并没有弄什么玄虚，和科学的方法，仍旧还是对的。所以一定要在光线不甚明亮的时候看的原因，就因为我的胆子毕竟还小，不敢空口说大话要包工用了最好的材料来造我这一座贫民住宅的缘故。这倒还不在话下，有点儿觉得麻烦的，却是预先想好的那个风雨茅庐的风雅名字与实际的不符。皱眉想了几天，又觉得中国的山人并不入山，儿子的小犬也不是狗的玩意儿，原早已有人在干了，我这样小小地再说一个并不害人的谎，总也不至于有死罪。况且西湖上的那间巍巍乎有点像先施、永安的堆栈似的高大洋楼之以××草舍作名称，也不曾听见说有人去干涉过。多一事不如少一事，九九归原，还是照最初的样子，把我的这间贫民住宅，仍旧叫做了避风雨的茅庐。横额一块，却是因马君武先生这次来杭之便，硬要他伸了疯痛的右手，替我写上的。

一九三六年一月十日

雨

周作人先生名其书斋曰“苦雨”，恰正与东坡的“喜雨亭”名相反。其实，北方的雨，却都可喜，因其难得之故。像今年那么的水灾，也并不是雨多的必然结果；我们应该责备治河的人，不事先预防，只晓得糊涂搪塞，虚糜国帑，一旦有事，就互相推诿，但救目前。人生万事，总得有个变换，方觉有趣；生之于死，喜之于悲，都是如此，推及天时，又何尝不然？无雨哪能见晴之可爱，没有夜也将看不出昼之光明。

我生长江南，按理是应该不喜欢雨的；但春日暝蒙、花枝枯竭的时候，得几点微雨，又是一件多么可爱的事！“小楼一夜听春雨”“杏花春雨江南”“天街小雨润如酥”，从前的诗人，早就先我说过了。夏天的雨，可以杀暑，可以润禾，它的价值的大，更可以不必再说。而秋雨的霏微凄冷，又是别一种境地，昔人所谓“雨到深秋易作霖，萧萧难会此时心”的诗句，就在说秋雨的耐人寻味。至于秋女士的“秋雨秋风愁煞人”的一声长叹，乃别有怀抱者的托词，人自愁耳，何关雨事。三冬的寒雨，爱的人恐怕不多。但“江关雁声来渺渺，灯昏宫漏听沉沉”的妙处，若非身历其境者决领悟不到。记得曾宾谷曾以《诗品》中语名诗，叫做《赏雨茅屋斋诗集》。他的诗境如何，我不晓得，但“赏雨茅屋”这四个字，真是多么的有趣！尤其是到了冬初秋晚，正当“苍山寒气深，高林霜叶稀”的时节。

一九三五年

杭州

杭州的出名，一大半是为了西湖。而人工的建设，都会的形成，初则是由于唐末五代，武肃王钱镠（西历十世纪初期）的割据东南，——“隋朝特创立此郡城，仅三十六里九十步；后武肃钱王，发民丁与十三寨军卒，增筑罗城，周围七十里许。……”（吴自牧《梦粱录》卷七）——再则是由于南宋建炎三年（一一二九），高宗的临安驻跸，奠定国都。至若唐白乐天与宋苏东坡的筑堤导水，原也有功于杭郡人民，可是仅仅一位醉酒吟诗携妓的郡守的力量，无论如何，也是不能和帝王匹敌的。

据说，杭州的杭字，是因“禹末年，巡会稽至此，舍航登陆，乃名杭，始见于文字”（柴虎臣著《杭州沿革大事考》）。因之，我们可以猜想，禹以前，杭州总还是一个泽国。而这一个四千余年前的泽国，后来为越为吴，也为吴越的战场，为东汉的浙江，为三国吴的富春，为晋的吴郡，为隋唐的杭州，两为偏安国都，迭为省治，现在并且成了东南五省交通的孔道，歌舞喧天，别庄满地，简直又要恢复南宋当时的旧观了。

我的来住杭州，本不是想上西湖来寻梦，更不是想弯强弩来射潮；不过妻杭人也，雅擅杭音，父祖富春产也，歌哭于斯，叶落归根，人穷返里，故乡鱼米较廉，借债亦易，——今年可不敢说，——屋租尤其便宜，铩羽归来，正好在此地偷安苟活，坐以待亡。搬来住后，岁月匆匆，一眨眼间，也已经住了一年有半了。朋友中间晓得我的杭州住址者，于春秋佳日，旅游西湖之余，往往肯命高轩来枉顾。我也因独处穷乡，孤寂得可怜，我朋自远方来，自然喜欢和他们谈谈旧事，说说杭州。这么一来，不几何时，大家似乎已经把我看成了杭州的管钥，山水的东家。《中学生》杂志编者的特地写信来要我写点关于杭州的文章，大约原因总也在于此。

关于杭州一般的兴废沿革，有《浙江通志》《杭州府志》《仁钱县志》诸大部的书在；关于杭州的掌故、湖山的史迹等等，也早有了光绪年间钱塘丁申、丁丙两氏编刻的《武林掌故丛编》《西湖集览》，与新旧《西湖志》《湖山便览》以及诸大书局大文豪的西湖游记或西湖游览指南诸书，可作参考。所以在这里，对这些，我不想再来饶舌，以虚费纸面和读者的光阴。第一，我觉得还值得一写，而对于读者，或者也不至于全然没趣的，是杭州人的性格。所以，我打算先从“杭州人”讲起。

第一个杭州人，究竟是从哪里来的？这杭州人种的起源问题，怕同先有鸡蛋呢还是先有鸡一样，就是叫达尔文从阴司里复活转来，也很不容易解决。好在这些并非是我们的主题，故而假定当杭州这一块陆土出水不久，就有些野蛮的、好渔猎的人来住了，这些蛮人，我们就姑且当他们是杭州人的祖宗。吴越国人，一向是好战、坚忍、刻苦、猜忌，而富于巧智的。自从用了美人计，征服了姑苏以来，兵事上虽则占了胜利，但民俗上却吃了大亏；喜斗、坚忍、刻苦之风，渐渐地消灭了。倒是猜忌、使计诸官能，逐步发达了起来。其后经楚威王、秦始皇、汉高帝等的挞伐，杭州人就永远处入了被征服者的地位，隶属在北方人的胯下。三国纷纷，孙家父子崛起，国号曰“吴”，杭州人总算又吐了一口气，这一口气，隐忍过隋唐两世，至钱武肃王而吐尽；不久南宋迁都，固有的杭州人的骨里，混入了汴京都的人士的文弱血球，于是现在的杭州人的性格，就此决定了。

意志的薄弱，议论的纷纭；外强中干，喜撑场面；小事机警，大事糊涂；以文雅自夸，以清高自命；只解欢娱，不知振作等等，就是现在的杭州人的特性。这些，虽然是中国一般人的通病，但是看来看去，我总觉得以杭州人为尤甚。所以由外乡人说来，每以为杭州人是最狡猾的人，狡猾得比上海滩上的滑头还要厉害。但其实呢，杭州人只晓得占一点眼前的小利小名，暗中在吃大亏，可是不顾到的。等到大亏吃了，杭州人还要自以为是，自命为直，无以名之，名之曰“杭铁头”以自慰自欺。生性本是勤而且俭的杭州人，反以为勤俭是倒霉的事，是贫困的暴露，是与面子有关的，所以父母教子弟的第一个原则，就是教他们游惰过日，摆大少爷的架子。等空壳大少爷的架子学成，父母年老、财产荡尽的时候，这些大少爷们在白天，还要上西湖去逛逛，弄件把长衫来穿穿，饿着肚皮而高使着牙签；到了晚上上黑暗的地方去跪着讨饭，或者扒点东西，倒满不在乎，因为在黑暗里人家看不见，与面子还是无关，而大少爷的架子却不可不摆。至于做匪做强盗呢，却不会，决不会，杭州人并不是没有这个胆量，但杀头的时候要反绑着手去游街示众，与面子有关；最勇敢的杭州人，亦不过做做小窃而已。

唯其是如此，所以现在的杭州人，就永远是保有着被征服的资格的人；风雅倒很风雅，浅薄的知识也未始没有，小名小利，一着也不肯放松，最厉害的尤其是一张嘴巴。外来的征服者，征服了杭州人后，过不上三代，就也成了杭州人了，于是剃头者人亦剃其头，几十年后，仍复要被新的征服者来征服。照例类推，一年一年地下去。现在残存在杭州的固有杭州老百姓，计算起来，怕已经不上十个指头了。

人家说这是因为杭州的山水太秀丽了的缘故。西湖就像是一位“二八佳人体似酥”的狐狸精，所以杭州决出不出好子弟来。这话哩，当然也含有着几分真理。可是日本的山水，秀丽处远在杭州之上；瑞士我不晓得，意大利的风景画片我们总也时常看见的罢，何以外国人都可以不受着地理的限制，独有杭州人会陷入这一个绝境去的呢？想来想去，我想总还是教育的不好。杭州的家庭教育、社会教育、学校教育，总非要彻底地改革一下不可。

其次是该讲杭州的风俗了。岁时习俗，显露在外表的年中行事，大致是与江南各省相通的；不过在杭州像婚丧喜庆等事，更加要铺张一点而已。关于这一方面，同治年间有一位钱塘的范月桥氏，曾作过一册《杭俗遗风》，写得比较详细，不过现在的杭州风俗，细看起来，还是同南宋吴自牧在《梦粱录》里所说的差仿不多，因为杭州人根本还是由那个时候传下来，在那个时候改组过的人。都会文化的影响，实在真大不过。

一年四季，杭州人所忙的，除了生死两件大事之外，差不多全是为了空的仪式； 就是婚丧生死，一大半也重在仪式。丧事人家可以出钱去雇人来哭。喜事人家也有专门说好话的人雇在那里借讨彩头。祭天地、祀祖宗、拜鬼神等，无非是为了一个架子，甚至于四时的游逛，都列在仪式之内，到了时候，若不去一定的地方走一遭，仿佛是犯了什么大罪，生怕被人家看不起似的。所以明朝的高濂，作了一部《四时幽赏录》，把杭州人在四季中所应做的闲事，详细列叙了出来。现在我只教把这四时幽赏的简目，略抄一下，大家就可以晓得吴自牧所说的“临安风俗，四时奢侈，赏观殆无虚日”的话的不错了。

一、春时幽赏：孤山月下看梅花，八卦田看菜花，虎跑泉试新茶，西溪楼啖煨笋，保俶塔看晓山，苏堤看桃花，等等。

二、夏时幽赏：苏堤看新绿，三生石谈月，飞来洞避暑，湖心亭采莼，等等。

三、秋时幽赏：满家巷赏桂花，胜果寺望月，水乐洞雨后听泉，六和塔夜玩风潮，等等。

四、冬时幽赏：三茅山顶望江天雪霁，西溪道中玩雪，雪后镇海楼观晚炊，除夕登吴山看松盆，等等。

将杭州人的坏处，约略在上面说了之后，我却终觉不得不对杭州的山水，再来一两句简单的批评。西湖的山水，若当盆景来看，好处也未始没有，就是在它的比盆景稍大一点的地方。若要在西湖近处看山的话，那你非要上留下[1]向西向南再走二三十里路不行。从余杭的小和山走到了午潮山顶，你向四面一看，就有点可以看出浙西山脉的大势来了。天晴的时候，西北你能够看得见天目，南面脚下的横流一线，东下海门，就是钱塘江的出口，龛赭[2]二山，小得来像天文镜里的游星。若嫌时间太费、脚力不济的话，那至少你也该坐车下江干、过范村，上五云山头去看看隔岸的越山，与钱塘江上游的不断的峰峦。况且五云山足，西下是云栖，竹木清幽，地方实在还可以。从五云山向北若沿郎当岭而下天竺，在岭脊你就可以看到西岭下梅家坞的别有天地，与东岭下西湖全面的镜样的湖光。

若要再近一点，来玩西湖，我觉得南山终胜于北山，凤凰山胜果寺的荒凉远大，比起灵隐、葛岭来，终觉回味要浓厚一点。

还有北面秦亭山法华山下的西溪一带呢，如花坞秋雪庵、茭芦庵等处，散疏雅逸之致，原是有的，可是不懂得南画，不懂得王维、韦应物的诗意的人，即使去看了，也是毫无所得的。

离西湖十余里，在拱宸桥的东首，地当杭州的东北，也有一簇山脉汇聚在那里。俗称"半山"的皋亭山，不过因近城市而最出名，讲

---

①留下：杭州城西的一个千年古镇。

②龛赭：龛山与赭山的并称。在浙江省萧山市东北，古时两山夹江对峙，现均处钱塘江南岸。

到景致，则断不及稍东的黄鹤峰，与偏北的超山。况且超山下的居民，以植果木为业，旧历二月初，正月底边的大明堂外（吴昌硕的坟旁）的梅花，真是一个奇观，俗称“香雪海”的这个名字，觉得一点儿也不错。

此外还有关于杭州的饮食起居的话，我不是做西湖旅行指南的人，在此地只好不说了。

一九三四年三月

半日的游程

去年有一天秋晴的午后，我因为天气实在好不过，所以就搁下了当时正在赶着写的一篇短篇的笔，从湖上坐汽车驰上了江干。在儿时习熟的海月桥、花牌楼等处闲走了一阵，看看青天，看看江岸，觉得一个人有点寂寞起来了，索性就朝西直上，一口气便走到了二十几年前曾在那里度过半年学生生活的之江大学的山中。二十年时间的印迹，居然处处都显示了面形：从前的一片荒山，几条泥路，与夫乱石幽溪、草房藩溷（hùn），现在都看不见了。尤其要使人感觉到我老何堪的，是在山道两旁的那一排青青的不凋冬树，当时只同豆苗似的几根小小的树秧，现在竟长成了可以遮蔽风雨、可以掩障烈日的长林。不消说，山腰的平处，这里那里，一所所的轻巧而经济的住宅，也添造了许多；像在画里似的附近山川的大致，虽仍依旧，但校址的周围，变化却竟簇生了不少。第一，从前在大礼堂前的那一丝空地，本来是下临绝谷的半边山道，现在却已将面前的深谷填平，变成了一个大球场。大礼堂西北的略高之处，本来是有几枝被朔风摧折得弯腰屈背的老树孤立在那里的，现在却建筑起了三层的图书文库了。二十年的岁月！三千六百日的两倍的七千二百的日子！以这一短短的时节，来比起天地的悠长来，原不过是像白驹的过隙，但是时间的威力，究竟是绝对的暴君，曾日月之几何，我这一个本在这些荒山野径里驰骋过的毛头小子，现在也竟垂垂老矣了。

一路上走着看着，又微微地叹着，自山的脚下，走上中腰，我竟费去了三十来分钟的时刻。半山里是一排教员的住宅，我的此来，原因为在湖上在江干孤独得怕了，想来找一位既是同乡，又是同学，而自美国回来之后就在这母校里服务的胡君，和他来谈谈过去，赏赏清秋，并且也可以由他这里来探到一点故乡的消息的。

两个人本来是上下年纪的小学校的同学，虽然在这二十几年中见面的机会不多，但或当暑假，或在异乡，偶尔遇着的时候，却也有一段不能自已的柔情，油然会升起在各个的胸中。我的这一回的突然的袭击，原也不过是想使他惊骇一下，用以加增加增亲热的效力的企图。升堂一见，他果然是被我骇倒了。

“哦！真难得！你是几时上杭州来的?”他惊笑着问我。

“来了已经多日了，我因为想静静儿地写一点东西，所以朋友们都还没有去看过。今天天气实在太好了，在家里坐不住，因而一口气就跑到了这里。”

“好极！好极！我也正在打算出去走走，就同你一道上溪口去吃茶去罢，沿钱塘江到溪口去的一路的风景，实在是不错！”

沿溪入谷，在风和日暖、山近天高的田塍（chéng）道上，二人慢慢地走着，谈着，走到九溪十八涧的口上的时候，太阳已经斜到了去山不过丈来高的地位了。在溪房的石条上坐落，等茶庄里的老翁去起茶煮水的中间，向青翠还像初春似的四山一看，我的心坎里不知怎么，竟充满了一股说不出的飒爽的清气。两人在路上，说话原已经说得很多了，所以一到茶庄，都不想再说下去，只瞪目坐着，在看四周的山和脚下的水，忽而嘘朔朔朔的一声，在半天里，晴空中一只飞鹰，像霹雳似的叫过了，两山的回音，更缭绕地震动了许多时。我们两人头也不仰起来，只竖起耳朵，在静听着这鹰声的响过。回响过后，两人不期而遇地将视线凑集了拢来，更同时破颜发了一脸微笑，也同时不谋而合地叫了出来说：

“真静啊！”

“真静啊！”

等老翁将一壶茶搬来，也在我们边上的石条上坐下，和我们攀谈了几句之后，我才开始问他说：

“久住在这样寂静的山中，山前山后，一个人也没有得看见，你们倒也不觉得怕的么?”

“怕啥东西？我们又没有龙连（钱），强盗绑匪，难道肯到孤老院里来讨饭吃的么？并且春三二月，外国清明，这里的游客，一天也有好几千。冷清的，就只不过这几个月。”

我们一面喝着清茶，一面只在贪味着这阴森得同太古似的山中的寂静，不知不觉，竟把摆在桌上的四碟糕点都吃完了。老翁看了我们的食欲的旺盛，就又推荐着他们自造的西湖藕粉和桂花糖说：

“我们的出品，非但在本省口碑载道，就是外省，也常有信来邮购的，两位先生冲一碗尝尝看如何？”

大约是山中的清气，和十几里路的步行的结果吧，那一碗看起来似鼻涕、吃起来似泥沙的藕粉，竟使我们嚼出了一种意外的鲜味。等那壶龙井芽茶，冲得已无茶味，而我身边带着的一封绞盘牌也只剩下两枝的时节，觉得今天是行得特别快的那轮秋日，早就在西面的峰旁躲去了。谷里虽掩下了一天阴影，而对面东首的山头，还映得金黄浅碧，似乎是山灵在预备去赴夜宴而铺陈着浓妆的样子。我昂起了头，正在赏玩着这一幅以青天为背景的夕照的秋山，忽听见耳旁的老翁以富有抑扬的杭州土音计算着账说：

“一茶，四碟，二粉，五千文！”

我真觉得这一串话有诗意极了，就回头来叫了一声说：

“老先生！你是在对课呢？还是在作诗？”

他倒惊了起来，张圆了两眼呆视着问我：

“先生你说啥话语？”

“我说，你不是在对课么？三竺六桥，九溪十八涧，你不是对上了‘一茶四碟，二粉五千文’了么？”

说到了这里，他才摇动着胡子，哈哈地大笑了起来，我们也一道笑了。付账起身，向右走上了去理安寺的那条石砌小路，我们俩在山嘴将转弯的时候，三人的呵呵呵呵的大笑的余音，似乎还在那寂静的山腰，寂静的溪口，作不绝如缕的回响。

一九三三年五月二十一日

花 坞

“花坞”这个名字，大约是到过杭州，或在杭州住上几年的人，没有一个不晓得的，尤其是游西溪的人，平常总要一到花坞。二三十年前，汽车不通，公路未筑，要去游一次，真不容易；所以明明知道这花坞的幽深清绝，但脚力不健，非好游如好色的诗人，不大会去。现在可不同了，从湖滨向北向西坐汽车去，不消半个钟头，就能到花坞口外。而花坞的住民，每到了春秋佳日的放假日期，也会成群结队，在花坞口的那座凉亭里鹄（hú）候，预备来做一个临时导游的角色，好轻轻快快地赚取游客的两毛小洋；现在的花坞，可真成了第二云栖，或第三九溪十八涧了。

花坞的好处，是在它的三面环山、一谷直下的地理位置，石人坞不及它的深，龙归坞没有它的秀。而竹木萧疏、清溪蜿绕、庵堂错落、尼媪翩翩，更是花坞独有的迷人风韵。将人来比花坞，就像浔阳商妇，老抱琵琶；将花来比花坞，更像碧桃开谢，未死春心；将菜来比花坞，只好说冬菇烧豆腐，汤清而味隽了。

我第一次去花坞，是在松木场放马山背后养病的时候，记得是一天日和风定的清秋的下午，坐了黄包车，过古荡，过东岳，看了伴凤居，访过风木庵（是钱唐丁氏的别业），感到了口渴，就问车夫，这附近可有清静的乞茶之处？他就把我拉到了花坞的中间。

伴凤居虽则结构堂皇，可是里面却也坍败得可以；至于杨家牌楼附近的风木庵哩，丁氏的手迹尚新，茅庵的木架也在，但不晓怎么，一走进去，就感到了一种扑人的霉灰冷气。当时大厅上停在那里的两口丁氏的棺材，想是这一种冷气的发源之处，但泥墙倾圮、蛛网绕梁，与壁上挂在那里的字画屏条一对比，极自然地令人生出“俯仰之间，已成陈迹”的感想。因为刚刚在看了这两处衰落的别墅之后，所以一到花坞，就觉得清新安逸，像世外桃源的样子了。

自北高峰后，向北直下的这一条坞里，没有洋楼，也没有伟大的建筑，而从竹叶杂树中间透露出来的屋檐半角、女墙一围，看将过去却又显得异常的整洁，异常的清丽。英文字典里有Cottage（村舍——编者注）的这一个名字；而形容这些茅屋田庄的安闲小洁的字眼，又有着许多像Tiny、Dainty、Snug的绝妙佳词，我虽则还没有到过英国的乡间，但到了花坞，看了这些小庵却不能自己地便想起了这种只在小说里读过的英文字母。我手指着那些在林间散点着的小小的茅庵，回头来就问车夫：“我们可能进去？”车夫说：“自然是可以的。”于是就在一曲溪旁，走上了山路高一段的地方，到了静掩在那里的、双黑板的墙门之外。

车夫使劲敲了几下，庵里的木鱼声停了，接着门里头就有一位女人的声音，问外面谁在敲门。车夫说明了来意，铁门闩一响，半边的门开了，出来迎接我们的，却是一位白发盈头、皱纹很少的老婆婆。

庵里面的洁净，一间一间小房间的布置的清华，以及庭前屋后树木的参差掩映，和厅上佛座下经卷的纵横 你若看了之后，仍不起皈依弃世之心的，我敢断定你就是没有感觉的木石。

那位带发修行的老比丘尼去为我们烧茶煮水的中间，我远远听见了几声从谷底传来的鹊噪的声音；大约天时向暮，乌鹊来归巢了，谷里的静，反因这几声的急噪，而加深了一层。

我们静坐着，喝干了两壶极清极酽（yàn）的茶后，该回去了。迟疑了一会，我就拿出了一张纸币，当作茶钱，那一位老比丘尼却笑起来了，并且婉慢地说：

“先生！这可以不必；我们是清修的庵，茶水是不用钱买的。”

推让了半天，她不得已就将这一元纸币交给了车夫，说：“这给你做个外快罢！”

这老尼的风度，和这一次逛花坞的情趣，让我在十余年后的现在，还在津津地感到回味。所以前一礼拜的星期日，和新来杭州住的几位朋友遇见之后，他们问我“上哪里去玩”，我就立时提出了花坞。他们是有一乘自备汽车的，经松木场，过古荡东岳而去花坞，只需二十分钟，就可以到。

十余年来的变革，在花坞里也留下了痕迹。竹木的清幽，山溪的静妙，虽则还同太古时一样，但房屋加多了，地价当然也增高了几百倍；而最令人感到不快的，却是这花坞的住民变做了狡猾的商人。庵里的尼媪，和退院的老僧，也不像从前的恬淡了，建筑物和器具之类，并且处处还受着了欧洲的下劣趣味的恶化。

同去的几位，因为没有见到十余年前花坞的处女时期，所以仍旧感觉得非常满意，以为九溪十八涧、云栖决没有这样的清幽深邃；但在我的内心，却想起了一位素朴天真、沉静幽娴的少女，忽被有钱有势的人奸了以后又被弃的状态。

一九三五年三月二十四日

过富春江

前两天增嘏和他的妹妹，以及英国军官晏子少校（Major Edward Ainger）来杭州，我们于醉谈游步之余，还定下了一个上富春江去的计划。

这一位少校，实在有趣，在东方驻扎得久了，他非但生活习惯，都染了中国风，连他的容貌态度，也十足带着了中国气，他的身材本不十分高大，但背脊伛偻，同我们中国的中年人比较起来，向背后望去，简直是辨不出谁黄谁白；一般军人所特有的那一种挺胸突肚、傲岸的气象，在他身上，是丝毫也不具的。他的两脚又像日本人似的向外弓曲，立起正来，中间会露出一条小缝，这当然因为他是骑兵，在马背上过日子过得多的缘故。

他虽则会开飞机、开汽车、划船、骑马，但不会走路，所以他说，他不喜欢山，却喜欢水！在西湖里荡了两日舟，他问起近边更还有什么好的地方没有，我们就决定了再陪他上富春江去的计划，好在汽车是他自己会开，有半日的工夫，就可以往返的。

驶过六和塔下，走上江边一带波形的道上的时候，他果然喜欢极了，他说这地方有点像日本的濑户内海。江潮落了，江水绿得迷人；而那一天午后，又是淡云微日的暮秋天，在太阳底下走起路来，还要出一点潮汗。过了梵村，驰上四面是小山、满望是稻田的杭富交界的平原里，景象又变了一变。他说只有美国东部的乡村里，有这一种干草黄时的和平村景，他倒又想起在美国时候的事情来了。

由富阳站里，沿了新开的那条环城马路，把车开到了鹳山脚下，一步登天，爬上富春江第一楼头眺望的时候，他才吃了一惊，说这山水真像是摩西的魔术。因为车由凌家桥转弯，跑在杭富道上，所见的只是些青山平谷、茅舍枫林；到得富阳，沿了那座弓也似的舒姑屏山脚，驶入站里，也只能看到些错落的人家，与一排人家南岸的高山；就是到了东城脚下，在很狭的新筑马路上走下车来的一刻，没有到过富阳的人，也绝不会想到登山几步，就可以看见这一幅山重水复的黄子久的画图的。

我们在山头那株樟树下的石栏上坐了好久，增嘏并且还指着山下的一块汉高士严子陵先生垂钓处的石碑，将范文正公的祠堂记，以及上面七里泷边东台西台的故事，译给了这一位少校听。他听到了谢皋羽[1]的西台恸哭的一幕，却兴奋起来了，说："为什么不拿这个故事来

①谢皋羽：南宋末散文家、诗人。景炎元年（1276）七月，文天祥起兵，他率乡兵数百人投效。文天祥被俘遇难，他漫游两浙以终。著有《晞发集》《西台恸哭记》等。

做一本戏剧？像席勒的《威廉·退尔》一样，这地方倒也很可以起一座谢氏的祠堂。”

回来的时候，天色已经晚了；他一面开着车，眼睛呆呆地看着远处，一边却幽幽地告诉我和增嘏说：“我若要选择第二个国籍的话，那我情愿来做个中国人。”

车过分境岭后，他跳下车来，去看了一番建筑在近边山上的碉堡；我留在车里，陪伴着一位小姐，一位太太，从车窗里看见了他的那个向前微俯的背影，以及两脚蹒跚在斜阳衰草的山道上的缓步，我却突然间想起了一篇哈代的短篇，题名叫做《忧郁的骑兵》的小说。联想一活动，并且又想起刚才在鹳山上所谈的那一段话来了，皱鼻一哼，就哼出了这样的二十八字：

三分天下二分亡，四海何人吊国殇，
偶向西台台畔过，苔痕犹似泪淋浪。

双十节[①]近在目前，我想将这几句狗屁诗来应景，把它当作国庆日的哀词，倒也使得。

一九三五年十月九日

①双十节：为了纪念推翻封建帝制的辛亥革命的节日，民国政府称“双十节”。

婿乡年节

一看到了婿乡的两字，或者大家都要联想到淳于髡的卖身投靠上去。我可没有坐吃老婆饭的福分，不过杭州两字实在用腻了，改作婿乡，庶几可以换一换新鲜；所以先要从杭州旧历年底老婆所做的种种事情说起。

第一，是年底的做粽子与枣饼。我说："这些东西，做它作啥！"老婆说："横竖是没有钱过年了，要用索性用它一个精光，籴（dí）两斗糯米来玩玩，比买航空券总好些。"于是乎就有了粽子与枣饼。

第二，是年三十晚上的请客。我说："请什么客呢？到杭州来吃他们几顿，不是应该的么？"老婆说："你以为他们都是你丈母娘——据风雅的先生们说，似乎应该称作泰水的——屋里的人么？礼尚往来，吃人家的吃得那么多，不回请一次，倒好意思？"于是乎就请客。

酒是杭州的来得贱，菜只教自己做做，也不算贵。麻烦的，是客人来之前屋里厨下的那一种兵荒马乱的样子。

年三十的午后，厨下头刀兵齐举，屋子里火辣烟熏，我一个人坐在客厅上吃闷酒。一位刚从欧洲回来的同乡，从旅舍里来看我，见了我的闷闷的神气，弄得他说话也不敢高声。小孩儿下学回来了，一进门就吵得厉害，我打了他们两个嘴巴。这位刚从文明国里回来的绅士，更看得难受了，临行时便悄悄留下了一封钞票，预备着救一救我当日的急。其实，经济的压迫，倒也并不能够使我发愁，不过近来酒性不好，文章不敢写了以后，喝一点酒，老爱骂人。骂老婆不敢骂，骂佣人不忍骂，骂天地不必骂，所以微醉之后，总只以五岁三岁的两个儿子来出气。

天晚了，客人也到齐了，菜还没有做好，于是乎先来一次五百攒。输了不甘心，赢了不肯息，就再来一次再来一次地攒了下去。肚皮饿得精瘪，膀胱胀得蛮大，还要再来一次。结果弄得头鸡叫了，夜饭才兹吃完。有的说："到灵隐天竺去烧头香去吧！"有的说："上城隍山去看热闹去吧！"人数多了，意见自然来得杂。谁也不愿意赞成谁，九九归原，还是再来一次。

天白茫茫地亮起来了，门外头爆竹声也没有，锣鼓声也没有，百姓真如丧了考妣。屋里头，只剩了几盏黄黄的电灯，和一排油满了的倦脸。地上面是瓜子壳、橘子皮、香烟头，和散铜板。

人虽则大家都支撑不住了，但因为是元旦，所以连眨着眼睛，连打着呵欠，也还在硬着嘴说要上哪儿去，要上哪儿去。

客散了，太阳出来了，家里的人都去睡觉了；我因为天亮的时候的酒意未消，想骂人又没有了人骂，所以只轻脚轻手地偷出了大门，偷上了城隍山的极顶。一个人立在那里举目看看钱塘江的水，和隔岸的山，以及穿得红红绿绿的许多默默无言的善男信女，大约是忽而想起了王小二过年的那出滑稽悲剧了吧，肚皮一捧，我竟哈哈、哈哈、哈哈地笑了出来，同时也打了几个大声的喷嚏。

回来的时候，到了城隍山脚下的元宝心，我听见走在我前面的一位乡下老太太，在轻轻地对一位同行的中年妇人说："今年真倒霉，大年初一，就在城隍山上遇见了一个疯子。"

一九三六年

浮生：
人间惆怅客

没有伟大的人物出现的民族，是世界上最可怜的生物之群；有了伟大的人物，而不知拥护、爱戴、崇仰的国家，是没有希望的奴隶之邦。因鲁迅的一死，使人们自觉出了民族的尚可以有为，也因鲁迅之一死，使人家看出了中国还是奴隶性很浓厚的半绝望的国家。

——《怀鲁迅》

郁达夫富阳故居

我的梦，我的青春
——自传之二

不晓得是在哪一本俄国作家的作品里，曾经看到过一段写一个小村落的文字，他说："譬如有许多纸折起来的房子，摆在一段高的地方，被大风一吹，这些房子就歪歪斜斜地飞落到了谷里，紧挤在一道了。"前面有一条富春江绕着，东西北的三面尽是些小山包住的富阳县城，也的确可以借了这一段文字来形容。

虽则是一个行政中心的县城，可是人家不满三千，商店不过百数；一般居民，全不晓得做什么手工业，或其他新式的生产事业，所靠以度日的，有几家自然是祖遗的一点田产，有几家则专以小房子出租，在吃两元三元一月的租金；而大多数的百姓，却还是既无恒产，又无恒业，没有目的，没有计划，只同蟑螂似的在那里出生、死亡、繁殖下去。

这些蟑螂的密集之区，总不外乎两处地方；一处是三个铜子一碗的茶店，一处是六个铜子一碗的小酒馆。他们在那里从早晨坐起，一直可以坐到晚上上排门的时候；讨论柴米油盐的价格，传播东邻西舍的新闻，为了一点不相干的细事，譬如说罢，甲以为李德泰的煤油只卖三个铜子一提，乙以为是五个铜子两提的话，双方就会得争论起来；此外的人，也马上分成甲党或乙党提出证据，互相论辩；弄到后来，也许互相打起来，打得头破血流，还不能够解决。

因此，在这么小的一个县城里，茶店酒馆，竟也有五六十家之多；于是大部分的蟑螂，就家里可以不备面盆手巾、桌椅板凳、饭锅碗筷等日常用具，而悠悠地生活过去了。离我们家里不远的大江边上，就有这样的两处蟑螂之窟。

在我们的左面，住有一家砍砍柴、卖卖菜，人家死人或娶亲，去帮帮忙跑跑腿的人家。他们的一族，男女老小的人数很多很多，而住的那一间屋，却只比牛栏马槽大了一点。他们家里的顶小的一位苗裔年纪比我大一岁，名字叫阿千，冬天穿的是同伞似的一堆破絮，夏天，大半身是光光地裸着的；因而皮肤黝黑，臂膀粗大，脸上也像是生落地之后，只洗了一次的样子。他虽只比我大了一岁，但是跟了他们屋里的大人，茶店酒馆日日去上，婚丧的人家，也老在进出，打起架吵起嘴来，尤其勇猛。我每天见他从我们的门口走过，心里老在羡慕，以为他又上茶店酒馆去了，我要到什么时候，才可以同他一样的和大人去夹在一道呢！而他的出去和回来，不管是在清早或深夜，我总没有一次不注意到的，因为他的喉音很大，有时候一边走着，一边在绝叫着和大人谈天，若只他一个人的时候哩，总在啰唆地唱戏。

当一天的工作完了，他跟了他们家里的大人，一道上酒店去的时候，看见我欣羡地立在门口，他原也曾邀约过我；但一则怕母亲要骂，二则胆子终于太小，经不起那些大人的盘问笑说，我总是微笑着摇摇头，就跑进屋里去躲开了，为的是上酒店去的诱惑性，实在强不过。

有一天春天的早晨，母亲上父亲的坟头去扫墓去了，祖母也一侵早上了一座远在三四里路外的庙里去念佛。翠花在灶下收拾早餐的碗筷，我只一个人立在门口，看有淡云浮着的青天。忽而阿千唱着戏，背着钩刀和小扁担绳索之类，从他的家里出来，看了我的那种没精打采的神气，他就立了下来和我谈天，并且说：

"鹳山后面的盘龙山上，映山红开得多着哩；并且还有乌米饭（是一种小黑果子）、彤管子（也是一种刺果）、刺莓等等，你跟了我来吧，我可以采一大堆给你。你们奶奶，不也在北面山脚下的真觉寺里念佛么？等我砍好了柴，我就可以送你上寺里去吃饭去。"

阿千本来是我所崇拜的英雄，而这一回又只有他一个人去砍柴，天气那么的好，今天侵早祖母出去念佛的时候，我本是嚷着要同去的，但她因为怕我走不动，就把我留下了。现在一听到这一个提议，自然是心里急跳了起来，两只脚便也很轻松地跟他出发了，并且还只怕翠花要出来阻挠，跑路跑得比平时只有得快些。出了弄堂，向东沿着江，一口气跑出了县城之后，天地宽广起来了，我的对于这一次冒险的惊惧之心就马上被大自然的威力所压倒。这样问问，那样谈谈，阿千真像是一部小小的自然界的百科大辞典，而到盘龙山脚去的一段野路，便成了我最初学自然科学的模范小课本。

麦已经长得有好几尺高了，麦田里的桑树，也都发出了绒样的叶芽。晴天里舒叔叔的一声飞鸣过去的，是老鹰在觅食；树枝头吱吱喳喳，似在打架又像是在谈天的，大半是麻雀之类；远处的竹林丛里，既有抑扬，又带余韵，在那里歌唱的，才是深山的画眉。

上山的路旁，一拳一拳像小孩子的拳头似的小草，长得很多；拳的左右上下，满长着了些绛黄的绒毛，仿佛是野生的虫类，我起初看了，只在害怕，走路的时候，若遇到一丛，总要绕一个弯，让开它们，但阿千却笑起来了，他说：

“这是薇蕨，摘了去，把下面的粗干切了，炒起来吃，味道是很好的哩！”

渐走渐高了，山上的青红杂色，迷乱了我的眼目。日光直射在山坡上，从草木泥土里蒸发出来的一种气息，使我呼吸感到了困难；阿千也走得热起来了，把他的一件破夹袄一脱，丢向了地下。教我在一块大石上坐下息着，他一个人穿了一件小衫唱着戏去砍柴采野果去了；我回身立在石上，向大江一看，又深深地深深地得到了一种新的惊异。

这世界真大呀！那宽广的水面！那澄碧的天空！那些上下的船只，究竟是从哪里来，上哪里去的呢？

我一个人立在半山的大石上，近看看有一层阳炎在颤动着的绿野桑田，远看看天和水以及淡淡的青山，渐听得阿千的唱戏声音幽下去远下去了，心里就莫名其妙地起了一种渴望与愁思。我要到什么时候才能大起来呢？我要到什么时候才可以到这像在天边似的远处去呢？到了天边，那么我的家呢？我的家里的人呢？同时感到了对远处的遥念与对乡井的离愁，眼角里便自然而然地涌出了热泪。到后来，脑子也昏乱了，眼睛也模糊了，我只呆呆地立在那块大石上的太阳里做幻梦。我梦见有一只揩擦得很洁净的船，船上面张着了一面很大很饱满的白帆，我和祖母、母亲、翠花、阿千等都在船上，吃着东西，唱着戏，顺流下去，到了一处不相识的地方。我又梦见城里的茶店酒馆，都搬上山来了，我和阿千便在这山上的酒馆里大喝大嚷，旁边的许多大人，都在那里惊奇仰视。

这一种接连不断的白日之梦，不知做了多少时候，阿千却背了一捆小小的草柴，和一包刺莓、映山红、乌米饭之类的野果，回到我立在那里的大石边来了；他脱下了小衫，光着了脊肋，那些野果就系包在他的小衫里面。

他提议说，时候不早了，他还要砍一捆柴，且让我们吃着野果，先从山腰走向后山去罢，因为前山的草柴，已经被人砍完，第二捆不容易采刮拢来了。

慢慢地走到了山后，山下的那个真觉寺的钟鼓声音，早就从春空里传送到了我们的耳边，并且一条青烟，也刚从寺后的厨房里透出了屋顶。向寺里看了一眼，阿千就放下了那捆柴，对我说：

“他们在烧中饭了，大约离吃饭的时候也不很远，我还是先送你到寺里去罢！”

我们到了寺里，祖母和许多同伴着的念佛婆婆，都张大了眼睛，惊异了起来。阿千走后，她们就开始问我这一次冒险的经过，我也感到了一种得意，将如何出城，如何和阿千上山采集野果的情形，说得格外的详细。后来坐上桌去吃饭的时候，有一位老婆婆问我：“你大了，打算去做些什么？”我就毫不迟疑地回答她说：“我愿意去砍柴！”

故乡的茶店酒馆，到现在还在风行热闹，而这一位茶店酒馆里的小英雄，初次带我上山去冒险的阿千，却在一年涨大水的时候，喝醉了酒，淹死了。他们的家族，也一个个地死的死，散的散，现在没有生存者了；他们的那一座牛栏似的房屋，已经换过了两三个主人。时间是不饶人的，盛衰起灭也绝对是无常的：阿千之死，同时也带去了我的梦，我的青春！

一九三四年

马蜂的毒刺

这几年来，自己因为不能应时豹变、顺合潮流的结果，所以弄得失去了职业，失去了朋友亲人，失去了一切的一切，只剩了孤零丁的一个，落在时代的后面浮沉着。人家要我没落，但肉体却仍旧在维持着它的旧日的作用，不肯好好儿地消亡下去。人家劝我自杀，但穷得连买一点药买一支手枪的余裕都没有，而堕落颓废的我的意志也连竖直耳朵，听一听人家的劝告的毅力都拿不起来。在这无可奈何的楚歌声里，自然而然，我便成了一个与猪狗一样的一点儿自觉心责任心也没有的行尸走肉了，对这一个行尸，人家还在说是什么“运命论者”。

运命论者也好，颓废堕落也没有法子，可是在像猪一样的这一块走肉中间，有时候还不能完全把知觉感等稍为高尚一点的感觉杀死，于是突然之间，就同癫痫病者的发作一样，会有一种很深沉很悲痛的孤寂之感袭上身来。

有一天，也是在这一种发作之后，我忽而想起了一位不相识的青年写给我的几封信。这一位好奇的青年，大约也同我一样地在感到孤独吧，他写来的几封满贮着热情的信上，说无论如何总想看一看我这一块走肉。想起了他，那一天早晨，我就借得了几个零用钱，飘然坐上了车，走到了上海最热闹的一区地方去拜访了一次。

两人见到了面，不消说是各有一种欢喜之情感到的。我也一时破了长久沉默的戒，滔滔谈了许多前后不接的闲天，他也全身抖擞了起来，似乎是喜欢得不得了的样子。谈了一会，我觉得饿了，就和他一同出来去吃了一点点心，吃饱了之后又同他走了一圈，谈了半天。

他怎么也不肯和我别去，一定要邀我回到他的旅馆去和他同吃午饭。但可怜的我那时候心里头又起了别的作用了，一时就想去看一回好久没有见到而相约已经有好几次的一位书店里的熟人。我就告诉他说，吃饭是不能同他在一道吃的。他问为什么？我说因为今天是有人约我吃饭的。他问在什么地方？我说在某处某地的书店楼上。他问几点钟？我说正午十二点。因此他就很悲哀地和我在马路上分开了手，我回头来看了几眼，看见他老远地还立在那里目送我的行。

和他分开之后去会到了那位书店的熟人，不幸吃饭的地点临时改变了。我们吃完饭后，坐到了两点多钟才走下楼来。正走到了一处宽广的野道上的时候，我看见前面路上向着我们，太阳光下有一位横行阔步，好像是兴奋得很的青年在走。走近来一看却正是午前我去访他和他在马路上别去的那位纯真的少年朋友。

他立在我的面前，面色涨得通红，眉毛竖了起来，眼睛里同喷火山似的放出了两道异样的光，全身和两颚骨似乎在格格地抖，盯视住了我的颜面，半晌说不出话来。两只手是捏紧了拳头垂在肩下的。我也同做了一次窃贼，被抓着了赃证者一样，一时急得什么话也想不出来。两人对头呆立了一阵，终究还是我先破口说："你上什么地方去？"

他又默默地毒视了我一阵，才大声地喝着说："你为什么要骗我？你为什么要撒谎？"我看了他那双冒火的眼光，觉得知觉也没有了，神志也昏乱了，不晓得回答了他几句什么样的支吾言语，就匆匆逃开了他的面前。但同时在我的脑门的正中，仿佛是感到了一种隐隐的痛楚，仿佛是被一只马蜂放了一针毒刺似的。我觉得这正是一只马蜂的毒刺，因为我在这一次偶尔的失言之口，所感到的苦痛不过是暂时的罢了，而在他的洁白的灵魂之上，怕不得不印上一个极深刻的永久消不去的毒印。听说马蜂尾上的毒刺是只有一次好用的，这是它最后的一件自卫武器，这一次的他岂不也同马蜂一样，受了我永久的害毒了么？我现在当一个人感到孤独的时候，每要想起这一件事来，所以近来弄得连无论什么人的信札都不敢开读，无论什么人的地方都不敢去走动了。这一针小小的毒刺，大约是可以把我的孤独钉住，使它伴随我到我的坟墓里去的。细细玩味起来，倒也能够感到一点痛定之后的宽怀情绪，可是那只马蜂，那只已经被我解除了武装的马蜂，却太可怜了，我在此地还只想诚恳地乞求它的饶恕。

一九二九年四月

给一位文学青年的公开状

今天的风沙实在太大了，中午吃饭之后，我因为还要去教书，所以没有许多工夫和你谈天。我坐在车上，一路地向北走去，沙石飞进了我的眼睛。一直到午后四点钟止，我的眼睛四周的红圈，还没有褪尽。恐怕同学们见了要笑我，所以于上课堂之先，我从高窗口在日光大风里把一双眼睛曝晒了许多时。我今天上你那公寓里来看了你那一副样子，觉得什么话也说不出来。现在我想趁着这大家已经睡寂了的几点钟工夫，把我要说的话，写一点在纸上。

平素不认识的可怜的朋友，或是写信来，或是亲自上我这里来的，很多很多。我因为想报答两位也是我素不认识而对于我却有十二分的同情过的朋友的厚恩起见，总要尽我的力量帮助他们。可是我的力量太薄弱了，可怜的朋友太多了，所以结果近来弄得我自家连一条棉裤也没有。这几天来天气变得很冷，我老想买一件外套，但终于没有买成。尤其使我羞恼的，是因为恰逢此刻，我和同学们所读的书里，正有一篇俄国契科夫著的嘲弄像我们一类人的小说《外套》。现在我的经济状态，比从前并没有什么宽裕，从数目上讲起来，反而比从前要少——因为现在我不能向家里去要钱，每月的教书钱，额面上虽则有五十三加六十四合一百十七块，但实际上拿得到的只有三十三四块——而我的嗜好日深，每月光是烟酒的账，也要开销二十多块。我曾经立过几次对天的深誓，想把这一笔縻费节省下来，但愈是没有钱的时候，愈想喝酒吸烟。向你讲这一番苦话，并不是因为怕你要来问我借钱，事先预防，我不过欲以我的身体来做一个证据，证明目下的中国社会的不合理，以大学校毕业的资格来糊口的你那种见解的错误罢了。

引诱你到北京来的，是一个国立大学毕业的头衔。你告诉我说，你的心里，总想在国立大学弄到毕业，毕业以后至少生计问题总可以解决。现在学校都已考完，你一个国立大学也进不去，接济你的资斧的人，又因他自家的地位动摇，无钱寄你，你去投奔你同县而且带有亲属的大慈善家H，H又不纳，穷极无路，只好写封信给一个和你素不相识而你也明明知道是和你一样穷的我。在这时候这样的状态之下，你还要口口声声地说什么“大学教育”“念书”，我真佩服你的坚忍不拔的雄心。不过佩服虽可佩服，但是你的思想的简单愚直，也却是一样的可惊可异。现在你已经是变成了中性——半去势的文人了，有许多事，譬如说高尚一点的，去当土匪，卑微一点的，去拉洋车等事情，你已经是干不了的了，难道你还嫌不足，还要想穿几年长袍，作几篇白话诗，短篇小说，达到你的全去势的目的么？大学毕业以后就可以有饭吃，你这一种定理，是从哪一本书上翻来的？

像你这样一个白脸长身、一无依靠的文学青年，即使将面包和泪吃，勤勤恳恳地在大学窗下住它五六年，难道你拿毕业文凭的那一天，天上就忽而会下起珍珠白米的雨来么？

现在不要说中国全国，就是在北京的一区里头，你且去站在十字街头，看见穿长袍黑马褂或哔叽旧洋服的人，你且试对他们行一个礼，问他们一个人要一个名片来看看，我恐怕你不上大半，就可以积起一大堆的什么学士、什么博士来；你若再行一个礼，问一问他们的职业，我恐怕他们都要红红脸说："兄弟是在这里找事情的。"他们是什么？他们都是大学毕业生。你能和他们一样的有钱读书么？你能和他们一样的有钱买长袍黑马褂哔叽洋服么？即使你也和他们一样的有了读书买衣服的钱，你能保得住你毕业的时候，事情会来找你么？

大学毕业生坐汽车、吸大烟、一攫千金的人原是有的。然而他们都是为新上台的大老经手减价卖职的人，都是有大刀枪杆在后面援助的人，都是有几个什么长在他们父兄身上的人，再粗一点说，他们至少也都是爬乌龟钻狗洞的人，你要有他们那么的后援，或他们那么的乌龟本领、狗本领，那么你就是大学不毕业，何尝不可以吃饭？

我说了这半天，不过想把你的求学读书、大学毕业的迷梦打破而已。现在为你计，最上的上策，是去找一点事情干干。然而土匪你是当不了的，洋车你也拉不了的，报馆的校对、图书馆的拿书者、家庭教师、看护男、门房、旅馆火车菜馆的伙计，因为没有人可以介绍，你也是当不了的——我当然是没有能力替你介绍——所以最上的上策，于你是不成功的了。其次你就去革命去吧，去制造炸弹去吧！但是革命是不是同割枯草一样，用了你那裁纸的小刀，就可以革得成的呢？炸弹是不是可以用了你头发上的灰垢和半年不换的袜底里的腐泥来调和的呢？这些事，你去问上帝去罢！我也不知道。

比较上可以做得到，并且也不失为中策的，我看还是弄几个旅费，回到湖南你的故土，去找出四五年你不曾见过的老母和你的小妹妹来，第一天相持对哭一天，第二天因为哭了伤心，可以在床上你的草窠里睡去一天，既可以休养，又可以省几粒米下来熬稀粥。第三天以后，你和你的母亲妹妹，若没有衣服穿，不妨三人紧紧地挤在一处，体热互助的结果，同冬天雪夜的群羊一样，倒可以使你的老母不致冻伤，若没有米吃，你在日中天暖一点的时候，不妨把年老的母亲交付给你妹妹的身体烘着，你自己可以上村前村后去掘一点草根树根来煮汤吃。草根树根里也有淀粉，我的祖母未死的时候，常把洪杨乱日，她老人家尝过的这滋味说给我听，我所以知道。现在我既没有余钱，可以赠你，就把这秘方相传，作个我们两位穷汉，在京华尘土里相遇的纪念罢！若说草根树根，也被你们的督军省长师长议员知事掘完，你无论走往何处再也找不出一块一截来的时候，那么你且咽着自家的口水，同唱戏似的把北京的豪富人家的蔬菜，有色有香地说给你的老母亲小妹妹听听，至少在未死前的一刻半刻钟中间，你们三个昏乱的脑子里，总可以大事铺张地享乐一回。

但是我听你说，你的故乡连年兵燹（xiǎn），房屋田产都已毁尽，老母弱妹也不知是生是死，五年来音信不通，并且现在回湖南的火车不开，就是有路费也回去不得，何况没有路费呢？

上策不行，次之中策也不行，现在我为你实在是没有什么法子好想了。不得已我就把两个下策来对你讲罢！

第一，现在听说天桥又在招兵，并且听说取得极宽，上自五十岁的老人起，下至十六七岁的少年止，一律都收，你若应募之后，马上开赴前敌，打死在租界以外的中国地界，虽然不能说是为国效忠，也可以算得是为招你的那个同胞效了命，岂不是比饿死冻死在你那公寓的斗室里，好得多么？况且万一不开往前敌，或虽开往前敌而不打死的时候，只教你能保持你现在的这种纯洁的精神，只教你能有如现在想进大学读书一样的精神来宣传你的理想，难保你所属的一师一旅，不为你所感化。这是下策的第一个。

第二，这才是真正的下策了！你现在不是只愁没有地方住没有地方吃饭而又苦于没有勇气自杀么？你没有能力做土匪，没有能力拉洋车，我今天早晨在你公寓里第一眼看见你的时候，已经晓得。但是有一件事，我想你还是能胜任的，要干的时候一定能干得到的。这是什么事呢？啊啊，我真不愿意说出来——我并不是怕人家对我提起诉讼，说我在嗾（sǒu）使你做贼，啊呀，不愿意说倒说出来了，做贼，做贼，不错，我所说的这件事情就是叫你去偷窃呀！

无论什么人的无论什么东西，只教你偷得着，尽管偷罢！偷到了，不被发觉，那么就可以把这你偷自他，他抢自第三人的，在现在的社会里称为赃物，在将来进步了的社会里，当然是要分归你有的东西，拿到当铺——我虽然不能为你介绍职业，但是像这样的当铺却可以为你介绍几家——去换钱用。万一发觉了呢？也没有什么。第一你坐坐监牢，房钱总可以不付了。第二监狱里的饭，虽然没有今天中午我请你的那家馆子里的那么好，但是饭钱是可以不付的。第三或者什么什么司令，以军法从事，把你枭首示众的时候，那么你的无勇气的自杀，总算是他来代你执行了，也是你的一件快心的事情，因为这样活在世上，实在是没有什么意思。

我写到这里，觉得没有话再可以和你说了，最后我且来告诉你一种实习的方法罢！

你若要实行上举的第二下策，最好是从亲近的熟人方面做起。譬如你那位同乡的亲戚老H家里，你可以先去试一试看。因为他的那些堆积在那里的财富，不过是方法手段不同罢了，实际上也是和你一样的偷来抢来的。再若你慑于他的慈和的笑里的尖刀，不敢去向他先试，那么不妨上我这里来作个破题儿试试。我晚上卧房的门常是不关，进出很便。不过有一个缺点，就是我这里没有什么值钱的物事。但是我有几本旧书，却很可以卖几个钱。你若来时，最好是预先通知我一下，我好多服一剂催眠药，早些睡下，因为近来身体不好，晚上老要失眠，怕与你的行动不便。还有一句话——你若来时，心肠应该要练得硬一点，不要因为是我的书的原因，致使你没有偷成，就放声大哭起来——

一九二四年十一月十三日午前二时

零 余 者

Arm am Beutel, krank am Herzen,
Schleppt ich meine langen Tage,
Armut ist die groesste Plage,
Reichtum ist das hoechste Gut.

不晓在什么时候什么地方看见过的这几句诗，轻轻地在口头念着，我两脚合了微吟的拍子，又慢慢地在一条城外的大道上走了。

袋里无钱，心头多恨，
这样无聊的日子，教我挨到何时始尽，
啊啊，贫苦是最大的灾星，
富裕是最上的幸运。

诗的意思，大约不外乎此，实际上人生的一切，我想也尽于此了。“不过令人愁闷的贫苦，何以与我这样地有缘？使人生快乐的富裕，何以总与我绝对地不来接近？”我眼睛呆呆地注视着前面空处，两脚一步一步踏上前去，一面口中虽在微吟，一面于无意中又在做这些牢骚的想头。

是日斜的午后，残冬的日影，大约不久也将收敛光辉了，城外一带的空气，仿佛要凝结拢来的样子。视野中散在那里的灰色的城墙，冰冻的河道，沙土的空地荒田，和几丛枯曲的疏树，都披了淡薄的斜阳，在那里伴人的孤独。一直前面大约在半里多路前的几个行人，因为他们和我中间距离太远了，在我脑里竟不发生什么影响。我觉得他们的几个肉体，和散在道旁的几家泥屋及左面远立着的教会堂，都是一类的东西；散漫零乱，中间没有半点联络，也没有半点生气，当然更没有一些儿的情感了。

“唉嘿，我也不知在这里干什么？”

微吟倦了，我不知不觉便轻轻地长叹了一声。慢慢地走去，脑里的思想，只往昏黑的方面进行；我的头愈俯愈下了。

——实在我的衰退之期，来得太早了。……像这样一个人在郊外独步的时候，若我的身子忽而能同一堆春雪遇着热汤似的消化得干干净净，岂不很好么？……回想起来，又觉得我过去二十余年的生涯是很长的样子……我什么事没有做过？……儿子也生了，女人也有了，书也念了，考也考过好几次了，哭也哭过，笑也笑过，心里发怒，受人欺辱，种种事情，种种行为，我都经验过了，我还有什么事情没有做过？……等一等，让我再想一想看，究竟有没有什么没有经验过的事了，……自家死还没有死过；啊，还有还有，我高声骂人的事还不曾有过，譬如气得不得了的时候，放大了喉咙，把敌人大骂一场的事。就是复仇复了的时候的快感，我还没有感得过……啊啊！还有还有，监牢还不曾坐过……唉，但是假使这些事，都被我经验过了，也有什么？结果还不是一个空么？……嘿嘿，嗯嗯。——到了这里，我的思想的连续又断了。

袋里无钱，心头多恨，
这样无聊的日子，教我挨到何时始尽。
啊啊，贫苦是最大的灾星，
富裕是最上的幸运。

微微地重新念着前诗，我抬起头来一看，觉得太阳好像往西边又落了一段，倒在右手路上的自己的影子，更长起来了。从后面来的几乘人力车，也慢慢地赶过了我。一边让他们的路，一边我听取了坐车的人和车夫在那里谈话的几句断片。……

一边想一边往西北地走去，不知不觉已走到了京绥铁路的路线上。从此偏东北地再进几步，经过了白房子的地狱，便可顺了通万牲园的大道进西直门去的。苍凉的暮色，从我的灰黄的周围逼近拢来，那倾斜的赤日，也一步一步地低垂下去了。大好的夕阳，留不多时，我自家以为在冥想里沉没得不久，而四边的急景，却告诉我黄昏将至了。在这荒野里的物体的影子，渐渐地散漫起来。不知从何处吹来的微风，也有些急促的样子，带着一种惨伤的寒意。后面踱踱踱踱地又来了一乘空的运货马车，一个披着光面皮里子的车夫，默默地斜坐在前头车板上吃烟，我忽而感觉得天寒岁暮，好像一个人漂泊在俄国乡下。马车去远了，白房子的门外，有几乘黑旧的人力车停在那里。车夫大约坐在踏脚板上休息，所以看不出他们的影子来。我避过了白房子的地狱，从一块高墈上的地里，打算走上通西直门的大道上去。从这高处向四边一望，见了凋丧零乱排列在灰色幕上的野景，更使我感得了一种日暮的悲哀。

——唉唉，人生实在不知究竟是怎么一回事？歌歌哭哭，死死生生，……世界社会，兄弟朋友，妻子父母，还有恋爱，啊呀，恋爱，恋爱，恋爱，……还有金钱，……啊啊 ……

Armut ist die groesste Plage,
Reichtum ist das hoechste Gut.

好诗好诗！

The curfew tolls the knell of parting day,
The lowing herd winds slowly o'er the lea,
The ploughman homeward plods his weary way,
And leaves the world to darkness and to me.

好诗好诗！

And leaves the world to darkness and to me.

我的错杂的思想，又这样地弥散开来了。天空高处，寒风呜呜地响了几下，我俯倒了头，尽往东北地走去，天就快黑了。

远远的城外河边，有几点灯火，看得出来，大约紫蓝的天空里，也有几点疏星放起光来了吧？大道上断续地有几乘空马车来往，车轮的踱踱踱踱的声音，好像是空虚的人生的反响，在灰暗寂寞的空气中散了。我遵了大道，以几点灯火作了目标，将走近西直门的时候，模糊隐约的我的脑里，忽而起了一个霹雳。到这时候止，常在脑里起伏的那些毫无系统的思想，都集中在一个中心点上，成了一个霹雳，显现了出来。

“我是一个真正的零余者！”

这就是霹雳的核心，另外的许多思想，不过是些附属在这霹雳上的枝节而已。这样的忽而发见了思想的中心点，以后我就用了科学的方法推想起来：

——我的确是一个零余者，所以对于社会人世是完全没有用的。A superfluous man！ A useless man！ Superfluous！ Superfluous……证据呢？这是很容易证明的……

这时候，我的两只脚已经在西直门内的大街上运转。四边来往的人类，究竟比城外混杂得多。天也已经昏黑，道旁的几家破店和小摊，都点上灯了。

——第一……我且从远处说起吧……第一，我对于世界是完全没有用的。……我这样生在这里，世界和世界上的人类，也不能受一点益处；反之，我死了，世界社会，也没有一些儿损害，这是千真万真的。……第二，且说中国吧！对于这样混乱的中国，我竟不能制造一个炸弹，杀死一个坏人。中国生我养我，有什么用处呢？……再缩小一点，嗳，再缩小一点，第三，第三且说家庭吧！啊，对于我的家庭，我却是个少不得的人了。在外国念书的时候，已故的祖母听见说我有病，就要哭得两眼红肿。就是半男性的母亲，当我有一次醉死在朋友家里的时候，也急得大哭起来。此外我的女人，我的小孩，当然是少我不得的！哈哈，还好还好，我还是个有用之人。

想到了这里，我的思想上又起了一个冲突。前刻发现的那个思想上的霹雳，几乎可以取消的样子，但迟疑了一会，我终究解决不了这个问题的矛盾性。抬起头来一看，我才知道我的身体已被我搬在一条比较热闹的长街上行动。街路两旁的灯火很多，来往的车辆也不少，人声也很嘈杂，已经是真正的黄昏时候了。

——像这样的时候，若我的女人在北京，大约我总不会到市上来飘荡的罢！在灯火底下，抱了自家的儿子，一边吻吻他的小嘴，一边和来往厨下忙碌的她问答几句，踱来踱去，踱去踱来，多少快乐啊！啊啊，我对于我的女人，还是一个有用之人哩！不错不错，前一个疑问，还没有解决，我究竟还是一个有用之人么？

这时候，我意识里的一切周围的印象，又消失了。我还是伏倒了头，慢慢地在解决我的疑问：

——家庭，家庭，……第三，家庭，……让我看，哦，啊，我对于家庭还是一个完全无用之人！……丝毫没有功利主义的存心，完全沉溺于盲目之爱的我的祖母，已经死了。母亲呢？……啊啊，我读书学术，到了现在，还不能做出一点轰轰烈烈的事业来，就是这几块钱……

我那时候两只手却插在大氅（chǎng）的袋内，想到了这里，两只手自然而然地向袋里散放着的几张钞票捏了一捏。

——啊啊，就是这几块钱，还是昨天从母亲那里寄出来的，我对于母亲有什么用处呢？我对于家庭有什么用处呢？我的女人，我不去娶她，总有人会去娶她的；我的小孩，我不生他，也有人会生他的，我完全是一个无用之人呀，我依旧是一个无用之人呀！

急转直下地想到了这里，我的胸前忽觉得有一块铁板压着似的难过得很。我想放大了喉咙，"啊"地大叫一声，但是把嘴张了好几次，喉头终放不出音来。没有方法，我只能放大了脚步，向前同跑也似的急进了几步。这样的不知走了几分钟，我看见一乘人力车跑上前来兜我的买卖。我不问皂白，跨上了车就坐定了。车夫问我上什么地方去，我用手向前指指，喉咙只是和被热铁封锁住的一样，一句话也讲不出来。人力车向前面跑去，我只见许多灯火人类，和许多不能类列的物体，在我的两旁旋转。

"前进！前进！像这样的前进罢！不要休止，不要停下来！"

我心里一边在这样的希望，一边却在恨车夫跑得太慢。

一九二四年正月十五日

一个人在途上

在东车站的长廊下和女人分开以后，自家又剩了孤零丁的一个。频年漂泊惯的两口儿，这一回的离散，倒也算不得什么特别。可是端午节那天，龙儿刚死，到这时候北京城里虽已起了秋风，但是计算起来，去儿子的死期，究竟还只有一百来天。在车座里，稍稍把意识恢复转来的时候，自家就想起了卢骚晚年的作品《孤独散步者的梦想》的头上的几句话：

> 自家除了己身以外，已经没有弟兄，没有邻人，没有朋友，没有社会了。自家在这世上，像这样的，已经成了一个孤独者了……

然而当年的卢骚还有弃养在孤儿院内的五个儿子，而我自己哩，连一个抚育到五岁的儿子都还抓不住!

离家的远别，本来也只为想养活妻儿。去年在某大学的被逐，是万料不到的事。其后兵乱迭起，交通阻绝，当寒冬的十月，会病倒在沪上，也是谁也料想不到的。今年二月，好容易到得南方，静息了一年之半，谁知这刚养得出趣的龙儿又会遭此凶疾呢?

龙儿的病报，本是在广州得着，匆促北航，到了上海，接连接了几个北京来的电报，换船到天津，已经是旧历的五月初十。到家之夜，一见了门上的白纸条儿，心里已经跳得忙乱，从苍茫的暮色里赶到哥哥家中，见了衰病的她，因为在大众之前，勉强将感情压住，草草吃了夜饭，上床就寝，把电灯一灭，两人只有紧抱地痛哭，痛哭，痛哭，只是痛哭，气也换不过来，更哪里有说一句话的余裕?

受苦的时间，的确脱煞（方言。过于，太甚。——编者注）过去得太悠徐。今年的夏季，只是悲叹的连续。晚上上床，两口儿，哪敢提一句话?可怜这两个迷散的灵心，在电灯灭黑的黝暗里，所摸走的荒路，每凑集在一条线上，这路的交叉点里，只有一块小小的墓碑，墓碑上只有“龙儿之墓”的四个红字。

妻儿因为在浙江老家内不能和母亲同住，不得已而搬往北京当时我在寄食的哥哥家去，是去年的四月中旬，那时候龙儿正长得肥满可爱，一举一动，处处教人欢喜。到了五月初，从某地回京，觉得哥哥家太狭小，就在什刹海的北岸，租定了一间渺小的住宅。夫妻两个，日日和龙儿伴乐，闲时也常在北海的荷花深处，及门前的杨柳阴中带龙儿去走走。这一年的暑假，总算过得快乐，最闲适。

秋风吹叶落的时候，别了龙儿和女人，再上某地大学去为朋友帮忙，当时他们俩还往西车站去送我来哩！这是去年秋晚的事，想起来还同昨日的情形一样。

过了一月，某地的学校里发生事情，又回京了一次，在什刹海小住了两星期，本来打算不再出京了，然碍于朋友的面子，又不得不于一天寒风刺骨的黄昏，上西车站去乘车。这时候因为怕龙儿要哭，自己和女人，吃过晚饭，便只说要往哥哥家里去，只许他送我们到门口。记得那一天晚上，他一个人和老妈子立在门口，等我们俩去了好远，还“爸爸！爸爸！”地叫了好几声。啊啊，这几声的呼唤，是我在这世上听到的他叫我的最后的声音。

出京之后，到某地住了一宵，就匆促逃往上海。接续便染了病，遇了强盗辈的争夺政权，其后赴南方暂住，一直到今年的五月，才返北京。

想起来，龙儿实在是一个填债的儿子，是当乱离困厄的这几年中间，特来安慰我和他娘的愁闷的使者！

自从他在安庆生落以来，我自己没有一天脱离过苦闷，没有一处安住到五个月以上。我的女人，夜夜和我分担着十字架的重负，只是东西南北地奔波漂泊。然当日夜难安，悲苦得不了的时候，只教他的笑脸一开，女人和我，就可以把一切穷愁，丢在脑后。而今年五月初十待我赶到北京的时候，他的尸体，早已在妙光阁的广谊园地下躺着了。

他的病，说是脑膜炎。自从得病之日起，一直到旧历端午节的午时绝命的时候止，中间经过一个多月的光景。平时被我们宠坏了的他，听说在此番病里，却乖顺得非常。叫他吃药，他就大口地吃，叫他用冰枕，他就很柔顺地躺上。病后还能说话的时候，只问他的娘：“爸爸几时回来？”“爸爸在上海为我定做的小皮鞋，已经做好了没有？”我的女人，于惑乱之余，每幽幽地问他：“龙！你晓得你这一场病，会不会死的？”他老是很不愿意地回答说：“哪儿会死的哩？”据女人含泪地告诉我说，他的谈吐，绝不似一个五岁的小儿。

未病之前一个月的时候，有一天午后他在门口玩耍，看见西面来了一乘马车，马车里坐着一个戴灰白色帽子的青年。他远远看见，就急忙丢下了伴侣，跑进屋里叫他娘出来，说：“爸爸回来了，爸爸回来了！”因为我去年离京时所戴的，是一样的一顶白灰呢帽。他娘跟他出来到门前，马车已经过去了，他就死劲地拉住了他娘，哭喊着说：“爸爸怎么不回家来呀？爸爸怎么不回家来呀？”他娘说慰了半天，他还尽是哭着，这也是他娘含泪和我说的。现在回想起来，自己实在不该抛弃了他们，一个人在外面流荡，致使他那小小的灵心，常有望远思亲之痛。

去年六月，搬往什刹海之后，有一次我们在堤上散步，因为他看见了人家的汽车，硬是哭着要坐，被我痛打了一顿。又有一次，也是因为要穿洋服，受了我的毒打。这实在只能怪我做父亲的没有能力，不能做洋服给他穿，雇汽车给他坐。早知他要这样的早死，我就是典当强劫，也应该去弄一点钱来，满足他无邪的欲望，到现在追想起来，实在觉得对他不起，实在是我太无容人之量了。

我女人说，濒死的前五天，他在病院里，叫了几夜的爸爸！她问他：“叫爸爸干什么？”他又不响了，停一会儿，就又再叫起来，到了旧历五月初三日，他已入了昏迷状态，医师替他抽骨髓，他只会直叫一声:“干吗?”喉头的气管,咯咯在抽咽,眼睛只往上吊送,口头流些白沫,然而一口气总不肯断。他娘哭叫几声:“龙!龙!”他的眼角上,就会迸流下眼泪出来,后来他娘看他苦得难过,倒对他说:

“龙!你若是没有命的,就好好地去吧!你是不是想等爸爸回来?就是你爸爸回来,也不过是这样地替你医治罢了。龙!你有什么不了的心愿呢?龙!与其这样地抽咽受苦,你还不如快快地去吧!”

他听了这段话,眼角上的眼泪,更是涌流得厉害。到了旧历端午节的午时,他竟等不着我的回来,终于断气了。

丧葬之后,女人搬往哥哥家里,暂住了几天。我于五月十日晚上,下车赶到什刹海的寓宅,打门打了半天,没有应声,后来抬头一看,才见了一张告示邮差送信的白纸条。

自从龙儿生病以后,连日连夜看护久已倦了的她,又哪里经得起最后的这一个打击?自己当到京之夜,见了她的衰容,见了她的眼泪,又哪里能够不痛哭呢?

在哥哥家里小住了两三天,我因为想追求龙儿生前的遗迹,一定要女人和我仍复搬回什刹海的住宅去住它一两个月。

搬回去那天,一进上屋的门,就见了一张被他玩破的今年正月里的花灯。听说这张花灯,是南城大姨妈送他的,因为他自家烧破了一个窟窿,他还哭过好几次来的。

其次,便是上房里砖上的几堆烧纸钱的痕迹!系当他下殓时烧的。

院子里有一架葡萄,两棵枣树,去年采取葡萄枣子的时候,他站在树下，兜起了大褂，仰头在看树上的我。我摘取一颗，丢入了他的大褂兜里，他的哄笑声，要继续到三五分钟，今年这两棵枣树，结满了青青的枣子，风起的半夜里，老有熟极的枣子辞枝自落。女人和我，睡在床上，有时候且哭且谈，总要到更深人静，方能入睡。在这样的幽幽的谈话中间，最怕听的，就是这滴答的坠枣之声。

到京的第二日，和女人去看他的坟墓。先在一家南纸铺里买了许多冥府的钞票，预备去烧送给他，直到到了妙光阁的广谊园茔地门前，她方从呜咽里清醒过来，说："这是钞票，他一个小孩如何用得呢？"就又回车转来，到琉璃厂去买了些有孔的纸钱。她在坟前哭了一阵，把纸钱钞票烧化的时候，却叫着说：

"龙！这一堆是钞票，你收在那里，待长大了的时候再用，要买什么，你先拿这一堆钱去用罢！"

这一天在他的坟上坐着，我们直到午后七点，太阳平西的时候，才回家来。临走的时候，他娘还哭叫着说：

"龙！龙！你一个人在这里不怕冷静的么？龙！龙！人家若来欺你，你晚上来告诉娘罢！你怎么不想回来了呢？你怎么梦也不来托一个呢？"

箱子里，还有许多散放着的他的小衣服。今年北京的天气，到七月中旬，已经是很冷了。当微凉的早晚，我们俩都想换上几件夹衣，然而因为怕见到他旧时的夹衣袍袜，我们俩却尽是一天一天地挨着，谁也不说出口来，说"要换上件夹衫"。

有一次和女人在那里睡午觉，她骤然从床上坐了起来，鞋也不拖，光着袜子，跑到了上房起坐室里，并且更掀帘跑到外面院子里去。我也莫名其妙跟着她跑到外面的时候，只见她在那里四面找寻什么。找寻不着，呆立了一会，她忽然放声哭了起来，并且抱住了我急急地追问说："你听不听见？你听不听见？"哭完之后，她才告诉我说，在半醒半睡的中间，她听见"娘！娘！"地叫了两声，的确是龙的声音，她很坚定地说："的确是龙回来了。"

北京的朋友亲戚，为安慰我们起见，今年夏天常请我们俩去吃饭听戏，她老不愿意和我同去，因为去年的六月，我们无论上哪里去玩，龙儿是常和我们在一处的。

今年的一个暑假，就是这样的，在悲叹和幻梦的中间消逝了。

这一回南方来催我就道的信，过于匆促，出发之前，我觉得还有一件大事没有做了。

中秋节前新搬了家，为修理房屋，部署杂事，就忙了一个星期。出发之前，又因了种种琐事，不能抽出空来，再上龙儿的坟地里去探望一回。女人上东车站来送我上车的时候，我心里尽是酸一阵痛一阵地在回念这一件恨事。有好几次想和她说出来，教她于两三日后再往妙光阁去探望一趟，但见了她的憔悴尽的颜色，和苦忍住的凄楚，又终于一句话也没有讲成。

现在去北京远了，去龙儿更远了，自家只一个人，只是孤零丁的一个人。在这里继续此生中大约是完不了的漂泊。

一九二六年十月五日在上海旅馆内

送仿吾[①]的行

夜深了，屋外的蛙声、蚯蚓声，及其他的杂虫的鸣声，也可以说是如雨，也可以说是如雷。几日来的日光骤雨，把庭前的树叶，催成作青葱的广幕。从这幕的破处，透过来的一盏两盏的远处大道上的灯光，煞是凄凉，煞是悲寂。你要晓得，这是首夏的后半夜，我们只有两个人，在高楼的回廊上默坐，又兼以一个是飘零在客，一个是门外天涯，明朝晨鸡一唱，仿吾就要过江到汉口去上轮船去的。

天上的星光缭乱，月亮早已下山去了。微风吹动帘衣，幽幽地一响，也大可竖人毛发。夜归的瞎子，在这一个时候，还在街上，拉着胡琴，向东慢慢走去。啊啊，瞎子！你所求的，究竟是什么东西，为

①仿吾：即成仿吾，生于1897年，卒于1984年。教育家、文学家，创造社主要成员之一。

的是什么呀？

瞎子过去了，胡琴声也听不出来了。蛙声蚯蚓声杂虫声，依旧在百音杂奏。我觉得这沉默太压人难受了，就鼓着勇气，叫了一声：

“仿吾！”

这一声叫出之后，自家也觉得自家的声气太大，底下又不敢继续下去。两人又默默地坐了几分钟。

顽固的仿吾，你想他讲出一句话，来打破这静默的妖围，是办不到的。但在这半夜中间，我又讲话讲得太多了，若再讲下去，恐怕又要犯起感伤病来。人到了三十，还长吁短叹，哭己怜人，是没出息的人干的事情；我也想做一个强者，这一回却要硬它一硬，怎么也不愿意再说话。

亭铜，亭铜——前边山脚下女尼庵的钟磬声响了，接着又是比丘尼诵《法华经》的声音，木鱼的声音。

“那是什么？”

仍复是仿吾一流的无文采的问语。

“那是尼姑庵，尼姑念经的声音。”

“倒有趣得很。”

“还有一个小尼姑哩！”

“有趣得很！”

“若在两三年前，怕又要作一篇极浓艳的小说来做个纪念了。”

“为什么不做哩？”

“老了，不行了，感情没有了！”

“不行！不行！要是这样，月刊还能办么？”

“那又是一个问题。”

“看沫若，他才是真正的战斗员！”

“上得场去，当然还可以百步穿杨。”

“不行，这末老先衰的话！”

“还不老么？有了老婆，有了儿子。亲戚朋友，一天一天地少下去。走遍天涯，到头来还是一个无聊赖！”

仿吾兀地不响了，我不觉得讲得太过分了。以年纪而论，仿吾还比我大。可怜的赋性愚直的这仿吾，到如今还是一个童男。去年他哥哥客死在广东。千里长途，搬丧回籍，一直弄到现在，他才能出来。一家老的老，小的小，侄儿侄女，十多个人，责任全负在他的肩上。而现在，我们因为想重把“创造”①兴起，叫他丢去了一切，来干这前途渺茫的创造社出版部的大事业。不怕你是一块石，不怕你是一条鱼，当这样的微温的晚上，在这样的高危的楼上，看看前后左右，想想过去未来，叫他怎么能够坦然无介于怀？怎么能够不黯然落泪呢。

朋友的中间，想起来，实在是我最利己。无论如何的吃苦，无论如何的受气，总之在创造社根基未定之先，是不该一个人独善其身地跑上北方去的。有不得已的事故，或者有可托生命的事业可干的时

①创造：指创造社。创造社是“五四”新文化运动初期成立的文学社团，1921年7月中旬，由留学日本归来的郭沫若、成仿吾、郁达夫、张资平、田汉等人在日本东京成立。1929年2月，创造社为国民党政府封闭。前期的创造社反对封建文化、复古思想，崇尚天才，主张自我表现和个性解放，强调文学应该忠实于自己“内心的要求”，表现出浪漫主义和唯美主义的倾向。郭沫若的诗集《女神》、郁达夫的小说《沉沦》是该社最具影响力的作品，在文学青年中激起强烈共鸣。

候，还不要去管它，实际上盲人瞎马，渡过黄河，渡过扬子江后，所得到的结果，还不过是一个无聊。京华旅食，叩了富儿的门，一双白眼，一列白牙，是我的酬报。现在想起来，若要受一点人家的嘲笑、轻侮、虐待，那么到处都可以找得到，断没有跑几千里路的必要。像田舍诗人彭斯[①]一流的粗骨，理应在乡下草舍里和黄脸婆娘蒋恩谈谈百年以后的空想，作两句乡人乐诵的歌诗，预备一块墓地、两块石碑，好好儿地等待老死才对。爱丁堡有什么？那些老爷太太小姐们，不过想玩玩乡下初出来的猴子而已，她们哪里晓得什么是诗？听说诗人的头盖骨，左边是突起的，她们想看看。听说诗人的心有七个窟窿，她们想数数看。大都会！首善之区！我和乡下的许多盲目的青年一样，受了这几个好听的名字的骗，终于离开了情逾骨肉的朋友，离开了值得拼命的事业，骑驴走马，积了满身尘土，在北方污浊的人海里，游泳了两三年。往日的亲朋星散，创造社成绩空空，只今又天涯沦落，偶尔在屈贾[②]英灵的近地，机缘凑巧，和老友忽漫相逢，在高楼上空谈了半夜雄天，坐席未温，而明朝又早是江陵千里，不得不南浦送行，我为的是什么？我究在这里干什么呢？

我的确有点伤感起来了。栏外的杜鹃，又只是"不如归去，不如归去"地在那里乱叫。

"仿吾，你还不睡么？"

"再坐一会！"

---

①彭斯：苏格兰农民诗人，在英国文学史上占有特殊的地位，复活并丰富了苏格兰民歌。

②屈贾：战国屈原与汉代贾谊的并称。

我不能耐了，就不再说话，一个人进房里去睡了觉。仿吾一个人在回廊上究竟坐到了什么时候才睡？他一个人坐在那深夜黑暗的回廊上，究竟想了些什么？这些事，大约只有他一个人知道。第二天早晨，天还未亮的时候，他站在我的帐外，轻轻地叫我说：

“达夫！你不要起来，我走了。”

一九二五年五月二十三日招商公司的下水船，的确是午前六点钟起锚的。

一九二五年五月在武昌作

灯蛾埋葬之夜

神经衰弱症，大约是因无聊的闲日子过了太多而起的。

对于“生”的厌倦，确是促生这时髦病的一个病根；或者反过来说，如同烧过后的人在嘴里所感味到的一种空淡，对人生的这一种空淡之感，就是神经衰弱的一种征候，也是一样。

总之，入夏以来，这症状似乎一天比一天加重；迁居之后，这病症当然也和我一道地搬了家。

虽然说不上是什么转地疗养，但新搬的这一间小屋，真也有一点田园的野趣。节季是交秋了，往后的这小屋的附近，这文明和蛮荒接界的区间，该是最有声色的时候了。声是秋声，色当然也是秋色。

先让我来说所以要搬到这里来的原委。

不晓得在什么时候，被印上了“该隐的印号”之后，平时进出的社会里绝迹不敢去了。当然社会是有许多层的，但那“印号”的解释，似乎也有许多样。

最重要的解释，第一自然是叛逆，在做官是“一切”的国里，这“印号”的政治解释，本尽可以包括了其他种种。但是也不尽然，最喜欢含糊的人类，有必要的时候，也最喜欢分清。

于是第二个解释来了，似乎是关于“时代”的，曰“落伍”。天南北的两极，只教用得着，也不妨同时并用，这便是现代人的智慧。

来往于两极之间，新旧人同样的可以举用的，是第三个解释，就是所谓“悖德”。

但是向额上摩摸一下，这“该隐的印号”，原也摩摸不出来，更不必说这种种的解释。或者行窃的人自己在心虚，自以为是犯了大罪，因而起这一种叫做被迫的Complex（情结——编者注），也说不定。天下太平，本来是无事的，神经衰弱病者可总免不了自扰。所以断绝交游，抛撇亲串，和地狱底里的精灵一样，不敢现身露迹，只在一阵阴风里独来独往的这种行径，依小德谟克利多斯Robert Burton（罗伯特·伯顿，英国学者、作家——编者注）的分析，或者也许是忧郁病的最正确的症候。

因为背上负着的是这么一个十字架，所以一年之内，只学着行云，只学着流水，搬来搬去地尽在搬动。暮春三月底，偶尔在火车窗里，看见了些浅水平桥、垂杨古树，和几群飞不尽的乌鸦，忽然想起的，是这一个也不是城市、也不是乡村的界线地方。租定这间小屋，将几本丛残的旧籍迁移过来的，怕是在五月的初头。而现在却早又是初秋了。时间的飞逝，实在是快得很，真快得很。

小屋的前后左右，除一条斜穿东西的大道之外，全是些斑驳的空地。一垄一垄的褐色土垄上，种着些秋茄豇豆之类，现在是一棵一棵的棉花也在半吐白蕊的时节了。而最好看的，要推向上包紧，颜色是白里带青，外面有一层毛茸似的白雾，菜茎柄上也时时呈着紫色的一种外国人叫做Lettuce的大叶卷心菜。大约是因为地近上海的缘故吧，纯粹的中国田园，也被外国人的嗜好所侵入了。这一种菜，我来的时候，原是很多的，现在却逐渐逐渐地少了下去。在这些空地中间，如突然想起似的，卑卑立着，散点在那里的，是一间两间的农夫的小屋，形状奇古的几株老柳榆槐，和看了令人不快的许多不落葬的棺材。此外同沟渠似的小河也有，以棺材旧板做成的桥梁也有，忽然一块小方地的中间，种着些颜色鲜艳的草花之类的卖花者的园地也有。简说一句，这里附近的地面，大约可以以江浙平地区中的田园百科大辞典来命名，而在这百科大辞典中，异乎寻常，以一张厚纸，来用淡墨铜版画印成的，要算在我们屋后矗立着的那块本来是由外国人经营的庞大的墓地。

这墓地的历史，我也不大明白，但以从门口起一直排着，直到中心的礼拜堂屋后为止的那两排齐云的洋梧桐树看来，少算算大约也总已有了六十几岁的年纪。

听土著的农人说来，这仿佛是上海开港以来，外国人最先经营的墓地，现在是已经无人来过问了，而在三四十年前头，却也是洋冬至外国清明及礼拜日的沪上洋人的散步之所哩。因为此地离上海，火车不过三四十分钟，来往是极便的。

小屋的租金，每月八元。以这地段说起来，似乎略嫌贵些，但因这样的闲房出租的并不多，而屋前屋后，隙地也有几弓，可以由租户去莳花种菜，所以比较起来，也觉得是在理的价格。尤其是包围在屋的四周的寂静，同在坟墓里似的寂静，是在洋场近处，无论出多少钱也难买到的。

初搬过来的时候，只同久病初愈的患者一样，日日但伸展了四肢，躺在藤椅上，书也懒得读，报也不愿看，除腹中饥饿的时候，稍微吸取一点简单的食物而外，破这平平的一日间的单调的，是向晚去田塍野路上行试的一回漫步。在这将落未落的残阳夕照之中，在那些青枝落叶的野菜畦边，一个人背手走着，枯寂的脑里，有时却会汹涌起许多前后不接的断想来。头上的天色老是青青的，身边的暮色也老是沉沉的。

但在这些前后没有脉络的断想的中间，有时候也忽然大小脑会完全停止工作。呆呆地立在野田里，同一根枯树似的呆呆直立在那里之后，会什么思想，什么感觉都忘掉，身子也不能动了，血液也仿佛是凝住不流似的，全身就如成了“所多玛”[①]城里的盐柱，不消说脑子是完全变作了无波纹无血管的一张扁平的白纸。

漫步回来，有时候也进一点晚餐，有时候简直茶也不喝一口，就爬进床去躺着。室内的设备简陋到了万分，电灯电扇等文明的器具是没有的。月明之夜，睡到夜半醒来的时候，床前的小泥窗口，若洒进

---

①所多玛：约旦河流域最华美的城邑，工艺和商业使这平原上的大城更加富丽。东方的珍异装饰了城中的宫廷。

了月亮的青练的光儿，那这一夜的睡眠，就不能继续下去了。

不单是有月亮的晚上，就是平常的睡眠，也极容易惊醒。眼睛微微地开着，鼾声是没有的，虽则睡在那里，但感觉却又不完全失去，暗室里的一声一响、虫鼠等的脚步声，以及屋外树上的夜鸟鸣声，都一一会闯进耳朵里来。若在日里陷入于这一种假睡的时候，则一边睡着，一边周围的行动事物，都会很明细地触进入意识的中间。若周围保住了绝对的安静，什么声响、什么行动都没有的时候，那在假寐的一刻中，十几年间的事情，就会很明细地、很快地，在一瞬间展开来。至于乱梦，那更是多了，多得连叙也叙述不清。

我自己也知道是染了神经衰弱症了。这原是七八年来到了夏季必发的老病。

于是就更想静养，更想懒散过去。

今年的夏季，实在并没有什么大热的天气，尤其是在我这一个离群的野寓里。

有一天晚上，天气特别的闷，晚餐后上床去躺了一忽，终觉得睡不着，就又起来，打开了窗户，和她两人坐在天井里候凉。

两人本来是没有什么话好谈，所以只是昂着头在看天上的飞云，和云堆里时时露现出来的一颗两颗的星宿。

一边慢摇着蒲扇，一边这样地默坐在那里，不晓得坐了多久了，室内桌上的一支洋烛，忽而灭了它的芯光。

而人既不愿意动弹，也不愿意看见什么，所以灯光的有无，也毫没有关系，仍旧是默默地坐在黑暗里摇动扇子。

又坐了好久好久，天末似起了凉风，窗帘也动了，天上的云层，飞舞得特别的快。

打算去睡了，就问了一声：

“现在不晓得是什么时候了?”

她立了起来，慢慢走进了室内，走入里边房里去拿火柴去了。

停了一会，我在黑暗里看见了一丝火光和映在这火光周围的一团黑影，及黑影底下的半面她的苍白的脸。

第一支火柴灭了，第二支也灭了，直到第三支才点旺了洋烛。

洋烛点旺之后，她急急地走了出来，手里却拿着了那个大表，轻轻地说：

“不晓是什么时候了，表上还只有六点多钟呢!”

接过表来，拿近耳边去一听，什么声响也没有。我连这表是在几日前头开过的记忆也想不起来了。

“表停了!”

轻轻地回答了一声，我也消失了睡意，想再在凉风里坐它一刻。但她却又继续着说：

“灯盘上有一只很美的灯蛾死在那里。”

跑进去一看，果然有一只身子淡红，翅翼绿色，比蝴蝶小一点，但全身却肥硕得很的灯蛾横躺在那里。右翅上有一处焦影，触须是烧断了。默看了一分钟，用手指轻轻拨了它几拨，我双目仍旧盯视住这扑灯蛾的美丽的尸身，嘴里却不能自禁地说：

“可怜得很！我们把它去向天井里埋葬了吧!”

点了灯笼，用银针向黑泥松处掘了一个圆穴，把这美丽的尸身埋葬完时，天风加紧了起来，似乎要下大雨的样子。

拴上门户，上床躺下之后，一阵风来，接着如乱石似的雨点，便打上了屋檐。

一面听着雨声，一面我自语似的对她说：

“霞！明天是该凉快了，我想到上海去看病去。”

一九二八年八月

记耀春之殇

只教是一个动物，既然生了下来，不过迟早几年或几十年，死总免不了的。中国人的俗语，很彻底地在说，先注死后注生。英文中的一个不能免于死亡的形容词，大家在当作“人”字解，叫Mortal。

这一种谛观，这一种死的哲学的解释，当然谁也明白，我也晓得；但是对于死之伤痛，尤其是对于一个与己身有关的肉亲的死之伤痛，可终也不能学做太上的忘情。从前的圣贤，为悼爱子之丧，尚且哭至失明，我生原不肖，我又哪得不哭？

幼子耀春，生下来刚只两整年；是我们逃出上海，迁住杭州之后的那一年旧历五月十八日生的。搬家的时候，霞就有点害怕，怕于忙乱之中，要先期早产。用了种种的苦心，费了种种的周折，总算把家搬定了，胎也安下了，我们在灯下闲谈，就说及这一个未来的生命的命名。长子飞，次子云，是从岳家军里抄来的名字；同时《三国志》里，也有飞、云的两位健将。那时候我们只希望有一位乖巧的女孩儿来娱老境，所以我首先就提议，生下来若是女孩，当叫她作银瓶，藉以凑成大小眼将军一门忠孝节义的全套。而霞又说：“若是男孩呢，可以叫他作亮；有了猛将，自然也少不得谋臣，历史上的智谋奇略之士，我只佩服那位鞠躬尽瘁、死而后已的诸葛武侯。”

他的生日，是一般民间所崇奉的元帅菩萨的生日。元帅菩萨的前身，当然是唐时的张睢阳巡①。现在桐庐的桐君山上，还有一尊张睢阳的塑像塑在那里，百姓祀之唯谨，说这一位菩萨，有绝大的灵感。生下来之后，我也曾想到了那个“巡”字，但后来却终于被霞说服了，就叫他作亮；小名的耀春，系由阳春、殿春二位哥哥的名字而来的称谓；既名曰亮，自然有光，故而称耀，写作曜字，亦自可通。

他的先天是很足的。生下来时的肥硕，虽没有过过磅，可是据助产妇说来，在杭州城里，产儿的身体，肥得这样的，却很少见。三朝之后，就为雇乳母的事，闹成了满城的风雨。原因是为了他的食量之大，应雇而来的将近百数个的乳母，每人都不够他的一天之食。好容易上诸暨去找了一个人来，奶总算够吃；但吃满周岁，她的奶也终于干涸，结果就促生了他去年夏季的奶疳之病。

去年天热，我和霞和飞，都去青岛住了月余；后来由青岛而之北

①张睢阳巡：张巡，唐朝著名将领。在安史之乱中，张巡移守睢阳（今河南商丘），与太守许远共同作战，在内无粮草、外无援兵的情况下，城破被俘，英勇就义。他以几千兵力，苦守雍丘、睢阳两座孤城近两年，显示了杰出的军事才能。唐追赠张巡为扬州大都督，死后追封为“通真三太子”。

平，由北平而去北戴河，一住再住，有两个多月不在家里。后来航空信来了，电报来了，都说耀春的病重，催我们马上回家，我们在赶回来的路上，一夕数惊，每从睡梦里骇醒过来，以为这一个末子终于无更生之望了，但后经同学钱潮医生的几次诊治，他的疳病竟霍然若失，到了秋天，又恢复了平时肥白的状态。

经过了这一次的大病，大家总以为他是该有命的，以后总是很好养了；殊不知今年春天，又出了慢性中耳炎的恶疾，这一回又因伤风而成肺炎，最后才变成了结核性脑膜炎的绝症。卧病不上半月，竟在五月二十日（阴历四月十八，去年有闰月，距他生日，刚满廿四个月）的晚上去世了。

他的这一回的生病，异常的乖，不哭不闹，终日只是昏昏地睡着。经钱医生验了血液，抽了脊髓以后，决定了他的万无生望，我们才借了一辆车，送他回了富阳的原籍。

墓碑葬具以及坟地等预备好之后，将他移入到东门外的一家寺院中去的早晨，他的久已干枯的眼角上才开始滴了几滴眼泪。这是从他害病之日起，第一次见到的眼泪。他人虽则小，灵性想来是也有的。人之将死，总有一番痛苦与哀愁，可怜他说话都还不曾学会，而这死的痛苦、死的哀愁，却同大人一样地深深尝透了；“彼凡人之相亲，小离别而怀恋，况中殇之爱子，乃千秋而不见！”我的衷情，当然也比他自己临死时的伤痛不会得略有减处。

十年前龙儿死在北平，我没有见到他的尸身，也没有见到他的棺殓，百日之后，离开北平，还觉得泪流不止。现在他的坟土未干，我的陪病失眠的疲倦未复，每日闲坐在书斋看看中天的白日，惘惘然似乎只觉着缺少了一件东西；再切实一点地说来，似乎自己的一个头，一个中藏着脑髓，司思想运动的头颅不见了。

十年之中，两丧继体，床帷依旧，痛感人亡；一想到他的明眸丰颊，玉色和声，当然是不能学东门吴子之无忧。情之所钟，正在我辈，一到深宵人静，仰视列星，我只有一双终夜长开的眼睛而已；潘岳思子之诗，庾信伤心之赋，我作也作不出，就是作了也觉得是无益的。

一九三五年五月廿二日

志摩在回忆里

新诗传宇宙，竟尔乘风归去，同学同庚，老友如君先宿草。

华表托精灵，何当化鹤重来，一生一死，深闺有妇赋招魂。

这是我托杭州陈紫荷先生代作代写的一副挽志摩的挽联。陈先生当时问我和志摩的关系，我只说他是我自小的同学，又是同年，此外便是他这一回的很适合他身份的死。

作挽联我是不会作的，尤其是文言的对句。而陈先生也想了许多成句，如“高处不胜寒”“犹是深闺梦里人”之类，但似乎都寻不出适当的上下对，所以只成了上举的一联。这挽联的好坏如何，我也不晓得，不过我觉得文句作得太好，对仗对得太工，是不大适合于哀挽的本意的。悲哀的最大表示，是自然的目瞪口呆、僵若木鸡的那一种样子，这我在小曼夫人当初次接到志摩的凶耗的时候曾经亲眼见到过。其次是抚棺的一哭，这我在万国殡仪馆中，当日来吊的许多志摩的亲友之间曾经看到过。至于哀挽诗词的工与不工，那却是次而又次的问题了。我不想说志摩是如何如何的伟大，我不想说他是如何如何的可爱，我也不想说我因他之死而感到怎么怎么的悲哀，我只想把在记忆里的志摩来重描一遍，因而再可以想见一次他那副凡见过他一面的人谁都不容易忘去的面貌与音容。

大约是在宣统二年（一九一〇）的春季，我离开故乡的小市，去转入当时的杭府中学读书，——上一期似乎是在嘉兴府中读的，终因路远之故而转入了杭府——那时候府中的监督，记得是邵伯炯先生，寄宿舍是大方伯的图书馆对面。

当时的我，是初出茅庐的一个十四岁未满的乡下少年，突然间闯入了省府的中心，周围万事看起来都觉得新异怕人。所以在宿舍里，在课堂上，我只是诚惶诚恐、战战兢兢，同蜗牛似的蜷伏着，连头都不敢伸一伸出壳来。但是同我的这一种畏缩态度正相反的，在同一级同一宿舍里，却有两位奇人在跳跃活动。

一个是身体生得很小，而脸面却是很长，头也生得特别大的小孩子。我当时自己当然总也还是一个小孩子，然而看见了他，心里却老是在想“这顽皮小孩，样子真生得奇怪”，仿佛我自己已经是一个大孩似的。还有一个日夜和他在一块，最爱做种种淘气的把戏，为同学中间的爱戴集中点的，是一个身材长得相当的高大，面上也已经满示着成年的男子的表情，由我那时候的心里猜来，仿佛是年纪总该在三十岁以上的大人——其实呢，他也不过和我们上下年纪而已。

他们俩，无论在课堂上或在宿舍里，总在交头接耳地密谈着、高笑着，跳来跳去，和这个那个闹闹，结果却终于会出其不意地做出一件很轻快很可笑很奇特的事情来吸引大家的注意的。

而尤其使我惊异的，是那个头大尾巴小、戴着金边近视眼镜的顽皮小孩，平时那样的不用功，那样的爱看小说——他平时拿在手里的总是一卷有光纸上印着石印细字的小本子——而考起来或作起文来却总是分数得的最多的一个。

像这样的和他们同住了半年宿舍，除了有一次两次也上了他们一点小当之外，我和他们终究没有发生什么密切一点的关系；后来似乎我的宿舍也换了，除了在课堂上相聚在一块之外，见面的机会更加少了。年假之后第二年的春天，我不晓得为了什么，突然离去了府中，改入了一个现在似乎也还没有关门的教会学校。从此之后，一别十余年，我和这两位奇人—— 一个小孩、一个大人——终于没有遇到的机会。虽则在异乡漂泊的途中，也时常想起当日的旧事，但是终因为周围环境的迁移激变，对这微风似的少年时候的回忆，也没有多大的留恋。

民国十三四年—— 一九二三和一九二四年之交，我混迹在北京的软红尘里；有一天风定日斜的午后，我忽而在石虎胡同的松坡图书馆里遇见了志摩。仔细一看，他的头、他的脸，还是同中学时候一样发育得分外的大，而那矮小的身材却不同了，非常之长大了，和他并立起来，简直要比我高一二寸的样子。

他的那种轻快磊落的态度，还是和孩时一样，不过因为历尽了欧美的游程之故，无形中已经锻炼成了一个长于社交的人了。笑起来的时候，可还是同十几年前的那个顽皮小孩一色无二。

从这年后，和他就时时往来，差不多每礼拜要见好几次面。他的善于座谈、敏于交际、长于吟诗的种种美德，自然而然地使他成了一个社交的中心。当时的文人学者、达官丽姝，以及中学时候的倒霉同学，不论长幼、不分贵贱，都在他的客座上可以看得到。不管你是如何心神不快的时候，只教经他用了他那种浊中带清的洪亮的声音，“喂，老×，今天怎么样？什么什么怎么样了？”的一问，你就自然会把一切的心事丢开，被他的那种快乐的光耀同化了过去。

正在这前后，和他一次谈起了中学时候的事情，他却突然地呆了一呆，张大了眼睛惊问我说：

“老李你还记得起记不起？他是死了哩！”

这所谓老李者，就是我在头上写过的那位顽皮大人，和他一道进中学的他的表哥哥。

其后他又去欧洲、去印度，交游之广，从中国的社交中心扩大而成为国际的。于是美丽宏博的诗句和清新绝俗的散文，也一年年地积多了起来。一九二七年的革命之后，北京变成了北平，当时的许多中间阶级者就四散成了秋后的落叶。有些飞上了天去，成了要人，再也没有见到的机会了；有些也竟安然地在牖（yǒu）下到了黄泉；更有些，不死不生，仍复在歧路上徘徊着、苦闷着，而终于寻不到出路。是在这一种状态之下，有一天在上海的街头，我又忽而遇见志摩，“喂，这几年来你躲在什么地方？”

兜头的一喝，听起来仍旧是他那一种洪亮快活的声气。在路上略谈了片刻，一同到了他的寓里坐了一会，他就拉我一道到了大赉（lài）公司的轮船码头。因为午前他刚接到了无线电报，诗人泰戈尔回印度的船系定在午后五时左右靠岸，他是要上船去看看这老诗人的病状的。

当船还没有靠岸，岸上的人和船上的人还不能够交谈的时候，他在码头上的寒风里立着——这时候似乎已经是秋季了——静静地呆呆地对我说：

“诗人老去，又遭了新时代的摈斥，他老人家的悲哀，正是孔子的悲哀。”

因为泰戈尔这一回是新从美国日本去讲演回来，在日本在美国都受了一部分新人的排斥，所以心里是不十分快活的；并且又因年老之故，在路上更染了一场重病。志摩对我说这几句话的时候，双眼呆看着远处，脸色变得青灰，声音也特别的低。我和志摩来往了这许多年，在他脸上看出悲哀的表情来的事情，这实在是最初也便是最后的一次。

从这一回之后，两人又同在北京的时候一样，时时来往了。可是一则因为我的疏懒无聊，二则因为他跑来跑去地教书忙，这一两年间，和他聚谈的时候也并不多。今年的暑假后，他于去北平之先曾大宴了三日客。头一天喝酒的时候，我和董任坚先生都在那里。董先生也是当时杭府中学的旧同学之一，席间我们也曾谈到了当时的杭州。在他遇难之前，从北平飞回来的第二天晚上，我也偶然地，真真是偶然地，闯到了他的寓里。

那一天晚上，因为有许多朋友会聚在那里的缘故，谈谈说说，竟说到了十二点过。临走的时候，还约好了第二天晚上的后会才兹分散。但第二天我没有去，于是就永久失去了见他的机会了，因为他的灵柩到上海的时候是已经殓好了来的。

文人之中，有两种人最可以羡慕。一种是像高尔基一样，活到了六七十岁，而能写许多有声有色的回忆文的老寿星；其他的一种是如叶赛宁一样的光芒还没有吐尽的天才夭折者。前者可以写许多文学史上所不载的文坛起伏的经历，他个人就是一部纵的文学史；后者则可以要求每个同时代的文人都写一篇吊他哀他或评他骂他的文字，而成一部横的放大的文苑传。

现在志摩是死了，但是他的诗文是不死的，他的音容状貌可也是不死的，除非要等到认识他的人老老少少一个个都死完的时候为止。

一九三一年十二月十一日

附记：上面的一篇回忆写完之后，我想想，想想，又在陈先生代作的挽联里加入了一点事实，缀成了下面的四十二字：

三卷新诗，廿年旧友，与君同是天涯，只为佳人难再得。

一声河满，九点齐烟，化鹤重归华表，应愁高处不胜寒。

一九三一年十二月十九日

怀鲁迅

真是晴天的霹雳，在南台的宴会席上，忽而听到了鲁迅的死！

发出了几通电报，荟萃了一夜行李，第二天我就匆匆跳上了开往上海的轮船。

二十二日上午十时船靠了岸，到家洗一个澡，吞了两口饭，跑到胶州路万国殡仪馆去，遇见的只是真诚的脸，热烈的脸，悲愤的脸，和千千万万将要破裂似的青年男女的心肺与紧捏的拳头。

这不是寻常的丧葬，这也不是沉郁的悲哀，这正像是大地震要来，或黎时将到时充塞在天地之间的一瞬间的寂静。

生死、肉体、灵魂、眼泪、悲叹，这些问题与感觉，在此地似乎太渺小了，在鲁迅的死的彼岸，还照耀着一道更伟大、更猛烈的寂光。

没有伟大的人物出现的民族，是世界上最可怜的生物之群；有了伟大的人物，而不知拥护、爱戴、崇仰的国家，是没有希望的奴隶之邦。因鲁迅的一死，使人们自觉出了民族的尚可以有为，也因鲁迅之一死，使人家看出了中国还是奴隶性很浓厚的半绝望的国家。

鲁迅的灵柩，在夜阴里被埋入浅土中去了；西天角却出现了一片微红的新月。

一九三六年十月二十四日在上海

扬州旧梦寄语堂

语堂兄：

乱掷黄金买阿娇，穷来吴市再吹箫。

箫声远渡江淮去，吹到扬州廿四桥。

这是我在六七年前——记得是一九二八年的秋天，写那篇《感伤的行旅》时瞎唱出来的歪诗；那时候的计划，本想从上海出发，先在苏州下车，然后去无锡，游太湖，过常州，达镇江，渡瓜步，再上扬州去的。但一则因为苏州在戒严，再则因在太湖边上受了一点虚惊，故而中途变计，当离无锡的那一天晚上，就直到了扬州城里。旅途不带诗韵，所以这一首打油诗的韵脚，是姜白石的那一首“小红唱曲我吹箫”的老调，系凭着了车窗，看看斜阳衰草、残柳芦苇，哼出来的莫名其妙的山歌。

我去扬州，这时候还是第一次；梦想着扬州的两字，在声调上，在历史的意义上，真是如何地艳丽，如何地够使人魂销而魄荡！

竹西歌吹，应是玉树后庭花的遗音；萤苑迷楼，当更是临春结绮等沉檀香阁的进一步的建筑。此外的锦帆十里、殿脚三千，后土祠琼花万朵，玉钩斜青冢双行，计算起来，扬州的古迹、名区，以及山水佳丽的地方，总要有三年零六个月才逛得遍。唐宋文人的倾倒于扬州，想来一定是有一种特别见解的；小杜的“青山隐隐水迢迢”，与“十年一觉扬州梦”，还不过是略带感伤的诗句而已，至如“君王忍把平陈业，只换雷塘数亩田”“人生只合扬州死，禅智山光好墓田”，那简直是说扬州可以使你的国亡，可以使你的身死，而也决无后悔的样子了，这还了得！

在我梦想中的扬州，实在太有诗意，太富于六朝的金粉气了，所以那一次从无锡上车之后，就是到了我所最爱的北固山下，亦没有心思停留半刻，便匆匆地渡过了江去。

长江北岸，是有一条公共汽车路筑在那里的；一落渡船，就可以向北直驶，直达到扬州南门的福运门边。再过一条城河，便进扬州城了，就是一千四五百年以来，为我们历代的诗人骚客所赞叹不置的扬州城，也就是你家黛玉的爸爸，在此撇下了孤儿升天成佛去的扬州城！

但我在到扬州的一路上，所见的风景，都平坦肃杀，没有一点令人可以留恋的地方，因而想起了晁无咎的《赴广陵道中》的诗句：

醉卧符离太守亭，别都弦管记曾称，
淮山杨柳春千里，尚有多情忆小胜（小胜，劝酒女鬟也）。

急鼓冬冬下泗州，却瞻金塔在中流，
帆开朝日初生处，船转春山欲尽头。

杨柳青青欲哺乌，一春风雨暗隋渠，
落帆未觉扬州远，已喜淮阴见白鱼。

才晓得他是自安徽北部下泗州，经符离（现在的宿县）由水道而去的，所以得见到许多景致，至少至少，也可以看到两岸的垂杨和江中的浮屠鱼类。而我去的一路呢，却只见了些道路树的洋槐，和秋收已过的沙田万顷，别的风趣，简直没有。连绿杨城廓是扬州的本地风光，就是自隋朝以来的堤柳，也看见得很少。

到了福运门外，一见了那一座新修的城楼，以及写在那洋灰壁上的三个福运门的红字，更觉得兴趣索然了；在这一种城门之内的亭台园囿，或楚馆秦楼，哪里会有诗意呢？

进了城去，果然只见到了些狭窄的街道，和低矮的市廛（chán）。在一家新开的绿杨大旅社里住定之后，我的扬州好梦，已经醒了一半了。入睡之前，我原也去逛了一下街市，但是灯烛辉煌、歌喉宛转的太平景象，竟一点儿也没有。“扬州的好处，或者是在风景，明天去逛瘦西湖、平山堂，大约总特别地会使我满足，今天且好好儿地睡它一晚，先养养我的脚力罢！”这是我自己替自己解闷的想头，一半也是真心诚意，想驱逐驱逐邪念的一道符咒。

第二天一早起来，先坐了黄包车出天宁门去游平山堂。天宁门外的天宁寺，天宁寺后的重宁寺，建筑的确伟大，庙貌也十分的壮丽；可是不知为了什么，寺里不见一个和尚。极好的黄松材料，都断的断，拆的拆了，像许久不经修理的样子。时间正是暮秋，那一天的天气又是阴天，我身到了这大伽蓝里，四面不见人影，仰头向御碑佛像以及屋顶一看，满身出了一身冷汗，毛发都倒竖起来了，这一种阴戚戚的冷气，叫我用什么文字来形容呢？

回想起二百年前，高宗南幸，自天宁门至蜀冈，七八里路，尽用白石铺成，上面雕栏曲槛，有一道像颐和园昆明湖上似的长廊甬道，直达至平山堂下，黄旗紫盖、翠辇金轮、妃嫔成队、侍从如云的盛况，和现在的这一条黄沙曲路，只见衰草牛羊的萧条野景来一比，实在是差得太远了。当然颓井废垣，也有一种令人发思古之幽情的美感，所以鲍明远会作出那篇《芜城赋》来。但我去的时候的扬州北郭，实在太荒凉了，荒凉得连感慨都教人抒发不出。

到了平山堂东面的功得山观音寺里，吃了一碗清茶，和寺僧谈起这些景象，才晓得这几年来，兵去则匪至，匪去则兵来，住的都是城外的寺院。寺的坍败，原是应该，和尚的逃散，也是不得已的。就是蜀冈的一带，三峰十余个名刹，现在有人住的，只剩了这一个观音寺了，连正中峰有平山堂在的法净寺里，此刻也没有了住持的人。

平山堂一带的建筑、点缀、园囿，都还留着有一个旧日的轮廓。像平远楼的三层高阁，依然还在，可是门窗却没有了；西园的池水以及第五泉的泉路，都还看得出来，但水却干涸了；从前的树木、花草、假山、叠石，并其他的精舍亭园，现在只剩了许多痕迹，有的简直连遗址都无寻处。

我在平山堂上，瞻仰了一番欧阳公的石刻像后，只能屁也不放一个，悄悄地又回到了城里。午后想坐船了，去逛的是瘦西湖小金山五亭桥的一角。

在这一角清淡的小天地里，我却看到了扬州的好处。因为地近城区，所以荒废也并不十分厉害；小金山这里的临水之处，并且还有一位军阀的别墅（徐园）建筑在那里，结构尚新，大约总还是近年来的新筑。从这一块地方，看向五亭桥法海塔去的一面风景，真是典丽斎皇，完全像北平中南海的气象。至于近旁的寺院之类，却又因为年久失修，谈不上了。

瘦西湖的好处，全在水树的交映，与游程的曲折；秋柳影下，有红蓼青萍，散浮在水面，扁舟擦过，还听得见水草的鸣声，似在暗泣。而几个弯儿一绕，水面阔了，猛然间闯入眼来的，就是那一座有五个整齐金碧的亭子排立着的白石平桥，比金鳌玉蛛，虽则短些，可是东方建筑的古典趣味，却完全荟萃在这一座桥，这五个亭上。

还有船娘的姿势，也很优美；用以撑船的，是一根竹竿，使劲一撑，竹竿一弯，同时身体靠上去着力，臀部腰部的曲线，和竹竿的线条，配合得异常匀称，异常复杂。若当暮雨潇潇的春日，雇一个容颜姣好的船娘，携酒与茶，来瘦西湖上回游半日，倒也是一种赏心的乐事。

船回到了天宁门外的码头，我对那位船娘，却也有点儿依依难舍的神情，所以就出了一个题目，要她在岸上再陪我一程。我问她：“这近边还有好玩的地方没有？”她说：“还有天宁寺、平山堂。”我说："都已经去过了。"她说："还有史公祠。"于是就由她带路，抄过了天宁门，向东地走到了梅花岭下。瓦屋数间，荒坟一座，有的人还说坟里面葬着的只是史阁部的衣冠，看也原没有什么好看；但是一部《廿四史》掉尾的这一位大忠臣的战绩，是读过明史的人，无不为之泪下的；况且经过《桃花扇》作者的一描，更觉得史公的忠肝义胆，活跃在纸上了；我在祠墓的中间立着想着；穿来穿去地走着；竟耽搁了那一位船娘不少的时间。本来是阴沉短促的晚秋天，到此竟垂垂欲暮了，更向东踏上了梅花岭的斜坡，我的唱山歌的老病又发作了，就顺口唱出了这么的二十八字：

三百年来土一丘，史公遗爱满扬州；
二分明月千行泪，并作梅花岭下秋。

写到这里，本来是可以搁笔了，以一诗起，更以一诗终，岂不很合鸳鸯蝴蝶的体裁么，但我还想加上一个总结，以醒醒你的骑鹤上扬州的迷梦。

总之，自大业初开邗沟入江渠以来，这扬州一郡，就成了中国南北交通的要道；自唐历宋，直到清朝，商业集中于此，冠盖也云屯在这里。既有了有产及有势的阶级，则依附这阶级而生存的奴隶阶级，自然也不得不产生。贫民的儿女，就被他们强迫做婢妾，于是乎就有了杜牧之的青楼薄幸之名，所谓"春风十里扬州路"者，盖指此。有了有钱的老爷，和美貌的名娼，则饮食起居（园亭）、衣饰犬马、名歌艳曲、才士雅人（帮闲食客），自然不得不随之而俱兴，所以要腰缠十万贯，才能逛扬州者，以此。但是铁路开后，扬州就一落千丈，萧条到了极点。从前的运使、河督之类，现在也已经驻上了别处；殷实商户，巨富乡绅，自然也分迁到了上海或天津等洋大人的保护之区，故而目下的扬州只剩了一个历史上的剥制的虚壳，内容便什么也没有了。

扬州之美，美在各种的名字，如绿杨村、廿四桥、杏花村舍、邗上农桑、尺五楼、一粟庵等；可是你若辛辛苦苦，寻到了这些最风雅也没有的名称的地方，也许只有一条断石，或半间泥房，或者简直连一条断石、半间泥房都没有的。张陶庵有一册书，叫做《西湖梦寻》，是说往日的西湖如何可爱，现在却不对了，可是你若到扬州去寻梦，那恐怕要比现在的西湖还更不如。

你既不敢游杭，我劝你也不必游扬，还是在上海梦里想象想象欧阳公的平山堂，王阮亭的红桥，《桃花扇》里的史阁部，《红楼梦》里的林如海，以及盐商的别墅，乡宦的妖姬，倒来得好些。枕上的卢生，若长不醒，岂非快事。一遇现实，哪里还有Dichtung（诗歌、诗集——编者注）呢！

一九三五年五月

语堂附记：吾脚腿甚坏，却时时想训练一下。虎丘之梦既破，扬州之梦未醒，故一年来即有约友同游扬州之想。日前约大杰、达夫同去，忽来此一长函，知是去不成了。不知是未凑足稿费，还是映霞不许。然我仍是要去，不管此去得何罪名，在我总是书上太常看见的地名，必想到一到。怎样是邗江，怎样是瓜州，怎样是廿四桥，怎样是五亭桥，以后读书时心中才有个大略山川形势。即使平山堂已是一楹一牖，也必见识见识。

北国的微音

北国的寒宵，实在是沉闷得很，尤其是像我这样的不眠症者，更觉得春夜之长。似水的流年，过去真快，自从海船上别后，匆匆又换了年头。以岁月计算，虽则不过隔了五个足月，然而回想起来，我同你们在上海的历史，好像是隔世的生涯，去今已有几百年的样子。河畔冰开，江南草长，虫鱼鸟兽，各有阳春发动之心，而自称为动物中之灵长、自信为人类中的有思想者的我，依旧是奄奄待毙，没有方法消度今天，更没有雄心欢迎来日。几日前头，有一位日本的新闻记者，来访我的贫居。他问我："为什么要消沉到这个地步？"我问他："你何以不消沉，要从东城跑许多路特来访我？"他说："是为了职务。"我又问他："你的职务，是对谁的？"他说："我的职务，是对国家，对社会的。"我说："那么你就应该知道我的消沉也是对国家，对社会的。现在世上的国家是什么？社会是什么？尤其是我们中国?”他的来访的目的，本来是为问我对于日本对华文化事业的意见如何，中国将来的教育方针如何的，——他之所以来访者，一则因为我在某校里教书，二则因为我在日本住过十多年，或者对于某种事项，略有心得的缘故——后来听了我这一段诡辩，他也把职务丢开，谈了许多无关紧要的闲话走了。他走之后，我一个人衔了纸烟想想，觉得人类社会，毕竟是庸人自扰。像我这样的生性，在我这样的境遇下的闲人，更有什么可想，什么可做呢?写到这里我又想起T君批评我的话来了，他说：“某书的作者，嘲世骂俗，却落得一个牢骚派的美名。”实在我想T君的话，一点儿也不错。人若把我们的那些浅薄无聊的“徒然草”，合在一处，加上一个牢骚派的名目，思欲抹杀而厌鄙之，倒反便宜了我们。因为我们的那些东西，本来是同身上的积垢、口中的吐气一样，不期然而然地发生表现出来的，哪里配称牢骚，更哪里配称作“派”呢?我读到《歧路》[①]，沫若，觉得你对于自家的艺术的虚视——这虚视两字，我也不知道妥当不妥当！或者用怀疑两字比较确切吧——也和我一样。不错不错，我这封信，是从友人宴会席上回来，读了《歧路》之后，拿起笔来写的。我写这一封信的动机，原是想和你们谈谈我对于《歧路》的感想的呀！

沫若！我觉得人生一切都是虚幻，真真实在的，只有你说的“凄切的孤单”，倒是我们人类从生到死觉得到的唯一的一道实味。就是京沪报章上，为了金钱或者想建筑自家的名誉的缘故，在那里含了敌意，做文章攻击你的人，我仔细替他们一想，觉得他们也在感着这凄切的孤独。唯其感到孤独，所以他们只好作些文章来卖一点金钱，或

①《歧路》：短篇小说，是郭沫若“漂流三部曲”中的第一部。

者竟牺牲了你来博一点小小的名誉，毕竟他们还是人，还是我们的同类，这“孤单”的感觉，终究是逃不了的，所以他们的文章里最含恶意，攻击你最甚的处所，便是他们的孤独感表现得最切的地方。名利的争夺，欲牺牲他人而建立自己的恶心，——简单点说，就说生存竞争吧——依我看来，都是由这“孤单”的感觉催发出来的。人生的实际，既不外乎这“孤单”的感觉，那么表现人生的艺术，当然也不外乎此，因此我近来对于艺术的意见和评价，都和从前不同了。我觉得艺术并没有十分可以推崇的地方，她和人生的一切，也没有什么特异有区别的地方。努力于艺术，献身于艺术，也不需有特别的表现。牢牢捉住了这“孤单”的感觉，细细地玩味，写成诗歌小说也好，制成音乐美术品也好，或者竟不写在纸上，不画在布上壁上，不雕在白石上，不奏在乐器上，什么也不表现出来，只教能够细细地玩味这“孤单”的感觉，便是绝好最美的“创造”。

仿吾！这一段无聊的废话，你看对不对？我在写这封信之先，刚从一位朋友处的宴会回来，席上遇见了许多在日本和你同科的自然科学家。他们都已经成了富者，现在是资本家了。我夹在这些衣狐裘者的老同学中间，当然觉得十分的孤独，然而看看他们挟了皮箧、奔走不宁的行动，好像他们也有些在觉得人生的孤寂的样子。我前边不是说过了么？唯其感到孤寂，所以要席不遑暖地去追求名利。然而究竟我不是他们，所以我这主观的推测，也许是错了的。

我现在因为抱有这一种感想，所以什么东西也写不下来，什么东西也不愿意拿来阅读。有时候要想玩味这“凄切的孤单”，在日斜的午后，老跑出城外去独步。这里城外多是黄沙的田野，有几处也有清溪断壁，绝似日本郊外未开辟之先的代代木新宿等处。不过这里一堆一堆的黄土小冢，和有钱的人家的白杨松树的坟茔很多，感视稍微与日本不同一点。今晚在宴会的席上，在许多鸿儒谈笑的中间，我胸中的感觉，同在这样的白杨衰草的坟地里漫步时一样。不过有一点我觉得比从前进步了。从前我和境遇比我美满的朋友——实际上除你们几个人之外，哪一个境遇比我不美满？——相处，老要起一种感伤，有时竟会滴下泪来。现在非但眼泪不会滴下来，并且也能如他们一样地举起箸来取菜，提起杯来喝酒。不过从前的那一种喜欢谈话的冲动，现在没有了。他们入座，我也就坐，他们吃菜，我也吃菜。劝我喝酒，我就喝，干杯就干杯。席散了，我就回来。雇车雇不着，就慢慢地在黄昏的街道上走。同席者的汽车马车，从我身边过去的时候，他们从车中和我点头，我也回点一头。他们不点头，我也让他们的车子过去，横竖是在后头跟走几步，他们的车子就可以老远地上我前头去的，所以无避入岔路上去的必要。还有一点和从前不同的地方，就是我默默地坐在那里，他们来要求我猜拳的时候，我总笑笑，摇摇头，举起杯来喝一杯酒，教他们去要求坐在我下面的一个人猜。近来喝酒也喝不大醉，醉了也不过默默地走回家来坐坐，吸吸烟，倒点茶喝喝。

今晚的宴会，散得很早，我回家来吸吸烟喝喝茶，觉得还睡不着，所以又拿出了周报的《歧路》来看。沫若！大卫生的诗，实在是作得不坏，不过你的几行诗，我也很喜欢念。你的小孩的那个两脚没有的洋囝，我说还是包包好，寄到日本去吧！回头他们去买一个新的时候，怕又要破费几角钱哩。

昨天一个朋友来说他读到《歧路》，真的眼泪出了。我劝他小心些，这句话不要说出来教人家听见，恐怕有人要说他的眼泪不值钱。他说近来他也感染了一种感伤病，不晓得怎么的，感情好像回返小孩子时代去了。说到这里，他忽而眼圈又红了起来，叫了我一声：“达夫！我……我可惜没有钱……”我也对他呆看了半晌，后来他一句话也不说，立起身来就走，我也默默地送他出门去了。（这样的朋友，上我这里来的很多。他们近来知道了我的脾气，来的时候，艺术也不谈了，我的几篇无聊的作品和周报季刊的事也不提起了。有几次我们真有主客两人相对，默默而过半点钟的时候。像这样的 Pause（暂停——编者注）的中间，我觉得我的精神上最感得满足。因为有客人在前头，我一时可以不被那一种独坐时常想出来的无聊的空虚思想所侵蚀，而一边这来客又不在言语，我的听取对话和预备回答的那些麻烦注意可以省去。）不过，沫若！我说你那一篇《歧路》写得很可惜，你若不写出来，你至少可以在那一种浓厚的孤独感里浸润好几天。现在写出了之后，我怕你的那一种“凄切的孤单”之感，要减少了吧？

仿吾！我说你还是保守着独身主义，不要想结婚的好！恐怕你若结了婚，一时要失掉你的这孤独之感。而这孤独之感，依我说来，便是艺术的酵素，或者竟可以说是艺术本身。所以你若结了婚，怕一时要与艺术违离。讲到这里我怕你要反问我“那么你们呢？你和沫若呢？”是的，我和沫若是一时与艺术离异过的，不过现在我们已经恢复了原来的孤独罢了。……

嗳！嗳！不知不觉，已经写到午前三点钟了。

仿吾！沫若！要想写的话，是写不完的，我迟早还是弄几个车钱到上海来一次吧！大约我在北京打算只住到六月，暑假以后，我怎么也要设法回浙江去实行我的乡居的宿愿。若在最近的时期中弄不到车钱，不能够到上海来，那么我们等六月里再见吧！

一九二三年，三月七日午前三时

独语：

自怀金玉声

我的最近的努力，还是在完成自己；做文士也好，做官也好，做什么都好，主要总觉得是在自己的完成。人家的毁誉褒贬，一时的得失进退，都不成问题；只教自己能够自持，能够满足，能够反省而无愧，人生的最大问题，就解决了。

——《写作的经验》

郁达夫富阳故居题匾

说模仿

据希腊亚里士多德说来，艺术的起源，是在模仿。若推理的倒测，是真的话，那中华民族，倒是一个最艺术的民族，何以呢？因为中国人是最富于模仿性的。虽然是好的意义的模仿呢，还是坏的意义的模仿，我们却也不敢断言。

中国人的善于模仿的秘诀，第一，是在模仿表面，而不讲实际。譬如，大家都知道了西洋文化的好处，中国人也非学他们不可了，于是乎阿猫阿狗，就都着起了西装，穿上了皮靴，捏起了手杖，以为这就是西洋文化的一切。虽然还有一种例外的吃大菜，倒是比较地实际一点。更如一说到了科学的可珍，全国上下也就会有一批歌功颂德的放屁虫出来，空空然地大喊大叫着“科学科学，科学科学”，而实际上什么是科学，怎样地提倡科学，如何地应用科学，却一概可以置之不论，虽然在政治上应用了纵横反复之术，来争取一点地位，和收取几十万节敬[①]炭敬[②]之类，倒是比较实际的唯物史观与科学方法。

模仿最易成功的第二个秘诀，是在模仿人家的坏处，顶明显的好例，只需听一听受到西洋人的教育的许多中国子弟之吃教者和吃洋行税关饭者的中国话，就马上可以看出来。他们别的事情，倒会置之不学，而独有那一口奇怪的外国人说的中国话，却个个都能够说得同外国人一样。名词动词的颠倒，抑扬顿挫的特异，你若闭上了眼睛，不看见在你面前说话的那一张黄色、斜眼、狮鼻的脸，那你会相信，是一位外国人在向你说教："耶稣是顶顶好的人！"个人既是如此，同样的，国家也是一样。从前向往着严寒的北国，现在却有一部分人醉心于炙热的南欧的某一小邦了。

一九三三年

①节敬：旧时逢节日向所聘者赠送的钱物。

②炭敬：明清时期地方和下级官员在冬季给六部司的"孝敬"，类似于"取暖费"，是一种行贿的别称。

自力与他力

佛徒参禅，似乎有自力启悟和他力助成的两种，而现在中国流行的，却全是一种他力宗的思想。某院长的求神拜佛，希望菩萨来救中国，是大家周知的事实，可以不必提起，就是某委员的静待日本自毙的五年计划，也是他力宗的禅心的显露，最近则某部长又自外国传来好音，说敌若袭平津，美国必出来干涉，我们且诱敌深入罢！凡此种种，都是中国人的他力主义的乐天思想，说得好听一点，是“以夷治夷”的外交政策，说得彻底一点，是好吃懒做、乐祸幸灾、借刀杀人、无为而治的取巧心理。

但是天理虽有必然，而人事却不能一定。我国小说里，有一位棺材业者，看准了他邻人的一位重病富翁的必死，便私下忖度了他的尺寸，制就了一口棺材，代售重价。可是那位富翁却因病重而去试转地疗养的结果，竟死在了外国温泉地方了。我们恨我国的出卖中东路，恨俄国的不来代我们打日本人的愤怒，岂不同这位棺材匠的愤怒是一个样子？

从前，衮衮诸公，还有一个国际联盟的后盾在那里，所以敌人批我左颊，我更向以右颊，说是遵守联盟规约的君子之国，礼仪应该如此。现在再失热河，三让多伦，大概是到了褪下裤子来请敌人打屁股的地步了，若再诱敌深入，决定放弃平津而待美国的来援，正和吃了砒霜药老虎的计策一样，君子虽然是君子到了极点，但是死君子在活小人的面前，究竟有点什么意义呢？

一九三三年

说木铎少年

直率痛快地骂人，原是要有特权的人才能骂的。从前有一种皇恩钦赐的木铎老人，穿起黄袍，拿着板子，日日在农村或市镇上闲行，只教遇见有不孝的乡党子弟，他就可以仗着皇帝的势力，任意打你骂你，或竟拖你上就近的衙门里去处你以死罪。现在朝代换了，一批新的皇恩钦赐的木铎少年，却应天运而生，揭笔竿而起，来演起这把戏来了。

木铎少年，自然要比木铎老人强得多。老人们穿的那件存皇恩钦赐四字写着的黄麻外套，少年们当然不屑穿了，说不定他们还会和叛逆子弟一样地穿上一套摩登的洋服。这么一来，第一他们就可以避去为主公做忠实走狗的嫌疑，而装作光明正大得同武都头一样的一条英雄好汉。他们可以在金銮殿上放屁，可以在众人头上撒尿。但乡党的叛逆子弟若见了他们而捏一捏鼻，则他们就会忘记了自身的恶臭，而大声地骂你是鬼鬼祟祟，十足下流，不敢掀开鼻子和他们较量。

他们还能站在第三者的地位，向主公讽示以如何来处置叛逆，说：“某某，某某，不是那么被做了的么？你为什么不步此后尘呢？”他们更会借了光明正大的招牌，公然地来通风报信，说：“某某就是某某的化名，住在什么地方。”

记得《左传》里有一段叫做“蹇叔哭师”。秦穆公不听蹇叔之谏而出师，蹇叔因自己的儿子也在一道，所以哭而送之曰：“晋人御师必于殽，殽有二陵焉：其南陵，夏后皋之墓也；其北陵，文王之所辟风雨也。必死是间，余收尔骨焉。”当时讲这一段书的塾师对我们说：“蹇叔这老头儿真厉害，他在哭声里，就告诉了他的儿子以地理和战略了，这文章真写得多么婉曲！”我觉得现代的那些木铎少年们，却都有蹇叔那么的本领。

为己与为人

英大儒培根说，为学是有三种作用：一、是为一己私自的快乐；二、是为了对人做装饰，如有辩才之类；三、是为了修得能力，可以应世处理事务。

而孔子之说为学，只分作为己与为人的两类，照孔子之意，为己是为了自己的德业，不必广求人知（人不知而不愠）的意思。为人则是专务表面夸耀的事情了，这是不对的。

古人都把夸耀他人、徒务虚名的事情，看作不是为学的本意。英国斯宾塞论教育，亦以一般人有将教育、教养，当作装饰品看的天性，以为是野性的遗留。譬如对土人，赠以食物（系人生必需品），远不如赠以贝壳珠钻等装饰品来得喜欢，就是人性喜浮夸之一端。

但我们的解释，则为人两字，应从好的意义方面来解说。就是说，我们求学问，一面原是为了想增进自己的德业，一面原也是为了想服务于社会人类。孔子也曾说过“学而优则仕”，仕是为社会国家，当无疑义。又说“君子学道则爱人，小人学道则易使也”，“爱人”是爱及于人，“易使”是易为人用的意思。

所以，我们的为学目的，当然第一是在修己，同时第二也是在为人服役；不过此地所说的为人，并非如孔子所讥讽的只图夸耀于人、求知于人的那种虚浮浅薄的欲望而已，是实实在在为国家社会人类服役的意思。

一九四0年

小品文杂感

太白社征文，以对于漫画及小品文的感想为题，漫画我不大懂得，并且看也看得不多，不敢乱说，所以只谈谈小品文。

关于小品文的定义、作法、分析之类，大约市场上这一种书，总已经出得很多了，此地可以不必赘说。我只觉得现在的中国，小品文还不算流行，所以将来若到了国民经济充裕、社会政治澄清、一般教育进步的时候，恐怕小品文的产量还要增加，功效还要扩大。

现在中国的小品文，大家都以美国法国的Essays（散文——编者注）为指归，范围觉得太狭一点。就是讨论政治、宣传主义，小品文何尝是不可以用的一种工具？

至于清谈的小品文，幽默的小品文，原是以前的小品文的正宗，若专作这类的小品文，而不去另外开拓新的途径，怕结果又要变成硬化、机械化，此路是不通的。但是小品文存在一天，这一种小品文也决不会消灭。清谈、闲适，与幽默，何尝也不可以追随时代而进步呢？譬如前人的闲适者坐轿子，今人的闲适者坐黄包车之类。

日本漱石及子规的门弟子之中，有一排从俳句出身的文人，专想以小品文的笔调来写小说，成绩也很有可观。像高滨虚子、长塚节他们几个人的作品，我到现在还时时在翻读，可惜中国还没有这样的作家出现。不久的将来，我想这一种小说，中国也将逐渐产生出来的无疑。

一九三五年二月

日本的文化生活

无论哪一个中国人，初到日本的几个月中间，最感觉到苦痛的，当是饮食起居的不便。

房子是那么矮小，睡觉是在铺地的席子上睡的，摆在四脚高盘里的菜蔬，不是一块烧鱼，就是几块同木片似的牛蒡。这是二三十年前，我们初去日本念书时的大概情形；大地震以后，都市西洋化了，建筑物当然改了旧观，饮食起居，和从前自然也是两样，可是在饮食浪费过度的中国人的眼里，总觉得日本的一般国民生活，远没有中国那么的舒适。

但是住得再久长一点，把初步的那些困难克服了以后，感觉就马上会大变起来；在中国社会里无论到什么地方去也得不到的那一种安稳之感，会使你把现实的物质上的痛苦忘掉，精神抖擞，心气和平，拼命地只想去搜求些足使智识开展的食粮。

若再在日本久住下去，滞留年限，到了三五年以上，则这岛国的粗茶淡饭，变得件件都足怀恋；生活的刻苦，山水的秀丽，精神的饱满，秩序的整然，回想起来，真觉得在那儿过的，是一段蓬莱岛上的仙境里的生涯，中国的社会，简直是一种乱杂无章、盲目的土拨鼠式的社会。

记得有一年在上海生病，忽而想起了学生时代在日本吃过的早餐酱汤的风味，教医院厨子去做来吃，做了几次，总做不像，后来终于上一位日本友人的家里去要了些来，从此胃口就日渐开了。这虽是我个人的生活的一端，但也可以看出日本的那一种简易生活的耐人寻味的地方。

而且正因为日本一般的国民生活是这么刻苦的结果，所以上下民众，都只向振作的一方面去精进。明治维新，到现在不过七八十年，而整个国家的进步，却尽可以和有千余年文化在后的英法德意比比；生于忧患，死于逸乐，这话确是中日两国一盛一衰的病源脉案。

刻苦精进，原是日本一般国民生活的倾向，但是另一面哩，大和民族，却也并不是不晓得享乐的野蛮原人。不过他们的享乐，他们的文化生活，不喜铺张，无伤大体；能在清淡中出奇趣，简易里寓深意，春花秋月，近水遥山，得天地自然之气独多，这，一半虽则也是奇山异水很多的日本地势使然，但一大半却也可以说是他们那些岛国民族的天性。

先以他们的文学来说吧，最精粹最特殊的古代文学，当然是三十一字母的和歌。写男女的恋情，写思妇怨男的哀慕，或写家国的兴亡，人生的流转，以及世事的无常，风花雪月的迷人等，只有清清淡淡、疏疏落落的几句，就把乾坤今古的一切情感都包括得纤屑不遗了。至于后来兴起的俳句哩，又专以韵取长，字句更少——只十七字母——而余韵余情，却似空中的柳浪，池上的微波，不知所自始，也不知其所终，飘飘忽忽，袅袅婷婷；短短的一句，你若细嚼反刍起来，会经年累月地使你如吃橄榄，越吃越有回味。最近有一位俳谐师高滨虚子，曾去欧洲试了一次俳句的行脚，从他的记行文字看来，到处只以和服草履作横行的这一位俳人，在异国的大都会，如伦敦、柏林等处，却也遭见了不少的热心作俳句的欧洲男女。他回国之后，且更闻有西欧数处在计划着出俳句的杂志。

其次，且看看他们的舞乐！乐器的简单，会使你回想到中国从前唱“南风之熏矣”的上古时代去。一棹七弦或三弦琴，拨起来声音也并不响亮；再配上一个小鼓——是专配三弦琴的，如能乐、歌舞伎、净琉璃等演出的时候——同凤阳花鼓似的一个小鼓，敲起来，也只是冬冬的一种单调的鸣声。但是当能乐演到半酣，或净琉璃唱到吃紧，歌舞伎舞至极顶的关头，你眼看着台上面那种舒徐缓慢的舞态——日本舞的动作并不复杂，并无急调——耳神经听到几声琤琤琤与冬冬笃拍的声音，却自然而然地会得精神振作，全身被乐剧场面的情节吸收过去。以单纯取长、以清淡制胜的原理，你只教到日本的上等能乐舞台或歌舞伎座去一看，就可以体会得到。将这些来和西班牙舞的铜琶铁板，或中国戏的响鼓十番一比，觉得同是精神的娱乐，又何苦嘈嘈杂杂，闹得人头脑昏沉才能得到醍醐灌顶的妙味呢？

还有秦楼楚馆的清歌，和着三味线太鼓的哀音，你若当灯影阑珊的残夜，一个人独卧在“水晶帘卷近秋河”的楼上，远风吹过，听到它一声两声，真像是猿啼雁叫，会动荡你的心腑，不由你不扑簌簌地落下几点泪来；这一种悲凉的情调，也只有在日本，也只有从日本的简单乐器和歌曲里，才感味得到。

此外，还有一种合着琵琶来唱的歌，其源当然出于中国，但悲壮激昂，一经日本人的粗喉来一喝，却觉得中国的黑头二面，决没有那么的威武，与“春雨楼头尺八箫”的尺八，正足以代表两种不同的心境；因为尺八音脆且纤，如怨如慕，如泣如诉，迹近女性的缘故。

日本人一般的好作野外嬉游，也是为我们中国人所不及的地方。春过彼岸，樱花开作红云；京都的岚山丸山，东京的飞鸟上野，以及吉野等处，全国的津津曲曲，道路上差不多全是游春的男女。“家家扶得醉人归”的《春社》之诗，仿佛是为日本人而咏的样子。而祇园的夜樱与都踊（旧时日本西京民间的一种风俗。——编者注），更可以使人魂销魄荡，把一春的尘土，刷落得点滴无余。秋天的枫叶红时，景状也是一样。此外则岁时伏腊，即景言游，凡潮汐干时，蕨薇生日，草菌簇起，以及萤火虫出现的晚上，大家出狩，可以谑浪笑傲，脱去形骸；至于元日的门松，端阳的张鲤祭雏，七夕的拜星，中元的盆踊（日本人在盂兰盆节时聚集在一起跳的一种舞蹈。——编者注），以及重九的栗糕等，所奉行的虽系中国的年中行事，但一到日本，却也变成了很有意义的国民节会，盛大无伦。

日本人的庭园建筑，佛舍浮屠，又是一种精微简洁，能在单纯里装点出趣味来的妙艺。甚至家家户户的厕所旁边，都能装置出一方池水，几树楠天，洗涤得窗明宇洁，使你闻觉不到秽浊的熏蒸。

在日本习俗里最有趣味的一种幽闲雅事，是叫做茶道的那一番礼节。各人长跪在一堂，制茶者用了精致的茶具，规定而熟练的动作，将末茶冲入碗内，顺次递下，各喝取三口又半，直到最后，恰好喝完。进退有节，出入如仪，融融泄泄，真令人会想起唐宋以前，太平盛世的民风。

还有“生花”的插置，在日本也是一种有派别师承的妙技。一只瓦盆，或一个净瓶之内，插上几枝红绿不等的花枝松干，更加以些泥沙岩石的点缀，小小的一穿围里，可以使你看出无穷尽的多样一致的配合来。所费不多，而能使满室生春，这又是何等经济而又美观的家庭装饰！

日本人的和服，穿在男人的身上，倒也并不十分雅观；可是女性的长袖，以及腋下袖口露出来的七色的虹纹，与束腰带的颜色来一辉映，却又似万花缭乱中的蝴蝶的化身了。《蝴蝶夫人》这一出歌剧，能够耸动欧洲人的视听，一直到现在，也还不衰的原因，就在这里。

日本国民的注重清洁，也是值得我们钦佩的一件美德。无论上下中等的男女老幼，大抵总要每天洗一次澡；住在温泉区域以内的人，浴水火热，自地底涌出，不必烧煮，洗澡自然更觉简便；就是没有温泉水脉的通都大邑的居民，因为设备简洁、浴价便宜之故，大家都以洗澡为一天工作完了后的乐事。国民一般轻而易举的享受，第一要算这种价廉物美的公共浴场了，这些地方，中国人真要学学他们才行。

凡上面所说的各点，都是日本固有的文化生活的一小部分。自从欧洲文化输入以后，各都会都摩登化了，跳舞场、酒吧间、西乐会、电影院等等文化设备，几乎欧化到了不能再欧，现在连男女的服装、旧剧的布景说白，都带上了牛酪奶油的气味；银座大街的商店，门面改换了洋楼，名称也唤做了欧语，譬如水果饮食店的叫做 Fruits Parlour，旗亭的叫做 Caf é Vienna 或 Barcelona 之类，到处都是；这一种摩登文化生活，我想叫上海人说来，也约略可以说得，并不是日本独有的东西，所以此地从略。

末了，还有日本的学校生活、医院生活、图书馆生活，以及海滨的避暑、山间的避寒、公园古迹胜地等处的闲游漫步生活，或日本阿尔泊斯与富士山的攀登，两国大力士的相扑等，要说着实还可以说说，但天热头昏，挥汗执笔，终于不能详尽，只能等到下次有机会的时候，再来写了。

一九三六年八月在福州

弄弄文笔并不是职业

以素无定职的我这一个近期失业者，来向青年们说些指导职业的话，实在是一件很可笑的事情。况且近来已经有一位青年在向我提出警告了，他说：一、你们若不是理想的人物，你就不配谈理想，所以只有狗可以谈狗，虎可以谈虎，你若要说到猫，你自己就得先变一只猫。二、总之是对于我个人的人身攻击，仿佛是我一日不死，中国就一日没有出路似的，所以我的一举一动、一言一行，都是不对，甚而至于死儿子也是一罪，有了老婆也是一罪，作作诗写写文章也无往而不是罪。三、这是这一位青年的最重要的论点，大约也就是他那一篇文章的所以不得不写的原因，直接痛快地说将出来，就是他要使人晓得，他的文章比我写得好，诗也比我作得好。“日月出矣，而爝火不息”，致惹起了日月的不平，只能自己出马，向我来迎头一击，以灭爝火的余晖，以示日月的伟大。

我虽则不肖，可这一点爝火的自知之明，倒也是有的，故而近来绝对地不想写东西了，好让些新进的青年，来多写些既强而有力，又猛能扑人的文章。不过在世上旅（杭州骂人的俗语有旅世两字，不知是否这般的写法）得久了，几个认识的人当弄什么杂志新闻纸之类的时候，总得来硬拉；被拉不过，又只能勉强地应酬，重做着冯妇。所以半生过去，就积下了这么些个口头孽，也结下了许多不知不觉的暗中怨。老去填词，一半是空中传恨，却不防低头三尺有神明，在空中又会触犯了那些值日的恶功曹。这一大堆废话，本来是与指导职业无关的，但己田引水，既不能如职业介绍所的广告文一样，说许多有益于就职前途的话来，自然只好发些弄文笔的人的牢骚，以示弄文笔的这一件事情，绝对不是青年的正业。

我们在小的时候，谁也有一种对于文人的盲目崇拜狂，以为真的文章是经国之大业，不朽之盛事！只教文章写得好，就自然“书中自有颜如玉，书中自有黄金屋”了。所以在中学毕业后的几年之中，老想做一个文人，可以“寄身于翰墨，见意于篇籍；不假良史之辞，不托飞驰之势，而声名自传于后”。实际上文学的麻醉力也真强，一首很好的诗歌，或一篇哀艳的小说戏曲，你读了的确要为它们所颠倒，正如意志未定、生理发育已竣完美的青年，见了妖艳的异性一样。但选职业，也犹之乎结婚，若只凭了一时的感奋，不顾前后，马上就跳入了富于诱惑、不着实地的急流旋涡之中，一生的快乐与事业牺牲了倒还事小，有的时候，恐怕连性命都要保不安全。我所以说，弄弄文笔，绝不是职业；要想立意做一个文人，只是血气未定的青年时候的一个迷梦。

那么以笔杆为生、靠卖文为活的这一回事情，根本是没有的么？若然，则文学、新闻纸类、书籍等所谓文化的结晶品，又从何处产生呢？这当然是很合理的一个问难。依文笔为生的正式职业者，自然是有的，譬如新闻记者、杂志或书局编辑、电影编剧员、国家或私营机关的书记秘书，推而广之，更如律师教员以及替人写信的测字先生代书人物之类，都是以文笔为业的人。可是读了许多年的书，不能将书本子去活用，为人类为社会去做些真真能从无中生有、足供实用的东西出来，而一辈子只在笔墨纸上翻筋斗，实在是有点交代不过去的事情。像现代中国的有些青年，简直连上列各职业都不想去干，只一味地在打算避难就易，成一个作家，以冀得名利双收，那就更不是前进的青年所应有的态度了。

我以为选择职业，第一要从事于生产的职业，使筋肉与脑子同时劳动，可以独立，不必求人的种类为最上，如自作农、机器师、土木工程师之类，下而至于编藤椅、敲石子的小二，也觉得比咬文嚼字、只说空话而无实际的写文作家，更可尊敬。必不得已而求其次，则出卖智识、得人薪水，也须以不悖良心的职业为限；饿死事小，失节事大，富贵本不可羡，若再不以其道得之，则这一个人的肉，怕也不足食了，现在的那些卖国求荣、助桀为虐的大人先生，就是这一类的禽兽。

前些日子，在天津一家报上曾见过一段劝卒业生的议论，仿佛有这么的三点：第一，要刻苦；第二，自视不可过高，自恕不可过宽，勿嫌小事而不干；第三，以回农村去为得，这议论当然是切近可用的上策。在全国经济破产的现状下，唯有刻苦耐劳的人，是生存的最适者。若个个人想幸福，个个人想做官括地皮，那天下就无百姓，中国的领土，也马上要被括完卖完了。我常在计算，在目下的中国，亡了之后，也一样的可以享福无碍的人，总计大约也只有一百个。他们是美国也有一千万元存款，日本也有一千万元，英国意国法国各有一千万元存款存在那里的；所以中国亡了，他们可以去日本，日本不容，他们可以去纽约伦敦巴黎。可是他们的子孙呢？戚属呢？万一世界各国，同时一致行起希特勒的虐杀犹太人那么的政策来的时候，他们将往哪里去逃呢？ 无用的私财的堆积，正像人身上生了癌病，愈积愈贫，愈容易促生社会的紊乱，国脉的凋丧，结果也不过一个人享受了十年五年，他们的子孙是一样地要做亡国流民的。古人的不以良田遗子孙，又说家财万贯，不如薄技随身的种种教训，就在告诉我们要养成一种可以营独立职业的技术，才是做人的正道。

一九三五年

妄评一二

在这一集里所选的，都是我所佩服的人，而他们的文字，当然又都是我所喜欢的文字——不喜欢的就不选了——本来是可以不必再有所评述，来搅乱视听的，因为文字俱在，读者读了自然会知道它们的好坏。但是向来的选家习惯，似乎都要有些眉批和脚注，才算称职，我在这里，也只能加上些蛇足，以符旧例。我不是批评家,所见所谈也许荒谬绝伦，读者若拿来作脚注看，或者还能识破愚者之一得！名曰妄评，实在不是自谦之语。

鲁迅、周作人在五十几年前，同生在浙江绍兴的一家破落的旧家，同是在穷苦里受了他们的私塾启蒙的教育。二十岁以前，同到南京去进水师学堂学习海军，后来同到日本去留学，到这里为止，两人的经历完全是相同的，而他们的文章倾向，却又何等的不同！

鲁迅的文体简练得像一把匕首，能以寸铁杀人，一刀见血。重要之点,抓住了之后，只消三言两语就可以把主题道破——这是鲁迅作文的秘诀，详细见《两地书》中批评景宋女士《驳复校中当局》一文的语中——次要之点,或者也一样的重要，但不能使敌人致命之点，他是一概轻轻放过，由它去而不问的。与此相反，周作人的文体，又来得舒徐自在，信笔所至，初看似乎散漫支离，过于繁琐，但仔细一读，却觉得他的漫谈，句句含有分量，一篇之中，少一句就不对,一句之中，易一字也不可，读完之后，还想翻转来从头再读的。当然这是指他从前的散文而说，近几年来，一变而为枯涩苍老，炉火纯青，归入古雅遒劲的一途了。

两人文章里的幽默味，也各有不同的色彩：鲁迅的是辛辣干脆，全近讽刺，周作人的是湛然和蔼，出诸反语。从前在《语丝》上登的有一篇周作人的《碰伤》，记得当时还有一位青年把它正看了，写了信去非难过。

其次是两人的思想了。他们因为所处的时代和所学的初基，都是一样的，故而在思想的大体上根本上，原也有许多类似之点，不过后来的趋向，终因性格环境的不同，分作了两歧。

鲁迅在日本学的是医学，周作人在日本由海军而改习了外国语。他们的笃信科学，赞成进化论，热爱人类，有志改革社会，是弟兄一致的；而所主张的手段，却又各不相同。鲁迅是一味急进，宁为玉碎的，周作人则酷爱和平，想以人类的爱来推进社会，用不流血的革命来实现他的理想（见《新村的理想与实际》等数篇）。

周作人的头脑比鲁迅冷静，行动比鲁迅夷犹，遭了“三一八”[①]的打击以后，他知道空喊革命，多负牺牲，是无益的，所以就走进了十字街头的塔，在那里放散红绿的灯光，悠闲地，但也不息地负起了他的使命；他以为思想上的改革，基本的工作当然还是要做的,红的绿的灯光的放送，便是给路人的指示；可是到了夜半清闲、行人稀少的当儿，自己赏玩赏玩这灯光的色彩，玄想玄想那天上的星辰，装聋作哑，喝一口苦茶以润润喉舌，倒也是于世无损、于己有益的玩意儿。这一种态度，废名说他有点像陶渊明。可是“陶潜诗喜说荆轲”，他在东篱下采菊的时候，当然也忘不了社会的大事，“少时壮且厉,抚剑独行游”的气概，还可以在他的作反语用的平淡中想见得到。

鲁迅的性喜疑人——这是他自己说的话——所看到的都是社会或人性的黑暗面，故而语多刻薄，发出来的尽是诛心之论：这与其说是他的天性使然，还不如说是环境造成的来得恰对，因为他受青年受学者受社会的暗箭，实在受得太多了，伤弓之鸟惊曲木，岂不是当然的事情么？在鲁迅的刻薄的表皮上，人只见到他的一张冷冰冰的青脸，可是皮下一层，在那里潮涌发酵的，却正是一腔沸血，一股热情；这一种弦外之音，可以在他的小说，尤其是《两地书》里面，看得出来。我在前面说周作人比他冷静，这话由不十分深知鲁迅和周作人的人看来，或者要起疑问，但实际上鲁迅却是一个富于感情的人，只是勉强压住，不使透露出来而已；而周作人的理智的固守，对事物社会

---

① “三一八”：指1926年3月18日段祺瑞政府在北京制造的枪杀请愿群众的流血事件。

见解的明确，却是谁也知道的事情。

周作人的理智既经发达，又时时加以灌溉，所以便造成了他的博识；但他的态度却不是卖智与炫学的，谦虚和真诚的二重内美，终于使他的理智放了光，博识致了用。他口口声声在说自己是一个中庸的人，若把中庸当作智慧感情的平衡、立身处世的不苟来解，那或者还可以说得过去；若把中庸当作了普通的说法，以为他是一个善于迎合、庸庸碌碌的人，那我们可就受了他的骗了。

中国现代散文的成绩，以鲁迅、周作人两人的为最丰富最伟大，我平时的偏嗜，亦以此二人的散文为最所溺爱。一经开选，如窃贼入了阿拉伯的宝库，东张西望，简直迷了我取去的判断；忍心割爱，痛加删削，结果还把他们两人的作品选成了这一本集子的中心。从分量上说，他们的散文恐怕要占得全书的十分之六七。

冰心女士散文的清丽，文字的典雅，思想的纯洁，在中国好算是独一无二的作家了。记得雪莱的《咏云雀》的诗里，仿佛曾说过云雀是初生的欢喜的化身，是光天化日之下的星辰，是同月光一样来把歌声散溢于宇宙之中的使者，是虹霓的彩滴都要自愧不如的妙音的雨师，是……这一首千古的杰作，我现在记也记不清了，总而言之，把这一首诗全部拿来，以诗人赞美云雀的清词妙句，一字不易地用在冰心女士的散文批评之上，我想是最适当也没有的事情。

女士的故乡是福建，福建的秀丽的山水，自然也影响到了她的作风，虽然她并不是在福建长大的。十余年前，当她二十几岁的时候孤身留学在美国，慰冰湖、青山、沙穰、大西洋海滨、白岭、戚叩落亚、银湖、洁湖等佳山水处，都助长了她的诗思，美化了她的文体。

对父母之爱，对小弟兄小朋友之爱，以及对异国的弱小儿女、同病者之爱，使她的笔底有了像温泉水似的柔情。她的写异性爱的文字不多，写自己的两性间的苦闷的地方独少的原因，一半原是因为中国的传统思想在那里束缚着她，但一半也因为她的思想纯洁，把她的爱宇宙化了神秘化了的缘故。

我以为读了冰心女士的作品，就能够了解中国一切历史上的才女的心情。意在言外，文必己出，哀而不伤，动中法度，是女士的生平，亦即是女士的文章之极致。

林语堂生性憨直、浑朴天真，假令生在美国，不但在文学上可以成功，就是从事事业，也可以睥睨一世，气吞小罗斯福之流。《剪拂集》时代的真诚勇猛，是书生本色，至于近来的耽溺风雅、提倡性灵，亦是时势使然，或可视为消极的反抗，有意的孤行。周作人常喜引外国人所说的隐士和叛逆者混处在一道的话，来作解嘲；这话在周作人身上原用得着，在林语堂身上，尤其是用得着。

他是一个生长在牧师家庭里的宗教革命家，是一个受外国教育过度的中国主义者，反对道德因袭以及一切传统的拘谨自由人；他的性格上的矛盾、思想上的前进、行为上的合理，混合起来，就造成了他的幽默的文章。

他的幽默，是有牛油气的，并不是中国向来所固有的《笑林广记》。他的文章，虽说是模仿语录的体裁，但奔放处，也赶得上那位疯狂致死的超人尼采。唯其憨直，唯其浑朴，所以容易上人家的当。我只希望他勇往直前，勉为中国二十世纪的拉伯雷，不要因为受了人家的暗算，就矫枉过正，走上了斜途。

人生到了四十，可以不惑了；林语堂今年四十，且让我们刮目来看他的后文罢!

丰子恺今年三十九岁，是生长在嘉兴石门湾的人，所以浙西人的细腻深沉的风致，在他的散文里处处可以体会得出。

少时入浙江师范，以李叔同(现在的弘一法师)为师；弘一剃度之后，那一种佛学的思想，自然也影响到了他的作品。人家只晓得他的漫画入神，殊不知他的散文，清幽玄妙，灵达处反远出在他的画笔之上。

对于小孩子的爱，与冰心女士不同的一种体贴入微的对于小孩子的爱，尤其是他的散文里的特色。

他是一个苦学力行的人，从师范学校出来之后，在上海半工半读，自己努力学画，自己想法子到日本去留学，自己苦修外国文字，终究得到了现在的地位。我想从这一方面讲来，他的富有哲学味的散文，姑且不去管它，就单论他的志趋，也是可以为我们年轻的人做模范的。

钟敬文出身于广东汕头的岭南大学，本为文风极盛的梅县人，所以散文清朗绝俗，可以继周作人、冰心的后武。可惜近来改变方针，去日本研究民族传说等专门学问去了，我希望他以后仍能够恢复旧业，多作些像《荔枝小品》《西湖漫拾》里所曾露过头角的小品文。

川岛人本幽默，性尤冲淡，写写散文，是最适宜也没有的人。但不知为了什么，自恋爱成功以后，却不常作东西了。薄薄的一册《月夜》，是正当他在热爱时期蒸发出来的升华，窥豹一斑，可以知其大概。

罗黑芷、朱大枬两人，幽郁的性格相同，文字的玄妙亦互相类似。可惜忧能伤人，这两位都不到中年就去世了。略录数篇，以志哀悼。并以痛我们散文界的损失。

叶永蓁比较得后起，但他的那种朴实的作风、稳厚的文体，是可以代表一部分青年的坚实分子的，摘录一篇，以备一格。

朱自清虽则是一个诗人，可是他的散文，仍能够满贮着那一种诗意，文学研究会的散文作家中，除冰心女士外，文字之美，要算他了。以江北人的坚忍的头脑，能写出江南风景似的秀丽的文章来者，大约是因为他在浙江各地住久了的缘故。

王统照、许地山两人，文字同属致密，但一南一北，地理风土感化上的不同，可以在两人的散文里看得出来。许地山久居极南，研究印度哲学，玄想自然潜入了他的作品。王统照生长山东，土重水深，因而词气亦厚。这一次欧游的结果，虽还不能够从他的文字里，探得些究竟，但扩大了眼界，增进了学殖，古人所说的“读万卷书，行万里路”的成绩，当然是不会毫无的。

郑振铎本来是个最好的杂志编辑者，转入考古，就成了中国古文学鉴定剔别的人。按理而论，学者是该不会写文章的，但他的散文，却也富有着细腻的风光。且取他的叙别离之苦的文字，来和冰心的一比，就可以见得一个是男性的，一个是女性的了。大约此后，他在这一方面总还有着惊人的长进，因为他的素养、他的经验，都已经积到了百分之百的缘故。

叶绍钧风格谨严，思想每把握得住现实，所以他所写的，不问是小说，是散文，都令人有脚踏实地、造次不苟的感触。所作的散文虽则不多，而他所特有的风致，却早在短短的几篇文字里具备了。我以为一般的高中学生，要取作散文的模范，当以叶绍钧氏的作品最为适当。

茅盾是早就在从事写作的人，唯其阅世深了，所以行文每不忘社会。他的观察的周到、分析的清楚，是现代散文中最有实用的一种写法，然而抒情练句，妙语谈玄，不是他的所长。试把他前期所作的小品，和最近所作的切实的记载一比，就可以晓得他如何地在利用他的所长而遗弃他的所短。中国若要社会进步，若要使文章和现实生活发生关系，则像茅盾那样的散文作家，多一个好一个；否则清谈误国，辞章极盛，国势未免要趋于衰颓。

胡言乱道，一气写来，自己也觉得谈得太多了，妄评多罪，愿作者与读者诸君共谅宥之。

一九三五年四月

（节选自《中国新文学大系·散文二集》导言）

谈　诗

我不会作诗，尤其不会作新诗，所以新诗的能否成立，或将来的展望等，都谈不上。似闻周作人先生说，中国的新诗，成绩并不很好，但周先生的意思，不是说新诗可以不要，或竟教人家不要去作。以成绩来讲，中国新文学的里面，自然新诗的成绩比较得差些。可是新的感情，新的对象，新的建设与事物，当然要新的诗人才歌唱得出，如以五言八韵或七律七绝，来咏飞机汽车，大马路的集团和高楼，机器房的火夫，失业的人群等，当然是不对的。不过新诗人的一种新的桎梏，如豆腐干体、十四行诗体、隔句对、隔句押韵体等，我却不敢赞成，因为既把中国古代的格律死则打破了之后，重新去弄些新的枷锁来戴上，实无异于出了中国牢后，再去坐西牢；一样的是牢狱，我并不觉得西牢会比中国牢好些。

至于新诗的将来呢，我以为一定很有希望，但须向粗大的方面走，不要向纤丽的方面钻才对。爱伦·坡的鬼气阴森的诗律，原是可爱的，但惠特曼的大道之歌，对于新解放的民族，一定更能给予些鼓励与刺激。

中国的旧诗，限制虽则繁多，规律虽则严谨，历史是不会中断的。过去的成绩，就是所谓遗产，当然是大家所乐为接受的，可以不必再说；到了将来，只教中国的文字不改变，我想著着洋装、喝着白兰地的摩登少年，也必定要哼哼唧唧地唱些五个字或七个字的诗句来消遣，原因是因为音乐的分子，在旧诗里为独厚。

当然，新诗里——就是散文里，也有一种自然的韵律，含有在那里的；但旧诗的韵律，唯其规则严了，所以排列得特别好。不识字的工人，也会说出一句“今朝有酒今朝醉”来的道理，就在这里。王渔洋的声调神韵，可以风靡一代；民谣民歌，能够不胫而走的原因，一大半也就在这里。

除了声调韵律而外，若要讲到诗中所含之“义”，就是实体的内容，则旧诗远不如新诗之自在广博。清朝乾嘉时候有一位赵翼（瓯北）①，光绪年间有一位黄遵宪（公度）②，曾试以旧式古体诗来述新思想新事物，但结果终觉得是不能畅达，断没有现在的无韵新诗那么的自由自在。还有新名词入旧诗，这两位原也试过，近代人如梁任公等，更加喜欢这一套玩意儿，可是半新不旧，即使勉强造成了五个字或七个字的爱皮西提（ABCD——编者注），也终究觉得碍眼触目，

---

①赵翼：清代文学家、史学家、诗人。号瓯北。

②黄遵宪：清代诗人，外交家、政治家、教育家，被誉为“近代中国走向世界第一人”。字公度。

不大能使读者心服的。

旧诗的一种意境，就是故人说的很渺茫的所谓“香象渡河，羚羊挂角”，无迹可求的那一种弦外之音，新诗里比较得少些。唐司空表圣[1]的《二十四诗品》，所赞扬的，大抵是在这一方面。如冲澹，如沉着，如典雅高古，如含蓄，如疏野清奇，如委曲、飘逸、流动之类的神趣，新诗里要少得多。这与形式工具格律，原有关系，但最大的原因，还是在乎时代与意识之上。今人之不能作陶韦的诗，犹之乎陶韦的不能作《离骚》一样，诗人的气禀，原各不相同，但时代与环境的影响，怎么也逃不出的。

近代人既没有那么的闲适，又没有那么的冲澹，自然作不出故人的诗来了；所以我觉得今人要作旧诗，只能在说理一方面、使词一方面、排韵炼句一方面，胜过前人，在意境这一方面，是怎么也追不上汉魏六朝的；唐诗之变而为宋诗，宋诗之变而为词曲，大半的原因，也许是为此。

旧诗各体之中，古诗要讲神韵意境，律诗要讲气魄对仗，近代人都不容易作好。唯有绝诗，字数既少，更可以出奇制胜，故而作者较多，今后中国的旧诗，我想绝句的成绩，总要比其他各体来得好些，亦犹之乎词中的小令，出色的比较得多，比较得普遍也。

作诗的秘诀，新诗方面，我不晓得，旧诗方面，于前人的许多摘句图、声调谱、诗话诗说之外，我觉得有一种法子，最为巧妙。其一，是辞断意连；其二，是粗细对称。近代诗人中，唯龚定庵，最擅

---

①司空表圣：司空图，晚唐诗人、诗论家。字表圣。他的成就主要在诗论，《二十四诗品》为不朽之作。《全唐诗》收诗三卷。

于用这秘法。如“终胜秋磷亡姓氏，沙涡门外五尚书”“近来不信长安隘，城曲深藏此布衣”“只今绝学真成绝，册府苍凉六幕孤”“为恐刘郎英气尽，卷帘梳洗望黄河”“梦断查湾一角青”“自障纨扇过旗亭”“苍茫六合此微官”之类，都是暗用此法，句子就觉得非常生动了。古人之中，杜工部就是用此法而成功的一个。我们试把他的咏“明妃村”的一首诗举出来一看，就可以知道。

咏怀古迹 明妃村

群山万壑赴荆门，生长明妃尚有村。
一去紫台连朔漠，独留青冢向黄昏。
画图省识春风面，环珮空归夜月魂。
千载琵琶作胡语，分明怨恨曲中论。

头一句诗是何等的粗雄浩大，第二句却收小得只成一个村落。第三句又是紫台朔漠，广大无边，第四句的黄昏青冢，又细小纤丽，像大建筑物上的小雕刻。今天在北平，遇见新自欧洲回国的美学家邓叔存，谈到此诗，他钦佩到了极顶，我说此诗的好处，就在粗细的对称，辞断而意连，他也点头称然。还有杜工部的近体，细看起来，总没有一首不是如此的。譬如在夔州作的《登高》一首：

风急天高猿啸哀，渚清沙白鸟飞回。
无边落木萧萧下，不尽长江滚滚来。

万里悲秋常作客，百年多病独登台。

艰难苦恨繁霜鬓，潦倒新停浊酒杯。

又何尝不然。总之，人的性情，是古今一样的，所用的几个字，也不过有多少之分，大抵也差不到几千几万。而严沧浪[1]所说的“诗有别才，非关学也”，几微之处，就在诗人的能用诀巧、运古常新的一点。

一九三四年十月

①严沧浪：严羽，南宋诗论家、诗人。自号沧浪逋客，世称“严沧浪”。一生未出仕，大半隐居在家乡。

写作的经验

到了福州之后，觉得最麻烦的一件事情，是地方各新闻杂志的征稿者诸君大举的来侵。弄弄文笔的人的习惯的一端，坐下来想拿笔写写，写了后希望以铅字来印刷，印出来后，更急盼读者的赞同，这原是一般的心理。但是从事文笔将近二十年，素来又不喜以文人立世的拙者，却绝对地没有起过这样的心思。当初在创造社时代，时时来催索强逼我的稿件，一定要我出乖露丑的，是郭沫若与成仿吾的两位。对这两位少年时代的益友，有好几次弄得感情不佳的原因，一大半也为的是他们催逼得太凶。

后来同创造社脱离了关系，想以自己的趣味为本位，和朋友出了一个《奔流》，这一回，催逼者又换了一位实际在负责的先生了。住在上海，和这些文坛人的来往，实在觉得有点可怕。一天到晚，一年到头，我总是居于债务者的地位，而他们却总要比我高一级，常常是属于债权者的一类；因此，心机一转，在五六年的前头，就下了决心，绝对地不想再做文士，举全家而迁徙到了杭州。自以为从此之后，总可以闭门高卧，不再会被这些催稿人搅扰清梦了，但是不凑巧，《论语》《人世间》等杂志，又相继地产生，不管你离群索居得如何之远，催稿的信，与催稿的人，仍旧是络绎在沪杭的道上。

去年来闽，自己是想来漫游武夷，并且一踏南明末世，在海滨勉强支撑着的小朝廷的遗迹，而人家却是说我来升官发财，卖身投靠的。这些原系属于人家的自由，与我本没有什么相干；但是到了福建之后，也有催稿者的袭来，倒真使我感到了上天无路、入地无门的永久被压迫着的悲哀；这段文字，也就是我这被压迫者的绝望的微吟。

平生的信条，第一是“被催逼出来的文字，绝不是好作品”。因之我自开始写作到如今，从没有写过一篇有自信的作品。第二是“一个人在一生之中，好作品总只有一篇两篇的；多产的作家，决不能自保篇篇都是珠玉，所以勉强写作，不如放任自然”。第三是“好作品要死后才能够发表”。

本此三个信条，故而近来绝对不想发表应时即景的文字。至于小说，是要热情来做血肉的，人而消失了热情，就决没有再写小说的资格。

以文字维持生计么？中国不是这样的国家，并且我就是不做官，不卖文，生计也未始就至于断绝。因为薄有资产，自奉也并不过奢，平常的生活，自度到死为止，已经勉强得可以过去。

如此说来，此后是永也不写作了么？这也不敢断言，热情来复、诗思重潮的时候，我还是要写，但是最有自信的作品，发表一定不会这样地草草地付诸。

我的最近的努力，还是在完成自己；做文士也好，做官也好，做什么都好，主要总觉得是在自己的完成。人家的毁誉褒贬，一时的得失进退，都不成问题；只教自己能够自持，能够满足，能够反省而无愧，人生的最大问题，就解决了。做人当然先要在于求己，然后再为人；我一向地被人骂做个人主义者，而同时也能够入污泥而不染，抗环境而有余的最大强处，就在这里。或者也许是弱者的强处，但这一点我却总想固持着到死。

一九三七年

百态：
凉世绘幽梦

西山数不尽的诸峰，又如笑如眠，带着紫苍的暮色，静躺在绿荫起伏的春野西边；你若叫它一声，好像是这些远山，都能慢慢地走上你身边来的样子。

——《薄莫》

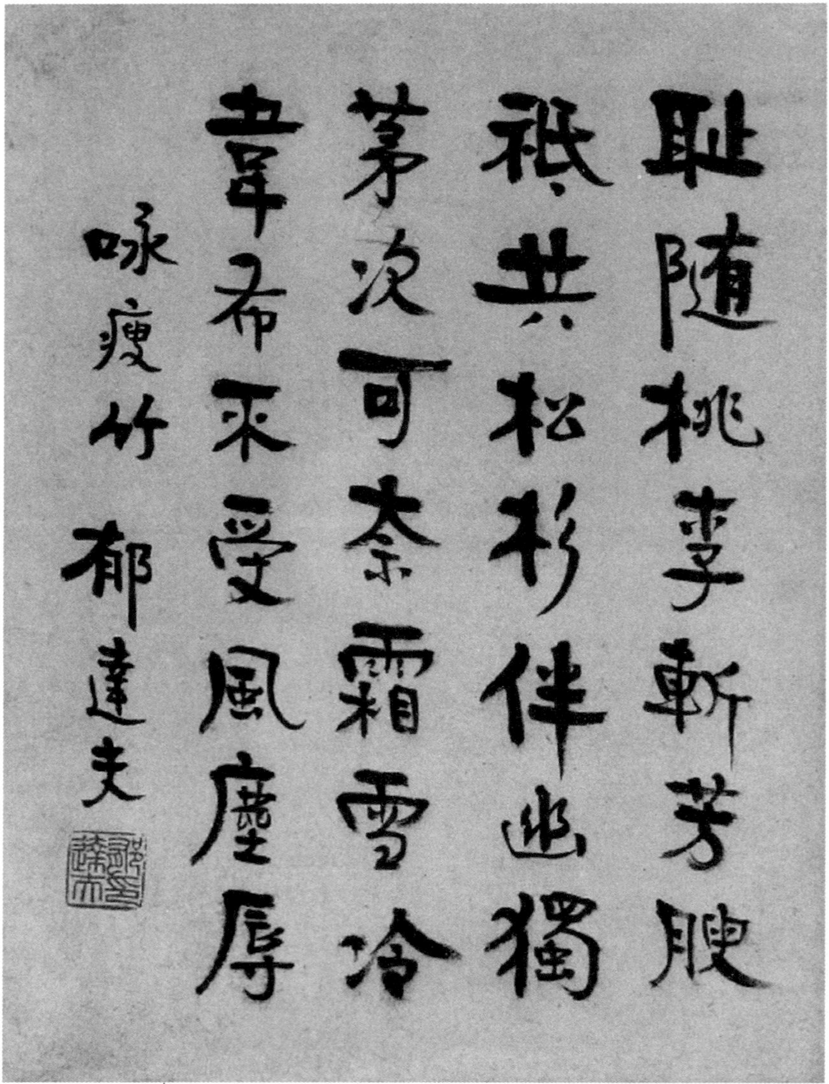

郁达夫手迹

立秋之夜

黝黑的天空里，明星如棋子似的散布在那里。比较狂猛的大风，在高处呜呜地响。马路上行人不多，但也不断。汽车过处，或天风落下来，阿斯法儿脱的路上，时时转起一阵黄沙。是穿着单衣觉得不热的时候。马路两旁永夜不熄的电灯，比前半夜减了光辉，各家店门已关上了。

两人默默地在马路上走。后面一个穿着一套半旧的夏布洋服，前面的穿着不流行的白纺绸长衫。他们两个原是朋友，穿洋服的是在访一个同乡的归途，穿长衫的是从一个将赴美国的同志那里回来，二人系在马路上偶然遇着的。二人都是失业者。

“你上哪里去?”

走了一段，穿洋服的问穿长衫的说。

穿长衫的没有回话，默默地走了一段，头也不朝转来，反问穿洋服的说：

“你上哪里去？”

穿洋服的也不回答，默默地尽沿了电车线路在那里走。二人正走到一处电车停留处，后面一乘回车库去的末次电车来了。穿长衫的立下来停了一停，等后面的穿洋服的。穿洋服的慢慢走到穿长衫的身边的时候，停下的电车又开出去了。

“你为什么不乘了这电车回去？”

穿长衫的问穿洋服的说。穿洋服的不答，却脚也不停慢慢地向前走了，穿长衫的就在后面跟着。

二人走到一处三岔路口了。穿洋服的立下来停了一停。穿长衫的走近了穿洋服的身边，脚也不停下来，仍复慢慢地前进。穿洋服的一边跟着，一边问说：

“你为什么不进这岔路回去？”

二人默默地前去，他们的影子渐渐儿离三岔路口远了下去，小了下去，过了一忽，他们的影子就完全被夜气吞没了。三岔路口，落了天风，转起了一阵黄沙。比较狂猛的风，呜呜地在高处响着。一乘汽车来了，三岔路口又转起了一阵黄沙。这是立秋的晚上。

一九三六年八月八日夜十二时

烟 影

一

每天想回去，想回去，但一则因为咳血咳得厉害，怕一动就要发生意外；二则因为几个稿费总不敷分配的原因，终于在上海的一间破落人家的前楼里住下了的文朴，这一天午后，又无情无绪地在秋阳和暖、灰土低翔的康脑脱马路上试他的孤独的漫步。

以节季而论，这时候晚秋早已过去，闰年的十月，若在北方，早该是冰冻天寒，朔风狂雪在横施暴力的时候，而这江南一廓，却依旧是秋光澄媚，日暖风和，就是道旁的两排阿葛西亚，树叶也还没有脱尽。四面空地里的杂草，也不过颜色有点枯黄，别致的人家的篱落，还有几处青色，在那里迎送斜阳哩！

然而时间的痕迹，终于看得出来，道路两旁的别墅前头的白杨绿竹；渐离尘市，渐渐增加起来的隙地上的衰草斜阳；和路上来往的几个行人身上的服饰，无一点不在表现残秋的凋落。文朴慢慢地向西走去，转了几个弯，看看两旁新筑的别庄式的洋房渐渐稀少起来了，就想回转脚步，寻出原来的路来，走回家去。

回头转来，从一条很窄狭的、两边有一丈来高的竹篱夹住的小路穿过，又走上一条斜通东西的大道上的时候，前面远远地忽而飞来了一乘蛋白色的新式小汽车。文朴拿出手帕来掩住口鼻，把身子打侧，稳稳地站在路旁，想让汽车过去。但是出乎他意料之外，那乘汽车，突然地在离他五六尺路的地方停住了。同时从车座上“噢，老文，你在这里干什么？”的叫了一声，文朴平时走路——尤其是在田野里散步——的时候，总和梦游病者一样，眼睛凝视着前面的空处，注意力全部内向，被吸收在漫无联络的空想中间；视野里非有印象特别深刻的对象，譬如很美丽的自然风景，极雅致的建筑或十分娇艳的异性之类，断不能唤醒他的幻梦的，所以这一回忽而听到了汽车里的呼声，文朴倒吃了一惊，把他半日来的一条思索的线路打断了。

“噢，你也在上海么？几时出京的？”

文朴的清瘦的面上同时现出了惊异和欣喜的神情，含了一脸枯寂的微笑，急遽地问了一声；问后他马上抢上前去，伸出手来去捏他朋友的一只套着皮手套的右手。

“你怎么也到上海来了呢？听说你在××，几时到这里的？现在住在什么地方？”

文朴被他朋友一问，倒被问得脸上有点红热起来了。因为他这一次在××大学教书，系受了两三个被人收买了的学生的攻击，同逃也似的跑到上海来的。到上海之后，他本来想马上回到北京去，但事不凑巧，年年不息的内战，又在津浦沿线勃发了。奸淫掳掠、放火杀人，比比皆是。那些匪不像匪、兵不像兵的东西，恶毒成性，决不肯放一个老百姓，平安地行旅过路的。况平日里讲话不谨慎的文朴，若冒了锋镝，往北进行，那这时候恐难免不为乱兵所杀戮。本来生死的问题，由文朴眼里看来，原也算不得一回什么了不得的大事。但一样的死，他却希望死在一个美人的怀里，或者也应该于月白风清的中夜，死在波光容与的海上。被这些比禽兽还不如的中国军人来砍杀，他以为还不如被一条毒蛇来咬死的时候，更光荣些。因此被他的在上海的几位穷朋友一劝，他也就猫猫虎虎地住下了。现在受了他半年余不见的老友的这一问，提醒了他目下的进退两难的境况，且使他回想起了一个月前头，几个凶恶的学生赶他的情形，他心里又觉得害羞，又觉得难过，所以只是默默地笑着，不回答一句话。他的朋友，知道他的脾气，所以也不等他的回话，就匆促地继续问他说：

“你近来身体怎么样？怎么半年多一点不见，就瘦得这一个样儿？我看，你的背脊也有点驼了。喂，老文，两三年前的你的闹酒的元气，上哪里去了？”

文朴听了他老友的这一番责备不像责备、慰问不像慰问的说话，心里愈是难过，喉舌愈觉得干硬了。举起了一双潮润的眼睛，呆看着他朋友的很壮健的脸色，他只好仍旧维持着他那一脸悲凉的微笑，默默地不作一声。他的朋友，把车门开了，让他进去同坐，他只是摇摇头，不肯进去。到后来他的朋友没有办法，就只好把车搁在道旁跳下来和他走了一段，做了些怀旧之谈，渐渐地引他谈到他现在的经济状况上去。文朴起初还不肯说，经他朋友屡次三番的盘诘，他才把“现在一时横竖不能北上，但很想乘此机会回浙江的故里去休养休养；可是他的经济状况，又不许可”的话说了。他的朋友还没有把这一段话听完之先，就很不经意地从裤子袋里摸出了一个香烟盒子来献给他看：

“你看这盒子怎么样？”

一边说着，一边他就开了盒子，拿了一支香烟出来。随即把盒子盖上，递给文朴之后，他又从另外的裤脚袋里摸出一个石油火盒来点火吸烟。文朴看了这银质镶金的烟盒，心里倒也很觉得可爱，但从吐血的那一天起，因为怕咳，不十分吸烟，所以空空把盒子玩了一回，并不开起盖子拿烟来吸，又把这盒子交还了他的朋友。他朋友对他笑了一笑，向天喷了一口青烟，轻轻地对他说：

“这烟盒你该认得吧，是密斯李送我的。现在她已经嫁了，我留在这里，倒反加添我的懊恼，请你为我保留几天，等下次见面的时候，你再还我，或者简直永久地请你保管过去也好。”

文朴手里拿了烟盒，和他朋友一边谈话，一边走回汽车停着的地方去。他的朋友因为午后有一位外国小姐招他去吃茶，所以于这时候一个人坐汽车出来的。外国小姐的住宅，去此地也不远了。到了汽车旁边，他朋友又强要文朴和他一块儿去，文朴执意不肯，他的朋友也就上车向前开了。开了两步，他朋友又止住了车，回头来叫文朴说：

“烟盒的夹层里，还有几张票子在那里，请你先用——”

话还没有说完，他的汽车却突突地飞奔了过去。文朴呆呆地向西站住了脚，只见夕阳影里起了一层透明灰白的飞尘，汽车的响声渐渐地幽了下去，汽车的影子也渐渐地小下去了。

二

文朴的朋友，本来是英国伦敦大学的毕业生，回国以后，就在北京××银行当会计主任。朋友的父亲，也是民国以来，许多总长中间的一个。在北京的时候，文朴常和他上胡同里去玩，因此二人的交情，一时也很亲密。不过文朴自出京上××城以来，半年多和他还没有通过一封信，这一次忽漫相逢，在夕阳晼晚的途中，又在人事常迁的上海，照理文朴应该是十分的喜悦，至少也应该和他在这十里洋场里大喝大闹地玩几天的，但是既贫且病的文朴，目下实在没有这样的兴致了。

文朴慢慢地走近寓所的时候，短促的冬日，已将坠下山去了。西边的天上，散满了红霞。他寓所附近的街巷里，也满挤着了些从学校里回家的小孩和许多从××书局里散出来的卖知识的工人。天空中起了寒风，从他的脚下，吹起了些泊拉丹奴斯的败叶和几阵灰土来，文朴的心里，不知不觉地感着了一种日暮的悲哀，就在街上的寒风里站住了。过了一会，看见对面油酒店里上了电灯，他也就轻轻地摸上他租在那里的那间前楼来，想倒在床上，安息一下，可是四面散放在那里的许多破旧的书籍，和远处不知何处飞来的一阵嘈杂的市声，使他不住地回忆到少年时候的他故里的景象上去。把怀中的铁表拿出来一看，去六点钟尚有三刻多钟，又于无意之中，把他朋友留给他的银盒打开来看时，夹层里，果然有五十余元的纸币插在里头。他的平稳的脑子里忽而波动起来了。不待第二次的思索，他就从床上站了起来，换了几件衣服，匆促下楼，一雇车就跑上沪宁火车站去赶乘杭州的夜快车去。

三

在刻板的时间里夜快车到了杭州，又照刻板的样子下了客店。第二天的傍午，文朴的清影，便在倒溯钱塘江面上的小汽船上逍遥了。

富春江的山水，实在是天下无双的妙景。要是中国人能够稍微有点气魄，不是年年争赃互杀，那么恐怕瑞士一国的买卖，要被这杭州一带的居民夺尽。大家只知道西湖的风景好，殊不知去杭州几十里，逆流而上的钱塘江、富春江上的风光，才是天下的绝景哩！严子陵[①]的所以不出来做官的原因，一半虽因为他的夫人比阴丽华[②]还要美些，然而一大半也许因为这富春江的山水，够使他看不起富贵神仙的缘故。

一江秋水，依旧是澄蓝的。两岸的秋山，依旧在袅娜迎人。苍江几曲，就有几簇苇丛，几湾村落，在那里点缀。你坐在轮船舱里，只需抬一抬头，劈面就有江岸乌桕树的红叶和去天不远的青山向你招呼。

---

①严子陵：严光，东汉著名隐士。退居富春山，葬于富春山。范仲淹在《严先生祠堂记》中写道："云山苍苍，江水泱泱。先生之风，山高水长。"

②阴丽华：光武帝刘秀原配，东汉第二任皇后，春秋时期名相管仲后裔，汉明帝刘庄的生母。阴丽华以美貌着称，刘秀还是一个尚未发迹的没落皇族之时，就十分仰慕阴丽华的美貌，曾感叹道："娶妻当得阴丽华"。据《后汉书》记载，阴丽华仁爱孝顺，怜悯慈爱。

到上海之后，吐血吐了一个多月，豪气消磨殆尽，连伸一个懒腰都怕背脊骨脱损的文朴，忽而身入了这个比图画还优美的境地，也觉得胸前有点生气回复转来了。

他斜靠着栏杆，举头看看静肃的长空，又放眼看看四面山上的浓淡的折痕，更向清清的江水里，吐了几口带血的浓痰，就觉得当年初从外国回来的时候的兴致，又勃然发作了。但是这一种童心的来复，也不过是暂时的现象，到了船将要近他的故里的时候，他的心境，又忽而灰颓了起来。他想起了几百年来的传习紧围着的他的家庭，想起了年老好管闲事的他的母亲，想起了乡亲的种种麻烦的纠葛，就不觉打了几个寒噤，把头接连向左右摇了好几次。

小汽船停了几处，江上的风景，也换了几回。他在远地的时候，总日夜在想念，而身体一到，就要使他生出恐怖和厌恶出来的故乡近在目前了。汽笛叫了一声，转过山嘴，就看得见许多纵横错落、紧叠着的黑瓦白墙的房屋，沿江岸围聚在那里。计算起来，这城里大约也有三四千家人家的光景。靠江岸一带，样子和二三十年前一样，无论哪一块石头，哪一间小屋，文朴都还认得。虽则是正午已过，然而这小县城里，仿佛也有几家迟起的人家，有几处午饭的炊烟，还在晴空里缭绕。

文朴脸上，仍复是含了悲凉的微笑，在慢慢地跟着下了船的许多人，走上码头，走回家去。文朴的家，本来就离船码头不远，他走到了家，从后门进去，只有他的一位被旧式婚姻所害、和他的哥哥永不同居的嫂嫂，坐在厨房前的偏旁起坐室里做针线。

“啊！三叔，你回来了么?”

她见了文朴，就这样带着惊喜地叫了起来。文朴对她只是笑笑，略点了一点头，轻咳了几声，他才开始问嫂嫂说："我娘呢？"

"上新屋去监工去了。"她一边答应，一边就站起来，往厨下去烧茶和点心去。文朴坐着的这间起坐室，本来就在厨房前头，只隔了一道有门的薄板壁，所以他嫂嫂虽在起火烧茶，同时也可和文朴接谈。文朴从嫂嫂的口中，得听了许多家里的新造房屋等近事，一边也将他自己这几个月的生活，和病状慢慢地报告了出来。

"北京的三婶好么？"

这系指去年刚搬出去住在北京的文朴的女人说的，她们妯娌两个，从去年不见以后，相隔也差不多有一年了。文朴听了他嫂嫂的这一问，忽而惊震了一下。因为他自从××大学被逐，逃到上海之后，足有两个多月，还没有接到他女人的一封信过。他想到了在北京的一家的开销，和许久没有钱汇回去的事情，面上竟现出了一层惨澹的表情来。幸而他嫂嫂在厨下，看不出他的面色，所以停了一会，他才把国内战争剧烈、信息不通的事情说了。

半天的兴奋，使文朴于喝了几口茶、吃了一点点心之后，感到了疲倦，就想上楼去睡去。那楼房本来是他和他女人还住在家里的时候的卧室。结婚也在这一间房里结的。他成年地漂流在外头，他的女人活守着空闺，白天侍候他的母亲，晚上一个人在灯下抱了小孩洒泪的痕迹，在灰黑的墙壁上、坍败的器具上，和庞大的木床上，处处都可以看得出来。文朴看看这些旧日经他女人用过的器具，和壁上还挂在那里的一张她的照相，心里就突然地酸了起来。他痴坐在床沿上，尽在呆看着前面的玻璃窗外的午后的阳光，把睡魔也驱走了。他觉得和他那可怜的女人是永也不能再见，而这一间空房，仿佛是她死后还没有人进来过的样子。一层冷寞的情怀和一种沉闷的氛围，重重地压上他的心来了。

四

文朴在卧房里呆呆地坐在那里出神，不晓得经了多久，他才听见楼下仿佛是他母亲回来的样子，嫂嫂在告诉她说：

“三叔回来了，睡在楼上。”

文朴听了，倒把心定了一定，叹了一口气，就从他的凄切的回忆世界里醒了过来。上面装着了他特有的那种悲凉的笑容，他就向楼下叫了一声：“娘！”这时候他才知道冬天的一日已经向晚，房内有点黝黑起来了。

走下了楼，洗了手脸，还没有坐下，他母亲就问他这一回有没有钱带回来。他听了又笑了笑对她说：

“钱倒是有的，可是还存在银行里。”

“那么可以去取的呀！”

“这钱么，只有人家好取，而我自家是取不动的，哈哈……”

文朴强装着笑了半面，看看他母亲的神气不对，就沉默了下去。

晚饭的时候，文朴和他的母亲，在洋灯下对酌。他替母亲斟上了几杯酒之后，她的脾气又发了。

“朴呀，朴，你自家想想看，我年纪也老了……你在外边挣钱挣得很多，我哪里看见你有一个钱拿回来过？……你自己也要做父母的，倘使你培植了一个儿女，到了挣钱的时候把你丢开，你心里好过不好过？……你爸爸死的时候……你还是软头猫那么的一只！……你这一种情节，这一种情节，大约，大约总不在那里回想想看的吧！……”

文朴还只是含了微笑，一声也不响，低了头，拼命地在喝酒，一边看见他母亲的酒杯干了，他就替她斟上。她一边喝，一边讲的话更加多起来了：

“朴呀，朴，我还有几年好活？人有几个六十岁？……你……你有对你老婆的百分之一的心对待我，怕老天爷还要保佑你多挣几个钱哩！……”

文朴这时候酒也已经有点醉了，脸上的笑容，渐渐地收敛了起来，脸色也有点青起来了。他额上的一条青筋涨了出来，两边脸上连着太阳窝的几条筋，尽在那里抽动。他母亲还在继续她的数说：

“朴呀，朴，你的儿子，可以不必要他去读书的，……我在痛你呀，我怕你将来把儿子培植大了之后，也和我一样地吃苦呀！……你的女人……”

文朴听见她提起了他的女人来，心里也无端地起了一种悲感，仿佛在和他对酌的，并不是他的母亲，她所数说的，也并不是他自己的事情。他只觉得面前有一个人在那里说，世上有怎样怎样的一个男人和怎样怎样的一个女人，在那里受怎样怎样的生离之苦。将这一对男女受苦的情形，确凿地在心眼上刻画了一会，他忽而哇的一声哭了出来。被自家的哭声惊醒了醉梦，他便举目看了他母亲一眼。从珠帘似的眼泪里看过去，他只见了许多从泪珠里反映出来的灯火，和一张小小的、皱纹很多的母亲的歪了的脸。他觉得他的老母，好像也受了酒的熏蒸，在那里哭泣。从座位里站了起来，轻轻走上他母亲的身边，他把一只手按在她的肩上，一只手拍着她的背，含了泪声，继续地劝慰她说：

“娘！好啦，……好啦，饭……饭冷了，……您吃饭，……您……您吃饭吧！……”

这时候他们屋外的狭巷里，正有一个更夫走过。在击柝声里，文朴听见铜锣镗镗地敲了两下。

一九二六年三月十六日

薄奠

上

一天晴朗的春天的午后，我因为天气太好，坐在家里，觉得闷不过，吃过了较迟的午饭，带了几个零用钱，就跑出外面去逛。北京的晴空，颜色的确与南方的苍穹不同。在南方无论如何晴快的日子，天上总有一缕薄薄的纤云飞着，并且天空的蓝色，总带着一道很淡很淡的白味。北京的晴空却不是如此，天色一碧到底，你站在地上对天注视一会，身上好像能生出两翼翅膀来，就要一扬一摆地飞上空中去的样子。这可是单指不起风的时候而讲，若一起风，则人在天空下眼睛都睁不开，更说不到晴空的颜色如何了。那一天的午后，空气非常澄清，天色真青得可怜。我在街上夹在那些快乐的北京人士中间，披了一身和暖的阳光，不知不觉，竟走到了前门外最热闹的一条街上。踏进了一家卖灯笼的店里，买了几张奇妙的小画，重新回上大街缓步的时候，我忽而听出了一阵中国戏园特有的那种原始的锣鼓声音来。我的两只脚就受了这声音的牵引，自然而然地踏了进去。听戏听到了第三出，外面忽而起了呜呜的大风，戏园的屋顶也有些儿摇动。戏散之后，推来让去地走出戏园，扑面就来了一阵风沙。我眼睛闭了一忽，走上大街来雇车，车夫都要我七角六角大洋，不肯按照规矩折价。那时候天虽则还没有黑，但因为风沙飞满在空中，所以沉沉的大地上，已经现出了黄昏前的急景。店家的电灯，也都已上火，大街上汽车马车洋车挤塞在一处。一种车铃声叫唤声，并不知从何处来的许多杂音，尽在那里奏错乱的交响乐。大约是因为夜宴的时刻逼近，车上的男子，定是去赴宴会，奇装的女子，想来是去陪席的。

一则因为大风，二则因为正是一天中间北京人士最繁忙的时刻，所以我雇车竟雇不着，一直地走到了前门大街。为了上举的两种原因，洋车夫强索昂价，原是常有的事情，我因零用钱花完，袋里只有四五十枚铜子，不能应他们的要求，所以就下了决心，想一直走到西单牌楼再雇车回家。走下了正阳桥边的步道，被一辆南行的汽车喷满了一身灰土，我的决心，又动摇起来，含含糊糊地向道旁停着的一辆洋车问了一句，“嗳！四十枚拉巡捕厅儿胡同拉不拉？”那车夫竟恭恭敬敬地向我点了点头说：

“坐上罢，先生！”

坐上了车，被他向北地拉去，那么大的风沙，竟打不上我的脸来，我知道那时候起的是南风了。我不坐洋车则已，若坐洋车的时候，总爱和洋车夫谈闲话，想以我的言语来缓和他的劳动之苦，因为平时我们走路，若有一个朋友和我们闲谈着走，觉得不费力些。我从自己的这种经验着想，老是在实行浅薄的社会主义，一边高踞在车上，一边向前面和牛马一样在奔走的我的同胞攀谈些无头无尾的话。这一天，我本来不想开口的，但看看他弯曲的背脊，听听他嘿嘿的急喘，终觉得心里难受，所以轻轻地对他说：

“我倒不忙，你慢慢地走罢，你是哪儿的车？”

“我是巡捕厅胡同西口儿的车。”

“你在哪儿住家呀？”

“就在那南顺城街的北口，巡捕厅胡同的拐角儿上。”

“老天爷不知怎么的，每天刮这么大的风。”

“是啊！我们拉车的也苦，你们坐车的老爷们也不快活，这样的大风天气，真真是招怪呀！”

这样的一路讲，一路被他拉到我寄住的寓舍门口的时候，天已经快黑了。下车之后，我数铜子给他，他却和我说起客气话来，他一边拿出了一条黑黝黝的手巾来擦头上身上的汗，一边笑着说：

“您带着罢，我们是街坊，还拿钱么？”

被他这样的一说，我倒觉得难为情了，所以虽只应该给他四十枚铜子的，而到这时候却不得不把尽我所有的四十八枚铜子都给他。他道了谢，拉着空车在灰黑的道上向西边他的家里走去，我呆呆地目送了他一程，心里却在空想他的家庭。——他走回家去，他的女人必定远远地闻声就跑出来接他。把车斗里的铜子拿出，将车交还了车行，他回到自己屋里来打一盆水洗洗手脸，吸几口烟，就可在洋灯下和他的妻子享受很健康的夜膳。若他有兴致，大约还要喝一两个铜子的白干。喝了微醉，讲些东西南北的废话，他就可以抱了他的女人小孩，钻进被窝去酣睡。这种酣睡，大约是他们劳动阶级的唯一的享乐。

"啊啊！……"

空想到了此地，我的伤感病又发了。

"啊啊！可怜我两年来没有睡过一个整整的夜！这倒还可以说是因病所致，但是我的远隔在三千里外的女人小孩，又为了什么，不能和我在一处享受吃苦呢？难道我们是应该永远隔离的么！难道这也是病么？……总之是我不好，是我没有能力养活妻子。啊啊，你这车夫，你这向我道谢、被我怜悯的车夫，我不如你呀，我不如你！"

我在门口灰暗的空气里呆呆地立了一会，忽而想起了自家的身世，就不知不觉地心酸起来。红润的眼睛，被我所依赖的主人看见，是大不好的，因此我就复从门口走了下来，远远地跟那洋车走了一段。跟他转了弯，看那车夫进了胡同拐角上的一间破旧的矮屋，我又走上平则门大街去跑了一程，等天黑了，才走回家来吃晚饭。

自从这一回后，我和他的洋车，竟有了缘分，接连地坐了它好几次。他和我渐渐地熟起来了。

中

平则门外，有一道城河。河道虽比不上朝阳门外的运河那么宽，但春秋雨霁，绿水粼粼，也尽可以浮着锦帆，乘风南下。两岸的垂杨古道，倒影入河水中间，也大有板渚随堤的风味。河边隙地，长成一片绿芜，晚来时候，老有闲人在那里调鹰放马。太阳将落未落之际，站在这城河中间的渡船上，往北望去，看得出西直门的城楼，似烟似雾的，溶化成金碧的颜色，飘飏在两岸垂杨夹着的河水高头。春秋佳日，向晚的时候，你若一个人上城河边上来走走，好像是在看后期印象派的风景画，几乎能使你忘记是身在红尘十丈的北京城外。西山数不尽的诸峰，又如笑如眠，带着紫苍的暮色，静躺在绿荫起伏的春野西边；你若叫它一声，好像是这些远山，都能慢慢地走上你身边来的样子。西直门外有几处养鹅鸭的庄园，所以每天午后，城河里老有一对一对的白鹅在那里游泳。夕阳最后的残照，从杨柳荫中透出一两条光线来，射在这些浮动的白鹅背上时，愈能显得这幅风景的活泼鲜灵，别饶风致。我一个人焉然一身，寄住在人海的皇城里，衷心郁郁，老感着无聊。无聊之极，不是从城的西北跑往城南，上戏园茶楼、娼寮酒馆，去夹在许多快乐的同类中间，忘却我自家的存在，和他们一样地学习醉生梦死，便独自一个跑出平则门外，去享受这本地的风光。玉泉山的幽静、大觉寺的深邃，并不是对我没有魔力，不过一年有三百五十九日穷的我，断没有余钱，去领略它们的高尚的清景。五月中旬的一天午后，我又无端感着了一种悲愤，本想上城南的快乐地方，去寻些慰安的，但袋里连几个车钱也没有了，所以只好走出平则门外，去坐在杨柳荫中，尽量地呼吸呼吸西山的爽气。我守着西天的颜色，从浓蓝变成了淡紫，一忽儿，天的四周围又染得深红了，远远的法国教会堂的屋顶和许多绿树梢头，刹那间反射了一阵赤赭的残光，又一忽儿空气就变得澄苍静肃，视野内召唤我注意的物体，什么也没有了。四周的物影，渐渐散乱起来，我感着了一种日暮的悲哀，无意识地滴了几滴眼泪，就慢慢地真是非常缓慢，像在梦里游行似的，走回家来。进平则门往南一拐，就是南顺城街，南顺城街路东的第一条胡同便是巡捕厅胡同。我走到胡同的西口，正要进胡同的时候，忽而从角上的一间破屋里漏出几声大声来。这声音我觉得熟得很，稍微用了一点心力，回想了一想，我马上就记起那个身材瘦长、脸色黝黑，常拉我上城南去的车夫来。我站住静听了一会，听得他好像在和人拌嘴。我坐过他许多次数的车，他的脾气是很好的，所以听到他在和人拌嘴，心里倒很觉得奇怪。看他的样子，好像有五十多岁的光景，但他自己说今年只有四十二岁。他平常非常沉默寡言，不过你和他说话的时候，他却总来回答你一句两句。他身材本来很高，但是不晓得是因为社会的压迫呢，还是因他天生的病症，背脊却是弯着，看去好像不十分高。他脸上浮着的一种谨慎的劳动者特有的表情，我怎么也形容不出来，他好像是在默想他的被社会虐待的存在是应该的样子，又好像在这沉默的忍苦中间，表示他的无限的反抗，和不断地挣扎的样子。总之，他那一种沉默忍受的态度，使人家见了便能生出无限的感慨来。况且是和他社会的地位相去无几，而受的虐待又比他更甚的我，平常坐他的车，和他谈话的时候，总要感着一种抑郁不平的气，横上心来；而这种抑郁不平之气，他也无处去发泄，我也无处去发泄，只好默默地闷受着，即使闷受不过，最多亦只能向天长啸一声。有一天我在前门外喝醉了酒，往一家相识的人家去和衣睡了半夜，醒来的时候，已经是下弦月上升的时刻了。我从韩家潭雇车雇到西单牌楼，在西单牌楼换车的时候，又遇见了他。半夜酒醒，从灰白死寂，除了一乘两乘汽车飞过搅起一阵灰来，此外别无动静的长街上，慢慢被拖回家来，这种悲哀的情调，已尽够我消受的了，况又遇着了他，一路上听了他许多不堪再听的话……他说这个年头儿真教人生存不得。他说洋车价涨了一个两个铜子，而煤米油盐，都要各涨一倍。他说洋车出租的东家，真会挑剔，一根骨子弯了一点，一个小钉不见了，就要赔很多钱。他说他一天到晚拉车，拉来的几个钱还不够供洋车租主的绞榨。皮带破了、弓子弯了的时候，更不必说了。他说他的女人不会治家，老要白花钱。他说他的大小孩今年八岁，二小孩今年三岁了。……我默默地坐在车上，看看天上惨淡的星月，经过了几条灰黑静寂的狭巷，细听着他的一条条的诉说，觉得这些苦楚，都不是他一个人的苦楚。我真想跳下车来，同他抱头痛哭一场，但是我着在身上的一件竹布长衫，和盘在脑里的一堆教育的绳矩，把我的真率的情感缚住了。自从那一晚以后，我心里就存了一种怕与他相见的思想，所以和他不见了半个多月。这一天日暮，我自平则门走回家来，听了他在和人吵闹的声音，心里竟起了一种自责的心思，好像是不应该躲避开这个可怜的朋友至半月之久的样子。我静听了一忽，才知道他吵闹的对手，是他的女人。一时心情被他的悲惨的声音所挑动，我竟不待回思，一脚就踏进了他住的那所破屋。他的住屋，只有一间小屋，小屋的一半，却被一个大炕占据了去。在外边天色虽还没有十分暗黑，但在他那矮小的屋内，却早已黑影沉沉，辨不出物体来了。他一手插在腰里，一手指着炕上缩成一堆、坐在那里的一个妇人，一声两声地在那里数骂。两个小孩爬在炕的里边。我一进去时，只见他自家一个站着的背影，他的人和小孩都看不出来。后来招呼了他，向他手指着的地方看去，才看出了一个女人，又站了一忽，我的眼睛在黑暗里经惯了，重复看出了他的两个小孩。我进去叫了他一声，问他为什么要这样动气，他就把手一指，指着炕沿上的那女人说：

“这臭东西把我辛辛苦苦积下来的三块多钱，一下子就花完了，去买了这些捆尸体的布来。……”

说着他用脚一踢，地上果然滚了一包白色的布出来。他一边向我问了寒暄话，一边就蹙紧了眉头说：

“我的心思，她们一点儿也不晓得，我要积这几块钱干什么？我不过想自家去买一辆旧车来拉，可以免掉那车行的租钱呀！天气热了，我们穷人，就是光着脊肋儿，也有什么要紧？她却要去买这些白洋布来做衣服。你说可气不可气啊？”

我听了心里虽则也为他难受，但口上只好安慰他说：

“做衣服倒也是要紧的，积几个钱，是很容易的事情，你但须忍耐着，三四块钱是不难再积起来的。”

我说完了话，忽而在沉沉的静寂中，从炕沿上听出了几声暗泣的声音来。这时候我若袋里有钱，一定要全部拿出来给他，请他息怒。但是我身边一摸，却摸不出一个铜银的货币。呆呆地站着，心里打算了一会，我觉得终究没有方法好想。正在着恼的时候，我里边小褂袋里唧唧响着的一个银表的针步声，忽而敲动了我的耳膜。我知道若在此时，当面把这银表拿出来给他，他是一定是不肯受的。迟疑了一会，我想出一个主意，趁他不注意的时候，悄悄地把表拿了出来；和他讲着些慰劝他的话，一边我走上前去了一步，顺手把表搁在一张半破的桌上。随后又和他交换了几句言语，我就走出来了。我出到了门处，走进胡同，心里感得的一种沉闷，比午后上城外去的时候更甚了。我只恨我自家太无能力，太没有勇气。我仰天看看，在深沉的天空里，只看出了几颗星来。

第二天的早晨，我刚起床，正在那里刷牙漱口的时候，听见门外有人打门，出去一看，就看见他拉着车站在门口。他问了我一声好，手向车斗里一摸，就把那个表拿出来，问我说：

“先生，这是你的罢？你昨晚上掉下的罢？”

我听了脸上红了一红。马上就说：

“这不是我的，我并没有掉表。”

他连说了几声奇怪，把那表的来历说了一阵，见我坚不肯认，就也没有方法，收起了表，慢慢地拉着空车向东走去。

下

夏至以后，北京接连下了半个多月的雨。我因为一天晚上，没有盖被睡觉，惹了一场很重的病，直到两个礼拜前，才得起床。起床后第三天的午后，我看看久雨新霁，天气很好，就拿了一根手杖踏出门去。因为这是病后第一次的出门，所以出了门就走往西边，依旧想到我平时所爱的平则门外的河边去闲行。走过那胡同角上的破屋的时候，我只看见门口立了一群人，在那里看热闹。屋内有人在低声啜泣。我以为那拉车的又在和他的女人吵闹了，所以也就走了过去，去看热闹，一边我心里却暗暗地想着：

“今天若他们再因金钱而争吵，我却可以解决他们的问题。”

因为那时候我家里寄出来为作医药费的钱还没有用完，皮包里还有几张五块钱的钞票收藏着哩。我踏近前去一看，破屋里并没有拉车人的影子，只有他的女人坐在炕沿上哭。一个小一点的小孩，坐在地上他母亲的脚跟前，也在陪着她哭。看了一会，我终摸不着头脑，不晓得她为什么要哭。和我一块儿站着的人，有的唧唧地在那里叹息，有的也拿来出手巾来在擦眼泪说："可怜哪，可怜哪！"我向一个立在我旁边的中年妇人问了一番，才知道她的男人，前几天在南下洼的大水里淹死了。死了之后，她还不晓得，直到第二天的傍晚，由拉车的同伴认出了他的相貌，才跑回来告诉她。她和她的两个儿子，得了此信，冒雨走上南横街南边的尸场去一看，就大哭了一阵。后来她自己也跳在附近的一个水池里自尽过一次，经她儿子的呼救，附近的居民，费了许多气力，才把她捞救上来。过了一会，由那地方的慈善家，出了钱把她的男人埋葬完毕，且给了她三十斤面票，八十吊铜子，方送她回来。回来之后，她白天晚上只是哭，已经哭了好几天了。我听了这一番消息，看了这一场光景，心里只是难受。同一两个月前头，半夜从前门回来，坐在她男人的车上，听他的诉说时一样，觉得这些光景，绝不是她一个人的。我忽而想起了我的可怜的女人，又想起了我的和那在地上哭着的小孩一样大的龙儿，也觉得眼睛里热起来，痒起来了。我心里正在难受，忽而从人丛里挤来了一个八九岁的小孩，赤足袒胸地跑了进来。他的小手里拿了几个铜子蹑手蹑脚地对她说：

"妈，你瞧，这是人家给我的。"

看热闹的人，看了他那小脸上的严肃的表情，和他那小手的滑稽的样子，有几个笑着走了，只有两个以手巾擦着眼泪的老妇人，还站在那里。我看看周围的人数少了，就也踏也进去问她说：

“你还认得我么？”

她举起红肿的眼睛来，对我看了一眼，点了一点头，仍复伏倒头在哀哀地哭着。我想叫她不哭，但是看看她的情形，觉得是不可能的，所以只好默默地站着，眼睛看见她的瘦削的双肩一起一缩地在抽动。我这样地静立了三五分钟，门外又忽挤出许多人拢来看我。我觉得被他们看得不耐烦了，就走出了一步对他们说：

“你们看什么热闹？人家死了人在这里哭，你们有什么好看？”

那八岁的孩子，看我心里发了恼，就走上门口，把一扇破门关上了，喀丹一响，屋里忽而暗了起来。他的哭着的母亲，好像也为这变化所惊动，一时止住了哭声，擎起眼来看她的孩子和离门不远呆立着的我。我趁此机会，就劝她说：

“看养孩子要紧，你老是哭也不是道理，我若可以帮你的忙，我总没有不为你出力的。”

她听了这话，一边啜泣，一边断断续续地说：

“我……我……别的都不怪，我……只……只怪他何以死得那么快。也……也不知他……他是自家沉河的呢，还是……”

她说了这一句又哭起来了，我没有办法，就从袋里拿出了皮包，取了一张五块钱的钞票递给她说：

“这虽然不多，你拿着用罢！”

她听了这话，又止住了哭，啜泣着对我说：“我……我们……是不要钱用，只……只是他……他死得……死得太可怜了。……他……

他活着的时候，老……老想自己买一辆车，但是……但是这心愿儿终究没有达到。……前天我，我到冥衣铺去定一辆纸糊的洋车，想烧给他，那一家掌柜的要我六块多钱，我没有定下来。你……你老爷心好，请你，请你老爷去买一辆好，好的纸车来烧给他罢！”

说完她又哭了。我听了这一段话，心里愈觉得难受，呆呆地立了一忽，只好把刚才的那张钞票收起，一边对她说：

“你别哭了罢！他是我的朋友，那纸糊的洋车，我明天一定去买了来，和你一块去烧到他的坟前去。”

又对两个小孩说了几句话，我就打开门走出来。我从来没有办过丧事，所以寻来寻去，总寻不出一家冥衣铺来定那纸糊的洋车。后来直到四牌楼附近，找定了一家，付了他钱，要他赶紧为我糊一辆车。

两天之后，那纸洋车糊好了，恰巧天气也不下雨，我早早吃了午饭，就雇了四辆洋车，同她及两个小孩一道去上她男人的坟。车过顺治门内大街的时候，因为我前面的一乘人力车上只载着一辆纸糊的很美丽的洋车和两包锭子，大街上来往的红男绿女只是凝目地在看我和我后面车上的那个眼睛哭得红肿、衣服褴褛的中年妇人。我被众人的目光鞭挞不过，心里起了一种不可抑遏的反抗和诅咒的毒念，只想放大了喉咙向着那红男绿女和汽车中的贵人狠命地叫骂着说：

“猪狗！畜生！你们看什么？我的朋友，这可怜的拉车者，是为你们所逼死的呀！你们还看什么？”

一九二四年八月十四日作于北京

春风沉醉的晚上

一

在沪上闲居了半年，因为失业的结果，我的寓所迁移了三处。最初我住在静安寺路南的一间同鸟笼似的永也没有太阳晒着的自由的监房里。这些自由的监房的住民，除了几个同强盗小窃一样的凶恶裁缝之外，都是些可怜的无名文士，我当时所以送了那地方一个 Yellow Grub Street（黄种人的寒士街。寒士街是伦敦过去的一条街名。——编者注）的称号。在这 Grub Street 里住了一个月，房租忽涨了价，我就不得不拖了几本破书，搬到跑马厅附近一家相识的栈房里去。后来在这栈房里又受了种种逼迫，不得不搬了，我便在外白渡桥北岸的邓脱路中间、日新里对面的贫民窟里，寻了一间小小的房间，迁移了过去。

邓脱路的这几排房子，从地上量到屋顶，只有一丈几尺高。我住的楼上的那间房间，更是矮小得不堪。若站在楼板上伸一伸懒腰，两只手就要把灰黑的屋顶穿通的。从前面的衖（xiàng）里踱进了那房子的门，便是房主的住房。在破布、洋铁罐、玻璃瓶、旧铁器堆满的中间，侧着身子走近两步，就有一张中间有几根横档跌落的梯子靠墙摆在那里。用了这张梯子往上面的黑黝黝的一个二尺宽的洞里一接，即能走上楼去。黑沉沉的这层楼上，本来只有猫额那样大，房主人却把它隔成了两间小房，外面一间是一个N烟公司的女工住在那里，我所租的是梯子口头的那间小房，因为外间的住者要从我的房里出入，所以我每月的房租要比外间的便宜几角小洋。

我的房主，是一个五十来岁的弯腰老人。他的脸上的青黄色里，映射着一层暗黑的油光。两只眼睛一只大一只小，颧骨很高，额上颊上的几条皱纹里满砌着煤灰，好像每天早晨洗也洗不掉的样子。他每日于八九点钟的时候起来，咳嗽一阵，便挑了一只竹篮出去，到午后的三四点钟总仍旧是挑了一只空篮回来的，有时挑了满担回来的时候，他的竹篮里便是那些破布、破铁器、玻璃瓶之类。像这样的晚上，他必要去买些酒来喝喝，一个人坐在床沿上瞎骂出许多不可捉摸的话来。

我与间壁的同寓者的第一次相遇，是在搬来的那天午后。春天的急景已经快晚了的五点钟的时候，我点了一支蜡烛，在那里安放几本刚从栈房里搬过来的破书。先把它们叠成了两方堆，一堆小些，一堆大些，然后把两个二尺长的装画的画架覆在大一点的那堆书上。因为我的器具都卖完了，这一堆书和画架白天要当写字台，晚上可当床睡的。摆好了画架的板，我就朝着了这张由书叠成的桌子，坐在小一点的那堆书上吸烟，我的背系朝着梯子的接口的。我一边吸烟，一边在那里呆看放在桌上的蜡烛火，忽而听见梯子口上起了响动。回头一看，我只见了一个自家的扩大的投射影子，此外什么也辨不出来，但我的听觉分明告诉我说："有人上来了。"我向暗中凝视了几秒钟，一个圆形灰白的面貌，半截纤细的女人的身体，方才映到我的眼帘上来。一见了她的容貌，我就知道她是我的间壁的同居者了。因为我来找房子的时候，那房主的老人便告诉我说，这屋里除了他一个人外，楼上只住着一个女工。我一则喜欢房价的便宜，二则喜欢这屋里没有别的女人小孩，所以立刻就租定了的。等她走上了梯子，我才站起来对她点了点头说：

"对不起，我是今朝才搬来的，以后要请你照应。"

她听了我这话，也并不回答，一双漆黑的大眼对我深深地看了一眼，就走上她的门口去开了锁，进房去了。我与她不过这样地见了一面，不晓得是什么原因，我只觉得她是一个可怜的女子。她的高高的鼻梁，灰白长圆的面貌，清瘦不高的身体，好像都在表明她是可怜的特征。但是当时正为了生活问题在那里操心的我，也无暇去怜惜这还未曾失业的女工，过了几分钟，我又动也不动地坐在那一小堆书上看蜡烛光了。

在这贫民窟里过了一个多礼拜，她每天早晨七点钟去上工和午后六点多钟下工回来，总只见我呆呆地对着蜡烛或油灯坐在那堆书上。大约她的好奇心被我那痴不痴呆不呆的态度挑动了罢。有一天她下了工走上楼来的时候，我依旧和第一天一样地站起来让她过去。她走到了我的身边忽而停住了脚，看了我一眼，吞吞吐吐好像怕什么似的问我说：

“你天天在这里看的是什么书?”

(她操的是柔和的苏州音，听了这一种声音以后的感觉，是怎么也写不出来的，所以我只能把她的言语译成普通的白话。)

我听了她的话，反而脸上涨红了。因为我天天呆坐在那里，面前虽则有几本外国书摊着，其实我的脑筋昏乱得很，就是一行一句也看不进去。有时候我只用了想象在书的上一行与下一行中间的空白里，填些奇异的模型进去。有时候我只把书里边的插画翻开来看看，就了那些插画演绎些不近人情的幻想出来。我那时候的身体因为失眠与营养不良的结果，实际上已经成了病的状态了。况且又因为我的唯一的财产的一件棉袍子已经破得不堪，白天不能走出外面去散步和房里全没有光线进来，不论白天晚上，都要点着油灯或蜡烛的缘故，非但我的全部健康不如常人，就是我的眼睛和脚力，也局部地非常萎缩了。在这样状态下的我，听了她这一问，如何能够不红起脸来呢?所以我只是含含糊糊地回答说：

“我并不在看书，不过什么也不做呆坐在这里，样子一定不好看，所以把这几本书摊放着的。”她听了这话，又深深地看了我一眼，做了一种不解的形容，依旧地走到她的房里去了。

那几天里，若说我完全什么事情也不去找，什么事情也不曾干，却是假的。有时候，我的脑筋稍微清新一点下来，也曾译过几首英法的小诗，和几篇不满四千字的德国的短篇小说，于晚上大家睡熟的时候，不声不响地出去投邮，寄投给各新开的书局。因为当时我的各方面就职的希望，早已经完全断绝了，只有这一方面，还能靠了我的枯燥的脑筋，想想法子看。万一中了他们编辑先生的意，把我译的东西登了出来，也不难得几块钱的酬报。所以我自迁移到邓脱路以后，当她第一次同我讲话的时候，这样的译稿已经发出三四次了。

二

在乱昏昏的上海租界里住着，四季的变迁和日子的过去是不容易觉得的。我搬到了邓脱路的贫民窟之后，只觉得身上穿在那里的那件破棉袍子一天一天地重了起来，热了起来，所以我心里想：

“大约春光也已经老透了罢！”

但是囊中很羞涩的我，也不能上什么地方去旅行一次，日夜只是在那暗室的灯光下呆坐。有一天，大约是午后了，我也是这样地坐在那里，间壁的同住者忽而手里拿了两包用纸包好的物件走了上来，我站起来让她走的时候，她把手里的纸包放了一包在我的书桌上说：

“这一包是葡萄浆的面包，请你收藏着，明天好吃的。另外我还有一包香蕉买在这里，请你到我房里来一道吃罢！”

我替她拿住了纸包，她就开了门邀我进她的房里去。共住了这十几天，她好像已经信任我是一个忠厚的人的样子。我见她初见我的时候脸上流露出来的那一种疑惧的形容完全没有了。我进了她的房里，才知道天还未暗，因为她的房里有一扇朝南的窗，太阳反射的光线从这窗里投射进来，照见了小小的一间房，由二条板铺成的一张床，一张黑漆的半桌，一只板箱，和一只圆凳。床上虽则没有帐子，但堆着两条洁净的青布被褥。半桌上有一只小洋铁箱摆在那里，大约是她的梳头器具，洋铁箱上已经有许多油污的点子了。她一边把堆在圆凳上的几件半旧的洋布棉袄、粗布裤等收在床上，一边就让我坐下。我看了她那股勤待我的样子，心里倒不好意思起来，所以就对她说：

“我们本来住在一处，何必这样地客气。”

“我并不客气，但是你每天当我回来的时候，总站起来让路，我却觉得对不起得很。”

这样地说着，她就把一包香蕉打开来让我吃。她自家也拿了一只，在床上坐下，一边吃一边问我说：

“你何以只住在家里，不出去找点事情做做？”

“我原是这样地想，但是找来找去总找不着事情。”

“你有朋友么？”

“朋友是有的，但是到了这样的时候，他们都不和我来往了。”

“你进过学堂么？”

“我在外国的学堂里曾经念过几年书。”

“你家在什么地方？何以不回家去？”

她问到了这里，我忽而感觉到我自己的现状了。因为自去年以来，我只是一日一日地萎靡下去，差不多把“我是什么人？”“我现在所处的是怎么一种境遇？”“我的心里是悲还是喜？”这些观念都忘掉了。经她这一问，我重新把半年来困苦的情形一层一层地想了出来。所以听她的问话以后，我只是呆呆地看她，半晌说不出话来。她看了我这个样子，以为我也是一个无家可归的流浪人，脸上就立时起了一种孤寂的表情，微微地叹着说

“唉！你也是同我一样的么？”

微微地叹了一声之后，她就不说话了。我看她的眼圈有些潮红起来，所以就想了一个另外的问题问她说：

“你在工厂里做的是什么工作？”

“是包纸烟的。”

“一天做几个钟头工？”

“早晨七点钟起，晚上六点钟止，中午休息一个钟头，每天一共要做十个钟头的工。少做一点钟就要扣钱的。”

“扣多少钱？”

“每月九块钱，所以是三块钱十天，三分大洋一个钟头。”

“饭钱多少？”

“四块钱一月。”

“这样算起来，每月一个钟点也不休息，除了饭钱，可省下五块钱来。够你付房钱买衣服的么？”

“哪里够呢！并且那管理人又……啊啊！……我……我所以非常恨工厂的。你吸烟的么？”

“吸的。”

“我劝你顶好还是不吸。就吸也不要去吸我们工厂的烟。我真恨死它在这里。”

我看看她那一种切齿怨恨的样子，就不愿意再说下去。把手里捏着的半个吃剩的香蕉咬了几口，向四边一看，觉得她的房里也有些灰黑了，我站起来道了谢，就走回到了我自己的房里。她大约做工倦了的缘故，每天回来大概是马上就入睡的，只有这一晚上，她在房里好像是直到半夜还没有就寝。从这一回之后，她每天回来，总和我说几句话。我从她自家的口里听得，知道她姓陈，名叫二妹，是苏州东乡人，从小系在上海乡下长大的，她父亲也是纸烟工厂的工人，但是去年秋天死了。她本来和她父亲同住在那间房里，每天同上工厂去的，现在却只剩了她一个人了。她父亲死后的一个多月，她早晨上工厂去也一路哭了去，晚上回来也一路哭了回来的。她今年十七岁，也无兄弟姊妹，也无近亲的亲戚。她父亲死后的葬殓等事，是他于未死之前把十五块钱交给楼下的老人，托这老人包办的。她说：

"楼下的老人倒是一个好人，对我从来没有起过坏心，所以我得同父亲在日一样地去做工，不过工厂的一个姓李的管理人却坏得很，知道我父亲死了，就天天想戏弄我。"

她自家和她父亲的身世，我差不多全知道了，但她母亲是如何的一个人？死了呢还是活在哪里？假使还活着，住在什么地方？等等，她却从来没有说及过。

三

天气好像变了。几日来我那独有的世界，黑暗的小房里的腐浊的空气，同蒸笼里的蒸汽一样，蒸得人头昏欲晕。我每年在春夏之交要发的神经衰弱的重症，遇了这样的气候，就要使我变成半狂。所以我这几天来，到了晚上，等马路上人静之后，也常常走出去散步去。一个人在马路上从狭隘的深蓝天空里看看群星，慢慢地向前行走，一边做些漫无涯涘的空想，倒是于我的身体很有利益。当这样的无可奈何，春风沉醉的晚上，我每要在各处乱走，走到天将明的时候才回家里。我这样地走倦了回去就睡，一睡直可睡到第二天的日中，有几次竟要睡到二妹下工回来的前后方才起来。睡眠一足，我的健康状态也渐渐地恢复起来了。平时只能消化半磅面包的我的胃部，自从我的深夜游行的练习开始之后，进步得几乎能容纳面包一磅了。这事在经济上虽则是一大打击，但我的脑筋，受了这些滋养，似乎比从前稍能统一。我于游行回来之后，就睡之前，却作成了几篇 Allan Poe[①]式的短篇小说，自家看看，也不很坏。我改了几次，抄了几次，一一投邮寄出之后，心里虽然起了些微细的希望，但是想想前几回的译稿的绝无消息，过了几天，也便把它们忘了。

邻住者的二妹，这几天来，当她早晨出去上工的时候，我总在那里酣睡，只有午后下工回来的时候，有几次有见面的机会。但是不晓得是什么原因，我觉得她对我的态度，又回到从前初见面的时候的疑惧状态中去了。有时候她深深地看我一眼，她的黑晶晶、水汪汪的眼睛里，似乎是满含着责备我规劝我的意思。

我搬到这贫民窟里住后，约莫已经有二十多天的样子。一天午后我正点上蜡烛，在那里看一本从旧书铺里买来的小说的时候，二妹却急急忙忙地走上楼来对我说：

“楼下有一个送信的在那里，要你拿了印子去拿信。”

她对我讲这话的时候，她的疑惧我的态度更表示得明显，她好像在那里说：“呵呵！你的事件是发觉了啊！”我对她这种态度，心里非常痛恨，所以就气急了一点，回答她说：

---

①Allan Poe：爱伦·坡，十九世纪美国小说家。

“我有什么信？不是我的！”

她听了我这气愤愤的回答，更好像是得了胜利似的，脸上忽涌出了一种冷笑说：

“你自家去看罢！你的事情，只有你自家知道的！”

同时我听见楼底下门口果真有一个邮差似的人在催着说：

“挂号信！”

我把信取来一看，心里就突突地跳了几跳，原来我前回寄去的一篇德文短篇的译稿，已经在某杂志上发表了，信中寄来的是五元钱的一张汇票。我囊里正是将空的时候，有了这五元钱，非但月底要预付的来月的房金可以无忧，并且付过房金以后，还可以维持几天食料。当时这五元钱对我的效用的广大，是谁也能推想得出来的。

第二天午后，我上邮局去取了钱，在太阳晒着的大街上走了一会，忽而觉得身上就淋出了许多汗来。我向我前后左右的行人一看，复向我自家的身上一看，就不知不觉地把头低俯了下去。我颈上头上的汗珠，更同盛雨似的，一颗一颗地钻出来了。因为当我在深夜游行的时候，天上并没有太阳，并且料峭的春寒，于东方微白的残夜，老在静寂的街巷中留着，所以我穿的那件破棉袍子，还觉得不十分与节季违异。如今到了阳和的春日晒着的这日中，我还不能自觉，依旧穿了这件夜游的敝袍，在大街上阔步，与前后左右的和节季同时进行的我的同类一比，我哪得不自惭形秽呢？我一时竟忘了几日后不得不付的房金，忘了囊中本来将尽的些微的积聚，便慢慢地走上了闸路的估衣铺去。好久不在天日之下行走的我，看看街上来往的汽车人力车，车中坐着的华美的少年男女，和马路两边的绸缎铺金银铺窗里的丰丽的陈设，听听四面的同蜂衙似的嘈杂的人声、脚步声、车铃声，一时倒也觉得是身到了大罗天上的样子。我忘记了我自家的存在，也想和我的同胞一样的欢歌欣舞起来，我的嘴里便不知不觉地唱起几句久忘了的京调来了。这一时的涅槃幻境，当我想横越过马路，转入闸路去的时候，忽而被一阵铃声惊破了。我抬起头来一看，我的面前正冲来了一乘无轨电车，车头上站着的那肥胖的机器手，伏出了半身，怒目地大声骂我说：

“猪头三！侬（你）艾（眼）睛勿散（生）咯！跌杀时，叫旺（黄）够（狗）来抵侬（你）命噢！”我呆呆地站住了脚，目送那无轨电车车尾后卷起了一道灰尘，向北过去之后，不知是从何处发出来的感情，忽而竟禁不住哈哈哈哈地笑了几声。等得四面的人注视我的时候，我才红了脸慢慢地走向了闸路里去。

我在几家估衣铺里，问了些夹衫的价钱，还了他们一个我所能出的数目，几个估衣铺的店员，好像是一个师父教出的样子，都摆下了脸面，嘲弄着说：

“侬（你）寻萨咯（什么）凯（开）心！马（买）勿起好勿要马（买）咯！”

一直问到五马路边上的一家小铺子里，我看看夹衫是怎么也买不成了，才买定了一件竹布单衫，马上就把它换上。手里拿了一包换下的棉袍子，默默地走回家来。一边我心里却在打算：

“横竖是不够用了，我索性来痛快地用它一下罢。”同时我又想起了那天二妹送我的面包香蕉等物。不等第二次的回想，我就寻着了一家卖糖食的店，进去买了一块钱巧克力、香蕉糖、鸡蛋糕等杂食。

站在那店里，等店员在那里替我包好来的时候，我忽而想起我有一月多不洗澡了，今天不如顺便也去洗一个澡罢。

洗好了澡，拿了一包棉袍子和一包糖食，回到邓脱路的时候，马路两旁的店家，已经上电灯了。街上来往的行人也很稀少，一阵从黄浦江上吹来的日暮的凉风，吹得我打了几个冷噤。我回到了我的房里，把蜡烛点上，向二妹的房门一照，知道她还没有回来。那时候我腹中虽则饥饿得很，但我刚买来的那包糖食怎么也不愿意打开来，因为我想等二妹回来同她一道吃。我一边拿出书来看，一边口里尽在咽唾液下去。等了许多时候，二妹终不回来，我的疲倦不知什么时候出来战胜了我，就靠在书堆上睡着了。

四

二妹回来的响动把我惊醒的时候，我见我面前的一支十二盎司一包的洋蜡烛已经点去了二寸的样子，我问她是什么时候了？她说：

“十点的汽笛刚刚放过。”

“你何以今天回来得这样迟？”

“厂里因为销路大了，要我们做夜工。工钱是增加的，不过人太累了。”

“那你可以不去做的。”

“但是工人不够，不做是不行的。”

她讲到这里，忽而滚了两粒眼泪出来，我以为她是做工做得倦了，故而动了伤感，一边心里虽在可怜她，但一边看她这同小孩似的脾气，却也感着了些儿快乐。把糖食包打开，请她吃了几颗之后，我就劝她说：

“初做夜工的时候不惯，所以觉得困倦，做惯了以后，也没有什么的。”

她默默地坐在我的半高的由书叠成的桌上，吃了几颗巧克力，对我看了几眼，好像是有话说不出来的样子。我就催她说：

“你有什么话说？”

她又沉默了一会，便断断续续地问我说：

“我……我……早想问你了，这几天晚上，你每晚在外边，可在与坏人做伙友么？”

我听了她这话，倒吃了一惊，她好像在疑我天天晚上在外面与小窃恶棍混在一块。她看我呆了不答，便以为我的行为真的被她看破了，所以就柔柔和和地连续着说：

“你何苦要吃这样好的东西，要穿这样好的衣服？你可知道这事情是靠不住的。万一被人家捉了去，你还有什么面目做人。过去的事情不必去说它，以后我请你改过了罢。……”

我尽是张大了眼睛，张大了嘴，呆呆地在看她，因为她的思想太奇突了，使我无从辩解起。她沉默了数秒钟，又接着说：

“就以你吸的烟而论，每天若戒绝了不吸，岂不可省几个铜子。我早就劝你不要吸烟，尤其是不要吸那我所痛恨的N工厂的烟，你总是不听。”

她讲到了这里，又忽而落了几滴眼泪。我知道这是她为怨恨N工厂而滴的眼泪，但我的心里，怎么也不许我这样想，我总要把它们当作因规劝我而洒的。我静静儿地想了一会，等她的神经镇静下去之后，就把昨天的那封挂号信的来由说给她听，又把今天的取钱买物的事情说了一遍，最后更将我的神经衰弱症和每晚何以必要出去散步的原因说了。她听了我这一番辩解，就信了我，等我说完之后，她颊上忽而起了两点红晕，把眼睛低下去看看桌上，好像是怕羞似的说：

“噢，我错怪你了，我错怪你了。请你不要多心，我本来是没有歹意的。因为你的行为太奇怪了，所以我想到了邪路里去。你若能好好儿地用功，岂不是很好么？你刚才说的那——叫什么的——东西，能够卖五块钱，要是每天能做一个，多么好呢？”

我看了她这种单纯的态度，心里忽而起了一种不可思议的感情，我想把两只手伸出去拥抱她一回，但是我的理性却命令我说：

“你莫再作孽了！你可知道你现在处的是什么境遇！你想把这纯洁的处女毒杀了么？恶魔，恶魔，你现在是没有爱人的资格的呀！”

我当那种感情起来的时候，曾把眼睛闭上了几秒钟，等听了理性的命令以后，我的眼睛又开了开来，我觉得我的周围，忽而比前几秒钟更光明了。对她微微地笑了一笑，我就催她说：

“夜也深了，你该去睡了罢！明天你还要上工去的呢！我从今天起，就答应你把纸烟戒下来罢。”

她听了我这话，就站了起来，很喜欢地回到她的房里去睡了。

她去之后，我又换上一支洋蜡烛，静静儿地想了许多事情：

“我的劳动的结果，第一次得来的这五块钱已经用去了三块了。连我原有的一块多钱合起来，付房钱之后，只能省下二三角小洋来，如何是好呢！

“就把这破棉袍子去当罢！但是当铺里恐怕不要。

“这女孩子真是可怜，但我现在的境遇，可是还赶她不上，她是不想做工而工作要强迫她做，我是想找一点工作，终于找不到。

“就去做筋肉的劳动罢！啊啊，但是我这一双弱腕，怕吃不下一部黄包车的重力。

“自杀！我有勇气，早就干了。现在还能想到这两个字，足证我的志气还没有完全消磨尽哩！

“哈哈哈哈！今天的那无轨电车的机器手！他骂我什么来？

“黄狗，黄狗倒是一个好名词，……

“……”

我想了许多零乱断续的思想，终究没有一个好法子，可以救我出目下的穷状来。听见工厂的汽笛，好像在报十二点钟了，我就站了起来，换上了白天那件破棉袍子，仍复吹熄了蜡烛，走到外面去散步去。

贫民窟里的人已经睡眠静了。对面日新里的一排临邓脱路的洋楼里，还有几家点着了红绿的电灯，在那里弹罢拉拉衣加。一声二声清脆的歌声，带着哀调，从静寂的深夜的冷空气里传到我的耳膜上来，这大约是俄国的漂泊的少女，在那里卖钱的歌唱。天上罩满了灰白的薄云，同腐烂的尸体似的沉沉地盖在那里。云层破处也能看得出一点两点星来，但星的近处，黝黝看得出来的天色，好像有无限的哀愁蕴藏着的样子。

一九二三年七月十五日

致郁曼陀、陈碧岑

亲爱之兄嫂!

来信敬悉。此番冬假,关迁居梅林事忙煞。稍欲读书,终不可得。今日往永坂处,交兄来信。午后微雨,陌上泞泥积得寸许。在道上遥思北京路中,当积雪如泥也。一切妄想已抛去矣。此后当少加谨饬耳。迩每读司马候耳氏《自助论》,及富兰克林《自叙传》等,防闲居为不善也。诗并不多作,大约于校课有余暇时为之。然大抵皆得来全不费工夫者也。梅林中二层楼,本为日本诗人片桐氏——为铃木总兵卫之友人——别邸。现片桐氏死,唯梅花开日,纵人观览。故此宅但于旧历正月中热闹,平时深锁不开也。弟访得后,月以租金四元租得之。能俯瞰大海,回视名古屋全市,风景亦不逊孤山放鹤亭。唯四面梅花,无近邻入眼,似稍觉寂寞耳。然弟每欲学鲁滨孙之独居荒岛,不与人世往来。因弟已看破世界,尽为恶魔变相——如饮食男女——故亦不厌凄凉，反对松竹之清坚，鹤梅之洁厉，别具一种幽趣，所谓曾经沧海，万物皆虚；荒野寒林，犹堪友吾（退泥生诗）者也。南方乱党，犹欲操戈。鲍郭空争（鲍郎当筵笑郭郎），何年能已。然弟能生存一日者，即读一日书，天下大事，非白面书生之所当言。所耿耿于怀者，恐乱事丛生，资釜不继耳。然天生我才，当不令我饿死，此种穷境，想亦有破除术在也。吾嫂学诗，盛唐不及中唐，中唐不及晚唐。与其失之粗俗，宁失之纤巧，女人究竟不应作“欲上青天揽日月”语。弟意李杜诗竟可不读，入手即应诵李义山、温八叉诸人诗。在宋则欧阳永叔、曾南丰、陆剑南诸家诗可诵。元明人诗弟未曾披读，故不敢言。然如王世贞、李东阳诸家究不合使闺阁中人模仿。吴梅村诗，风光细腻，唐宋诗之集大成者。家中曾有全集在，可取读之。不必半年，行见吾嫂之诗句较香菱更敏丽矣。清朝诗唯王渔洋全集可诵，赵瓯北、袁子才诸家诗瑕不掩瑜。今人樊樊山、陈伯严诸人诗则大抵为画虎不成之狗矣。沈归愚尚书最喜用好看字面，昔人之所谓至宝丹也。然女流诗人，正不可少此至宝丹，究竟堂上夫人，较庵中道姑为愈耳。弟诗虽尚无门径，然窃慕吴梅村诗格，有人赞“离乱少年无多泪，行李家贫只旧书”为似吴梅村者，弟亦以此等句为得意作也。曼兄再三戒弟以勿骄，前年弟曾有百钱财主笑人之习，近且欲对黄狗亦低头矣。前次狂言，唯向我亲爱之兄嫂言之，以示得意，决不至逢人乱道也。知念故及，余后告。

文顿首

九日午后十时

后近作二首

晴雪园卜居

元龙好据胡床卧，徐福真成物外游。
望去山河能小鲁，夜来风雨似行舟。
有明梅影人同瘦，日夕潮声海倒流。
只恐故园戈未息，烽烟缭乱怯登楼。

元日感赋

逆旅逢新岁，飘蓬笑故吾。

百年原是客，半世悔为儒（厌不详者，作念载可也，然语气不佳）。

细雨家山隐，长空雁影孤（或作高楼望眼枯）。

乡思无著处，隐几倒屠苏（或作一雁下南湖）。

一九一六年

致王映霞

映霞：

今天的半天，在我是觉得很快乐的，不晓得你以为怎么样。你们去了以后，医生的周先生又说了许多的话。他也在赞美你的美，我听了心里很是喜欢，就譬如是人家在赞美我一样，映霞，我与你真已经是合成了一体了。我真是这样的想，假如你身上有一点病痛，我也一定同时一样地可以感到。所以前几天，你有了精神上的愁闷，我也同时感到了你这愁闷，弄得夜不安眠，食不知味。这几天，你的愁闷除掉了，我也就觉得舒服，所以事情也办得很多，饭也比平时多吃了。映霞，以我自己的经验推想起来，大约你总也是和我一样的，所以我此后希望你能够时常与我见面，时常和我在一块，那么我们两人的感情，必定会一天深似一天。今天的请陈女士到创造社来办事的话，若可以实现，我也希望你和她同来。我更希望蒋先生和她的事情，能够成功。明天蒋先生要把他著的两本小说寄给你们，希望陈女士读了能够满意。医生的周先生和蒋先生，都问我以对你的关系，我只说“我对她是十分地爱她，但她对我却是不即不离的样子”。(我告诉人的时候，都是这样说，好使你对人容易措辞；我只说我在爱你，你却不十分爱我）我们两人内心的情感，人家都还没有晓得，我想永久不使人家晓得，你以为怎么样？蒋先生今天又在此地过夜，他和我说陈女士，他觉得陈女士的纯洁，很可佩服，他更觉得陈女士的态度好，以为是一个未经世故的可爱的少女。大约蒋先生对她是已经拜倒在裙下了。以后若能好好地对她维持这目下的感情，那他和她的事情就可以成了。

今天月亮很好，可惜因为你们要回去，不能上屋顶去看月亮，几时有机会，我们再来看一晚月亮吧，你以为何如？从明天起，我更要努力，为你而努力。现在夜已深了，蒋先生睡在沙发上，我偷了闲，写成这一封信，以践我前次对你所定的约，大约这信到明天午后总可到你那里。那时候，希望你见了我的信能够喜欢。映霞，下一次我们相会的时候，可要秘密一点，不能教第三者来参加，并不是我想做卑鄙的事情，因为在这一个爱情浓厚的时候，正应当细细地寻味这浓情蜜意。人生苦短，在这短短的人生里，这一段时期尤其不可再得，所以你我都应该尊重它，爱护它，好教他年结婚之后，也有个甜蜜的回忆，你以为如何？你以为如何？请你下回来信的时候告诉我。

达夫

一九二七年三月十六日夜十二点钟

在东亚的五层楼上

致柯灵

****先生**[①]**：**

接来函后，已经有一个多礼拜了。

在接你来信的第二天，我就写了一段公开的信，在这里的《星洲日报》副刊《晨星》栏里发表，但此稿恐怕你看不到，所以又剪下附上。今天校样已经看过了，特再在这里写几行信给你。

从专电的消息看来，上海在这半月内，情形似乎很紧张。但法西寇们的老文章，是先试以威胁，以祈不战而胜，到了对方也盘马弯弓起来，则纸老虎就会变成兔子；尾巴一落，两只短脚就会拱起来作揖的，所以上海，我想绝无问题。世间上可怕的事情，只有三件，一是不要钱（无欲），二是不怕死，三是不要脸。法西寇们，只具备了第三的一件，我们若具备一二两件的时候，寇们当然也毫无办法。就是

①本信选自1939年3月29日上海《文汇报·世纪风》。发表时题为《海外通讯》，收信人姓名被略。

西方的绅士遇着了这一个无赖恶棍之后，可以给一点小便宜时，当然会给；要知道“约翰·波儿”（指侵略中国的外国人。——编者注）是最会计算的；到得忍无可忍，自然也会拿出与西班牙争雄、与拿破仑拼命的老本领来。我们这里已在实地演习空袭时的管制，与聚米积粮，做笼城的准备了；明知可以不必，但却也是一出少不得的前奏手势戏。

南洋的侨胞，爱国热忱几要达到疯症的一百二三十度，穷人苦力，于每月认爱国捐之外，更在一批一批地组织回国去服务。前一礼拜，刚有巴株巴辖的机工四十八位勇士，上了回国的征途。现在第二批也已经招募组织好了，不日也就要出发。他们出力，预备直上战场去服役，此外的同胞及侨民团体，则合起来出钱，供给他们以旅费、零用，及杂品之类。

马来亚华侨共有四百万，拥巨资千万以上者，有十数名，百万以上者，数百名。近来虽则因锡矿受限制，树胶价格低落之故，社会上是景色不佳，但募款救济难民的时候，一天卖花，或一次演剧，就可以捐到数千数万元的新加坡币。新币一元，可抵法币三元五六角，有二十八万元，就可以合国币一百万元了。所以持久抗战下去，西南西北的六七省宝藏可以不必说，就单以南洋的华侨来做后盾，在经济上也决可以继续两三年的接济。以南洋来类推，新金山旧金山，以及南美各地，我们的侨胞，还很多呢！

侨众的教育，近来也很进步了。凡在公立学校和初级小学毕业的中国国民，都会唱爱国救国的歌，都愿意回国去与狄众们拼命。再过七八年，到了这一批小国民长成之时，中国的国力，一定又要增加数倍。

闲话不再说，先讲一讲我这一次将编印的文艺半月刊，大约三月底边这杂志一定可以出来。内容虽系纯文艺的，但轻松的稿子，亦想登载。上海各方面的稿件，请你和赵家璧兄及平万兄等帮一点忙；类似一稿两投性者勿录。因为邮费的昂贵，稿子最好请用航空信笺来写，若能以木炭纸作衬，录出副本，更加好了。稿费的结汇，当另外想一统筹办法。好在《星洲日报》是巨富虎将胡文虎先生所办，上海有虎标永安堂在，将来汇划是很容易的。

匆匆作复，余事下次再谈！

弟郁达夫谨上

一九三九年三月三日

过小金井川看樱,值微雨,醉后作

寻春携酒过城西,
二月垂杨叶未齐。
细雨成尘催小草,
落花如雪锁长堤。
社前新酿家家熟,
陌上重楼处处迷。
我亦随人难独醒,
且傍锦瑟醉如泥。

一九一五年

犬山堤小步见樱花未开口占两绝

寻春我爱著先鞭，
梢上红苞吐未全。
一种销魂谁解得，
云英三五破瓜前。

归帆森森拥云烟，
江上朝来霁色鲜。
东望浣溪南白帝，
此身疑已到西川。

一九一六年

梦醒枕上作

床前凉月夜三更,
帘外新霜雁一声。
梦到阑珊才惜别,
秋于我辈独无情。
私家礼乐麟毛少,
乱世文章马骨轻。
惆怅此生闲里过,
洛桥愁听杜鹃鸣。

一九一六年

观龙门山题壁

秋月横江白，
渔歌逼岸清。
众星摇不定，
一雁去无声。
山远烟波淡，
潮来岛屿平。
三更群动息，
好梦满重城。

一九一七年

车过临平

清溪波动菱花乱，
黄叶林疏鸟梦轻。
又是一年秋气味，
稻香风里过临平。

一九一七年

钓台题壁

不是樽前爱惜身，
佯狂难免假成真。
曾因酒醉鞭名马，
生怕情多累美人。
劫数东南天作孽，
鸡鸣风雨海扬尘。
悲歌痛哭终何补，
义士纷纷说帝秦。

一九三一年